휘슬블로어

휘슬블로어

WHISTLE

세상을 바꾼 위대한 목소리

BLOWER

수전 파울러 지음 ― 김승진 옮김

샘앤파커스

나의 딸에게

네가 커서 이 책을 읽을 수 있게 되었을 무렵이면 여기에 묘사된 세상이 완전히 낯설고 이상해 보이길 바란다. 너와 너희 세대 여성들이 살아갈 세상은 괴롭힘, 차별, 보복의 두려움 없이 꿈을 좇을 수 있는 세상이길 바란다. 꿈이 충분히 크지 않은 것 말고는 네가 두려워해야 할 일이 없는 세상이길 바란다.

프롤로그

"조사가 마무리될 때까지 오늘 회의에 대한 이야기는 어디에서도 하셔서는 안 됩니다. 회의가 있었다는 이야기도 하시면 안 돼요. 중요하니까 명심하세요."

내 맞은편에 앉아서 이 자리에 대해 기밀을 유지해야 한다고 말하는 사람은 전 미국 법무장관 에릭 홀더였다. 그는 탁자 위에 팔꿈치를 올린 채 두 손을 깍지 끼워 마주 잡고 있었고 앞에는 메모가 잔뜩 달린 플라스틱 서류 바인더가 펼쳐져 있었다. 그의 왼쪽에는 로펌 '코빙턴 앤 벌링'의 여성 파트너 태미 알바란이 앉아 있었다. 알바란은 자료를 넘겨보던 손을 잠시 멈추고 펜을 들더니 짙은 색의 네모난 안경테 너머로 나를 바라보며 대답을 기다렸다.

"알겠습니다." 내가 대답하자 알바란은 펜을 다시 자료 위에 내려놓았다.

두 달 전에 나는 승차 공유 기업 '우버 테크놀로지스'에서 소프트웨어 엔지니어로 일하면서 겪었던 일을 블로그에 올렸다. "우버에서의 매우, 매우, 기묘했던 1년을 돌아보며"라고 제목을 붙인 그 글에서, 나는 엔지니어링팀에 정식으로 배치를 받고 근무를 시작한 첫날 직속 상사가 내게 성관계를 요구하는 메시지를 보낸 것, 우버의 관리자, 임원, 인사 부서할 것 없이 모두가 사내에서 벌어진 괴롭힘과 차별을 묵살하고 덮으려 해왔던 것, 불법적인 행위를 인사 부서에 보고했다가 되레 내가 보복성 조치를 당한 것 등을 묘사했다. 문서화된 자료로 뒷받침되지 않는 내용은 단 한 문장도 없도록 신중에 신중을 기했고, 모든 요소를 지극히 면밀하고 조심스럽게 고려해 글을 작성했다.

곧바로 언론과 대중의 관심이 쏟아졌다. 내가 트위터에 링크를 올린 지 몇 시간 만에 기자들과 유명인사들이 그것을 리트윗했고, 지역 매체, 전국 매체, 해외 매체에 계속해서 후속 보도가 나오면서 이 일은 '진행 중인 사건'으로 발전했다. 당시 우버 CEO이던 트래비스 칼라닉은 그 글의 링크를 자신의 트위터에 올린 뒤 이렇게 언급했다. "여기에 묘사된 것은 혐오스럽고 우리가 믿는 모든 것에 배치되는 일입니다. 이렇게 행동한 사람이나 이래도 된다고 생각하는 사람은 누구든 해고될 것입니다." 또한 그는 에릭 홀더와 홀더가 속해 있는 로펌 코빙턴 앤 벌링에 의뢰해 우버의 기업 문화에 대해 철저히 조사하겠다고 밝혔다. 칼라닉이 내보이려 하는 메시지가 있다는 것이 명백했다. 그가 이 일을 매우 심각하게 여기고 있다는 것, 사건에 관여된 사람, 그러니까 지금 전 세계의 주요 매체에 계속해서 보도되고 있는 기사에 책임이 있는 사람은 모두 해고할 생각일 정도로 이 일을 심각하게 여기고 있다는 것이 그가 내보이고자 한 메시지였다.

사흘 뒤,《뉴욕타임스》가 별도의 취재를 통해 우버의 기업 문화를 비판하는 기사를 게재했다. 다시 하루 뒤, 자율 주행차를 개발하고 있는 구글의 자회사 웨이모가 특허권 침해와 기업 기밀 탈취에 대해 우버를 상대로 소송을 제기했다. 다시 채 일주일이 지나지 않아 트래비스 칼라닉이 우버 운전사와 언쟁 중에 화를 내며 비난하는 모습이 담긴 동영상이 유출되었다. 이것은 시작일 뿐이었다. 오바마 시절의 미국 법무장관과 내가 마주 앉았을 무렵에는 우버에 무언가 심각한 문제가 있다는 인식이 광범위하게 퍼져 있었다. 하지만 어느 정도로 심각한지, 책임져야 할 사람이 누구인지는 아무도 명백하게 알지 못했다. 자동차 블랙박스에 찍힌 그 유출된 흑백 동영상에서 칼라닉은 "어떤 인간들은 자신이 저지른 문제에도 당최 책임을 지려 하지 않는다"고 운전사에게 소리를 질렀다.

언론에서 이 모든 드라마가 펼쳐지는 동안 나는 숨죽이고 기다렸다. 무슨 일이 일어날지 알 수 없었고, 나의 운명, 우버에 있는 옛 동료들의 운명, 우버의 운명까지 모든 것이 코빙턴 앤 벌링의 진상 조사 결과에 달려 있는 것 같았다. 내가 모든 것을 망칠까 봐, 혹여 무언가를 잘못 말할까 봐, 나도 모르게 잘못해서 진상 조사가 어그러질까 봐 너무 겁이 나서 처음에는 에릭 홀더와 만나는 자리에 나가고 싶지 않았다. 그리고, 어쨌든 그를 만나게 된 지금은 말하고 싶은 것이 너무 많았지만 어디부터 시작해야 할지 알 수가 없었다. 얼마나 말해야 할지, 얼마나 말하지 말고 두어야 할지도 알 수 없었다. 동료 직원의 자살에 대해 말해도 되나? 어딜 가든 내 뒤를 밟는 것처럼 보이는 흥신소 사람들에 대해서는? 우버가 나와 남편에 대한 루머를 뿌리고 있다는 것은 말해야 하나? 직원들에 대한 부당 대우를 숨기기 위해 우버가 기록을 없애고 있다는 이야기를 들었다고 말해도 되나?

온갖 생각이 밀려드는 채로 거기에 그렇게 앉아서, 나는 고개를 들고 그를 바라보았다. 그가 말했다.

"그럼 처음부터 시작해볼까요?"

나는 소프트웨어 엔지니어가 되리라고는 생각지도 못했다. 작가가 될 줄도, 내부 고발자가 될 줄도, 심지어 대학을 나올 수 있을 줄도 몰랐다. 10년 전에 누군가가 내가 대졸자, 소프트웨어 엔지니어, 작가, 내부 고발자가 될 거라고 말했다면, 내 인생 경로를 보여주면서 내가 지금 도달해 있는 매우 공적인 역할을 하는 사람이 될 거라고 말했다면, 나는 믿지 않았을 것이다.

나는 애리조나주 시골의 가난한 집에서 자랐고 십 대 초까지 홈스쿨링으로 공부했다. 엄마가 다시 바깥일을 하셔야 해서 우리를 가르칠 수 없게 되었을 때, 동생들은 다 학교에 갔지만 나는 학교에 등록이 안 된다고 해서 혼자 알아서 해야 했다. 십 대 시절에는, 낮에는 최저 시급도 못 받으며 일을 했고 밤에는 독학으로 공부해보려 애를 썼다. 나는 내 인생이 남서부 농촌 청소년 대다수의 인생과 같은 방향으로 가게 될까 봐 두려웠다. 약물, 실업 그리고 트레일러촌으로 귀결되는 경로로 말이다. 하지만 그것이 내 운명이라고 받아들이지 않기로 했고 더 나은 삶을 위해 싸우기로 했다. 그리고 죽어라 공부해서 대학에 들어갔다.

삶의 방향을 스스로 잡아나가기 위한 고투는 거기에서 끝나지 않았다. 애리조나 주립 대학교에서 물리학을 공부하고 싶었지만 선수 과목을 이수하지 못한 상태라 그럴 수 없었고, 그래서 펜실베이니아 대학교로 편입했다. 펜실베이니아 대학교에서도 물리학과 수학 수업을 듣지 못하게 되었을 때, 나는 내가 절실히 원하고 충분히 받을 자격이 있다고 생각한 교육 기회를 얻기 위해 또다시 싸웠다. 그다음에는 물리학 실험실 동료이던 한 남학생과의 사건 때문에 물리학자가 되려던 꿈이 산산조각나면서 생판 새로운 분야를 택해야만 했고, 그렇게 해서 실리콘 밸리로 오게 되었다. 지금 이 책을 읽고 있는 당신은 그다음에 무슨 일이 일어났는지 알 것이다. 나는 우버에서 성희롱과 괴롭힘을 당했고, 할 수 있는 모든 방법으로 싸워보았지만 소용이 없었다. 남은 방법은 단 하나, 우버를 그만두고 나와서 내 이야기를 세상에 알리는 것뿐이었다.

이러한 시기를 거치면서 철학자 아이제이어 벌린의 글 〈자유의 두 가지 개념〉에 나오는 구절을 자주 생각했다. "나는 나의 삶과 결정이 어떤 종류이든 외부의 힘이나 외부의 요인이 아니라 나 자신에게 달려있기를 원한다. 나는 다른 누군가의 의지가 아닌 나 자신의 의지를 실행하는 도구가 되기를 원한다. 나는 객체가 아니라 주체가 되기를 원한다. 나는 나 자신의 목적에 의해, 나 자신의 이유에 의해 움직이는 존재가 되기를 원한다."

이 책에는 나 자신의 삶에서 객체가 아닌 주체가 되기 위해 밟아온 여정이 담겨 있다. 그것은 **어떤 일이 자신에게 닥친** 여성이 아니라 **어떤 일을 스스로 만들어가는** 사람이 되기 위해 밟아온 여정이었다.

이 여정 내내, 용기와 희망을 얻기 위해 프레드 로저스, 라이너 마리아 릴케, 표도르 도스토옙스키, 한나 세네쉬, 앤 섹스턴, 또 아리스토텔레스, 플라톤, 에픽테토스, 마르쿠스 아우렐리우스, 세네카, 임마누엘 칸트, 마사 누스바움 같은 철학자들까지 많은 이들의 삶과 글에 기댔다. 이들의 글과 치열한 노력과 엄청난 결기 덕분에, 그리고 가족과 친구와 더 나중에는 (지금은 남편이 된) 채드의 든든한 지원 덕분에 모든 일을 헤치고 여기까지 도달할 수 있었다.

이제 내 이야기를 풀어냄으로써 그들에게 받은 용기와 희망을 다른 사람들에게도 전할 수 있다면 더없이 기쁘겠다. 이 책이 여기에 묘사된 것과 비슷한 상황에 처한 사람들에게 도움이 되었으면 좋겠다. 이 책이 그들이 밟을 수 있는 단계와 직면한 어려움과 앞에 놓인 선택지를 더 명확히 가늠하는 데 도움이 되기를, 그들이 자신의 삶에서 더 많은 자율성을 찾는 데 도움이 되기를, 그들이 자신의 이야기에서 영웅이 되고 주인공이 될 힘이 있음을 깨닫는 데 도움이 되기를 바란다. 여기 실린 이야기는 내가 더 어렸을 때 누군가가 내게 해주었으면 얼마나 좋았을까 싶은 이야기이기도 하다. 너무 두려웠지만 그레도 스스로의 손으로 운명을 지어나가고자 하면서 불의에 맞서 목소리를 낸 젊은 여성의 이야기 말이다.

1

애리조나주의 '백인 쓰레기,'

　나는 미시간주에서 태어났지만 늘 애리조나주를 고향으로 여겼다. 내가 여섯 살 때 우리 식구는 미시간주 트래버스의 K마트 주차장 뒤에 있던 임대 주택에서 애리조나주 콩그레스 농촌의 작고 하얀 집으로 이사했다. 소 목장에 딸린 집이었고 한때는 목동들이 소를 몰고 소노란 사막을 가로질러 남쪽으로 가는 길에 묵어가는 곳이었다고 한다. 그때 우리 식구는 아빠 존과 엄마 셰릴, 언니 엘리자베스, 여동생 마르타와 새러, 남동생 존, 그리고 나까지 일곱이었다. 더 밑으로 남동생 피터와 폴이 태어난 뒤 우리 가족은 북동쪽으로 몇 킬로미터 떨어진 야넬이라는 곳으로 이사했다. 아빠는 야넬에서 목사로 일하셨다. 야넬은 사막 지역의 산맥 '위버 마운튼' 꼭대기에 있는 외진 마을로, 인구가 600명밖에 되지 않았다. 그곳에 가려면 구불구불하고 때로는 위험한 길을 따라 현지 사람들이 '야넬 힐'이라고 부르는 산 고개를 올라가는 방법이 유일했다.

내가 자란 곳은 현대의 미국 서부 지역에 존재할 수 있는 가장 깡촌이었을 것이다. 사방이 소 목장이었고 상점다운 상점은 30분, 가장 가까운 병원은 거의 1시간이나 떨어져 있었다. 이 작은 마을의 주민은 대개 사회에서 뒤처지고 주변부로 밀려난 사람들이었고 무언가 때문에 숨으러 온 사람도 간혹 있었다. 목장 일을 하거나 장사를 하는 사람도 있었지만, 대부분은 정부 보조금으로 살아가면서 트레일러촌의 작은 조립식 주택이나 이동 주택에서 그저 혼자 앉아 시간을 보냈다.

이웃들처럼 우리 집도 매우 가난했다. 한번은 엄마가 아빠한테 그해 우리 집 소득이 5000달러였다고 말하는 것을 들었다. 당시에는 5000이 엄청 큰 액수로 들렸지만 지금은 내 어린 시절이 얼마나 가난했는지를 새삼 상기시켜주는 숫자다. 목사 일로 받는 돈은 가족의 끼니를 해결하기에 턱없이 부족했기 때문에 아빠는 늘 방문 판매원 일을 함께 하셔야 했다. 처음에는 커비의 진공청소기를, 그다음에는 MCI와 AT&T의 공중전화 단말기를 팔았고, 휴대전화가 나와서 공중전화가 한물가게 되면서는 생명 보험을 팔았다. 아빠는 정말 열심히 일하셨지만 아무리 열심히 해도 우리 가족을 가난에서 건져낼 수는 없었다. 가까스로 입에 풀칠은 했지만 정말 가까스로였다. 교회 사람 중 그나마 형편이 좀 나은 사람들이

때때로 우리 집 앞에 음식과 옷이 든 상자를 놓아두었고 지인과 친척들이 아빠 엄마가 집세를 낼 수 있게 조금씩 도움을 주었다. 여기에서 25달러, 저기에서 100달러, 어느 것 하나 소중하지 않은 도움이 없었다.

가난했지만 나는 멋진 어린 시절을 보냈다. 우리 집은 사랑과 행복이 넘쳤고, 아빠 엄마는 냉장고에 먹을 게 뚝 떨어졌을 때도, 배관이 고장 나 밖의 변소를 써야 했을 해도, 더운물이 안 나와서 엄마가 우리를 씻기기 위해 물을 데워야 했을 때도 늘 긍정적인 에너지를 잃지 않기 위해 최선을 다하셨다. 이웃과 지인들도 우리나 별다른 바 없이 가난했고 우리 집이 차라리 부유해 보일 정도로 형편이 안 좋은 사람들도 있었다.

야넬에서 우리는 교회 소유의 노란 사택에 살았다. 방이 세 개, 화장실이 하나 있었다. 여자아이들 넷이 침대 두 개를 가지고 한방을 썼고, 남자아이들 셋이 이층 침대 하나를 가지고 한방을 썼다. 엄마 아빠는 가장 작은 방을 쓰셨다. 워낙 낡은 집이라 손봐야 할 곳이 한두 군데가 아니었다. 물이 나오지 않거나 전기가 나가거나 하수가 작동하지 않기 일쑤였다. 늦여름에 장마가 오면 여자아이들 방에 있던 낡은 난로 틈새로 비가 들이닥쳐 침대가 흥건하게 젖곤 했다.

우리는 대부분의 시간을 밖에서 보냈다. 교회 마당은 천연 놀이터였다. 얽히고설킨 큰 관목, 웅장한 오크 나무, 커다란 바위들이 있는 마당을 우리는 정말 좋아했고, 성을 쌓고 수로를 파고 야생 동물에 놀라 도망가고 도서관에서 빌려다 본 옛날 영화 장면들을 흉내 내면서 온종일 그곳에서 놀았다. 영화 〈불의 전차〉 주인공 에릭 리들처럼 하늘을 향해 고개를 들고 우르르 자갈길을 뛰어 내려가던 순간을 잊지 못할 것이다. 거칠 것 없이 아름다운 나날이었고 내 어린 시절 영웅인 톰 소여의 모험 못지않은 모험이었다. 소로나 사막은 나의 미시시피강이었고, 나는 틈만 나면 흙길을 달리며 놀았다. 밖에 있으면 언제나 완벽하게 자유로웠다. 탐험할 자유, 창조할 자유, 놀 자유…. 절대로 그것 없이 살고 싶지 않은, 그런 자유였다.

아빠가 방문 판매 일을 하러 가신 동안 엄마는 집에서 우리를 직접 가르치셨다. 부모님은 우리가 공립 초등학교에서 배울 수 있는 것보다 미술, 음악, 창조적인 활동을 더 많이 배우면서 기독교 기반의 교육을 받기를 원하셨기 때문에 홈스쿨링을 시키기로 하셨다. 엄마는 가르치는 능력이 매우 뛰어난 분이셨고, 홈스쿨링 교재들을 신중히 고르고 연구해서 읽기, 쓰기, 산수, 역사, 과학, 음악 등 우리가 배워야 할 것들을 놓치지 않고 배울 수 있게 해주셨다. 주중에 파울러 집안의 일곱 아이들은 날마다 부엌 식탁에 앉아 숙제를 하고 문제집을 풀고 교과서와 도서관에서 빌린 책을 읽었다. 그날의 공부를 마치면 밖으로 달려나가서 엄마가 현관에 나와 저녁 먹으라고 부를 때까지 흙투성이가 되어 뛰어다니고 나무도 타면서 신나게 놀았다.

어린 시절의 가장 좋은 기억 중에는 엄마에게 무언가를 배운 기억이 많다. 엄마가 낡은 재봉틀로 일하는 동안 엄마 무릎에 앉아 실 감는 법을 배운 기억이 난다. 기타를 많이 쳐서 굳은살이 박힌 엄마의 거친 손이 바삐 움직이면서 물살을 부드럽게 헤치고 나아가는 숙련된 항해사처럼 옷감 위에 재봉틀로 길을 잡아가며 드레스 만드는 것을 열심히 관찰한 기억도 난다(내 드레스를 만드는 중이셨다. 엄마는 우리 옷을 거의 다 직접 지어 입히셨다). 내가 바이올린으로 켜야 할 멜로디를 엄마가 거실에 있던 전자 피아노로 먼저 쳐서 들려줄 때 찰랑거리던 엄마의 짧은 머리카락도, 표정은 근엄하지만 눈에는 미소를 띠고 나를 돌아보면서 음정 박자 잘 맞춰서 연습하라고 이야기하시던 모습도 생각난다. 전자 피아노를 살 돈이 없던 시절에 엄마가 마분지에 매직으로 건반을 그려 넣어 종이 피아노를 만들어주신 것도, 내가 종이 건반을 치면 그 음을 소리 내어 부르면서 피아노 치는 법을 가르쳐주시던 것도 생각난다.

일요일이면 다 같이 걸어서 아버지가 설교를 하시는 교회로 갔다. 우리 식구가 총동원되어 예배 음악을 담당했다. 아빠는 연단에서 노래를 불렀고, 어머니는 기타와 노래, 나는 피아노, 엘리자베스 언니는 바이올린, 존은 드럼을 맡았고, 마르타와 새라는 노래를 했다. 어린 피터와 폴은 예배당 앞줄의 기다란 좌석에 앉아 있었다.

부모님은 열정적인 복음주의 기독교 신자셨다. 아빠 엄마에게 성령, 영적 전쟁, 방언 등은 매우 '실재'하는 것이었다. 두 분 모두 집안이 기독교 집안이지는 않았고 이십 대에 기독교로 귀의하셨다. 아빠는 정말 강한 신앙심을 가지고 계셨는데, 그 신앙은 아빠를 시험하기도 했다. 언젠가 내가 아빠에게 정말로 믿으시느냐고 물어본 적이 있는데, 아빠는 늘 스스로 그 질문을 하고 있으며 앞으로도 그 질문을 멈추지 않을 거라고 하셨다.

어린 시절과 청소년 시절 내내 나는 신앙과 관련된 온갖 혼란을 이해하려고 정말 고전했다. 기독교 집안에서 자랐고 복음주의 목사의 딸이었지만 늘 두 세계 사이에 끼인 느낌이었다. 엄마는 기독교도였지만 외가가 독일계 유대인이어서 우리는 부분적으로 유대인으로 여겨지기도 했다. 우리 부모님도 그렇게 생각하신 것 같다. 이를테면 아빠는 예수님께 기도하라고 가르치시면서도 히브리어를 가르쳐주셨고 나를 히브리 학교에 보낼 수 있었다면 얼마나 좋았을까 하고 말씀하시곤 했다. 우리 남매들은 〈나사렛의 예수〉 미니시리즈를 봤지만, 그와 동시에 홀로코스트 이야기의 공포와도 씨름해야 했다. 아버지는 중국에 성경을 몰래 들여보내고 있었지만, 그와 동시에 우리는 우리 마을의 네오나치와 백인 우월주의자들을 피해 다녀야 했다. 두 신앙 체계가 충돌했고 그 긴장이 나를 괴롭혔다. 나는 기독교도인가 유대인인가? 둘 다이면서 둘 다아닌 것 같았다. 커가면서, 그리고 언니가 완전히 유대교도가 되는 것을 보면서, 나는 기독교 예배당과 유대교 시나고그 모두 가보았지만, 어느 쪽에도 소속감을 느끼지는 못했다.

부모님은 종교에 대한 신념이 너무 강해서 이 세상에 잘 부합하지 못하셨다. 우리가 아는 사람들 대부분은 삶에서 신앙이 그렇게 핵심이지는 않았다. 그들에게 신앙은 삶의 일부이긴 해도 삶의 가장 주된 목적은 아니었다. 하지만 우리 부모님에게는 신앙이 곧 삶이자 존재 이유였다. 커가면서 나는 부모님이 남들과 다른 아웃사이더라는 사실을 명백하게 인식했고, 나 또한 약긴 아웃사이더가 아닐지 궁금해지지 않을 수 없었다.

그나마 엄마는 이 세상에서 마음이 맞는 몇몇 사람을 만나 교류를 하셨지만, 아빠는 아빠가 속한 세상에서 자신의 자리를 찾지 못하셨다. 아빠는 '또 다른 세상'을 위한 사람 같다는 생각이 들게 하는, 매우 드문 유형의 사람이었다. 그리고 삶에서 매우 강한 원칙들을 고수하는 사람이었고 삶의 목적과 의미를 절실하게 구하고자 하는 사람이었다. 아빠는 이십 대 때 자신의 모든 질문에 대한 답이 기독교의 신, 그러니까 아브라함의 신, 예언자 이사야의 신, 사도 바울의 신과 관련되어 있으리라는 확신이 들었다고 한다. 원칙을 고수하는 사람으로서, 아빠는 성경이 진실을 말하고 있다면, 성경의 신이 실재하는 존재라면, 자신이 해야 할 유일하게 합리적인 일은 성경을 이해하고 신에게 더 가까이 가는 데 삶을 바치는 것이라는 결론에 도달하게 되었다.

아빠는 언어에 특히 뛰어난 성경학자였다. 아빠는 성경을 읽기 위해 히브리어, 고대 그리스어, 아람어를 배웠고, 러시아와 중국에 선교 활동을 가기 위해 러시아어와 중국어를 배웠으며, 독일어, 프랑스어, 스페인어는 그저 그 언어들이 좋아서 배웠다. 아빠는 종교적 지식과 세속적 지식 모두에 대해 채워지지 않는 갈증을 가지고 계셨다. 저녁 식사를 마치고 나면 부엌 식탁에 공책과 책을 펼쳐 놓고 손에는 펜을 들고 고개를 숙이고 늦도록 앉아서 공부를 하셨다. 방문 판매를 하러 오가는 동안에는 외국어 테이프를 들었고 공책, 펜, 핌슬러 어학 테이프가 들어 있는 책가방을 어디든 꼭 가지고 다니셨다. 무엇보다, 아빠는 작가가 되고 싶어 하셨다. 출판을 염두에 두고 원고를 몇 편 썼고 기독교 출판사에 보내보기도 했지만, 어느 것도 출간으로 이어지지는 못했다. 또한 아빠는 언젠가 더 큰 교회에서 설교를 할 수 있게 되어서 진공청소기나 공중전화 단말기, 생명 보험을 팔러 다녀야 할 일이 없게 되기를 바라셨다. 나는 방문 판매원으로 일해야 했던 모든 순간을 아빠가 정말 싫어하셨을 거라고 생각한다. 하지만 아빠가 불평하시는 것을 들어본 적은 없다. 그리고 아빠는 배움을, 또 꿈꾸는 것을 절대 멈추지 않으셨다.

아빠처럼 나도 커다란 꿈들이 있었다.

열 살쯤 되었을 때, 매주 일요일이면 피닉스의 한 건축 회사가 지은 새 집의 도면이 지역 신문에 실린다는 것을 알게 되었다. 그때까지 나는 건물을 사람이 디자인한다는 개념 자체가 없었다. 그러니까, 각 건물이 특정한 도면과 청사진에 의해 설계되고 지어지는 것이라는 생각을 해본 적이 없었다. 주말이면 나는 신문에 실린 도면을 잘라서 그 집의 구조가 외워질 때까지 들여다보기 시작했다. 그리고 바닥에 누워 눈을 감고 그 집이 어떻게 생겼을지 상상해보았다. 신문에 도면이 실린 집들은 대부분 작고 실용적인 집이었지만 가끔은 정원, 커다란 계단, 도서관이나 음악실로 쓸 수 있는 여러 개의 별실 같은 이국적 요소들을 갖춘, 굉장히 크고 아름답고 화려한 집도 있었다. 이런 집들의 세계는 나에게 완전히 낯선 세계였다. 그도 그럴 것이, 우리 집처럼 낡고 작은 구조물이 아닌 집은 거의 본 적이 없었던 것이다. "이런 집에는 어떤 사람들이 살까?" 나는 궁금했다. 그리고 그런 집에 사는 가족은 어떤 사람들일지, 그들이 어떻게 하루를 보낼지 상상해보았다.

내가 신문에 실린 도면을 열심히 들여다보고 있다는 것을 알게 된 엄마는 홈스쿨링 교재 목록을 뒤져서 엄마가 찾을 수 있는 것 중 가장 좋아 보이는 건축학 책을 한 권 사주셨다. 그 책을 보면서 청사진 그리는 법, 건축 비용을 계산하는 법, 기존의 건물을 바꾸는 법 등 많은 것을 알게 되었다. 단순한 백일몽이던 나의 상상은 곧 맞춤 디자인된 집의 설계도로 점점 더 정교해졌다.

건축가, 의사, 변호사, 대통령 등등 나는 되고 싶은 것이 많았다. 하지만 가장 절실히 되고 싶었던, 그러나 다들 비웃고 다들 나는 절대 되지 못할 거라고 말할까 봐 아무에게도 이야기하지 못한 비밀스러운 꿈이 하나 있었다. 바로 작가였다.

세 살인가 네 살인가 되었을 때 나는 갑자기 낮잠을 자지 않기 시작했고 밤에도 잘 자지 못했다. 언니 동생들이 잠에 빠져 있을 때 나는 말똥말똥 누워 있었고 내 머릿속은 밀려오는 오만 생각으로 가득했다. 나는 생각의 속도를 늦출 수가 없었다. 엄마는 걱정이 되어서 어쩔 줄을 모르셨다. 그러던 어느 날 교회의 엄마 친구분이 내게 글 읽는 법을 가르쳐보면 어떻겠냐고 엄마에게 말했다. 엄마는 집에 있던 카탈로그에서 《알파-파닉스》라는 책을 발견했고 매일 밤 나와 함께 침대에 앉아서 그 책을 한 페이지씩 읽어주셨다. 그렇게 한두 달이 지나자 나는 글을 읽을 수 있게 되었다. 낮잠은 여전히 자지 않았지만 책을 충분히 읽어서 정신을 몰두하고 마음을 안정시킨 날에는 밤에 편하게 쭉 잘 수 있었다.

나는 구할 수 있는 책을 닥치는 대로 구해 읽었다. 아빠 책, 동네 서점에 있는 책, 동네 도서관에 있는 책을 종류 불문하고 모조리 읽었다. 노 젓는 나무배 만드는 법도 읽었고, 《새들 클럽》도 읽었고, 《낸시 드류》도 읽었다. 새로운 책을 읽을 때마다 완전히 새로운 삶을 사는 것 같았다. 다른 방식으로는 도저히 접할 수 없었을 방식으로 세상을 보고 삶의 또 다른 가능성을 탐험할 수 있었다. 예를 들어 나는 말을 좋아했고 말이 너무 가지고 싶어서 병이 날 정도였지만 우리 집이 나한테 말을 사줄 수 있는 형편이 아니라는 것을 알고 있었다. 그래서 말을 가진 어린 여자아이가 나오는 책을 볼 때면 내가 그 주인공인 양 생각했고, 그 소중한 몇 시간 동안에는 내게 말이 있는 것이나 마찬가지였다.

작가는 세상에서 제일 멋있고 중요한 직업 같았다. 작가는 사람들에게 새로운 경험을 주고, 새로운 삶을 주고, 새로운 세상을 주었다. 내게는 이것이 거의 초자연적인 마법 같았다. 그래서 나는 늘 무언가를 적었다. 대공황기에 살았던 어린 소녀에 대한 역사 단편 소설 시리즈를 쓰기도 했고, 내가 쓴 짧은 글들을 《리더스 다이제스트》에 보내보기도 했다. 또 내 일상에 대해, 단순한 내 삶에 벌어진 사건들에 대해 강박적이다시피 꼼꼼하게 일기를 썼고 이것은 평생의 습관이 되었다. 심지어 내가 제일 좋아하던 말 잡지 중 한 곳에 매달 칼럼을 써도 되는지 물어보는 서신을 보내보기도 했다(답변은 받지 못했다).

작가와 건축가를 꿈꾸는 한편으로, 내가 더 실현 가능하다고 느낀 현실적인 꿈은 바이올리니스트였다. 바이올린을 가지고 있고 열심히 연습한다면 가난한 여자아이가 바이올린을 켜지 못하게 막는 것은 없을 테니 말이다. 그래서 날마다 손가락이 부르터서 더 이상 움직여지지 않을 때까지 몇 시간이고 연습했다. 때로는 눈을 감고 파가니니 콩쿠르에 나가 세계 최고 기량의 바이올리니스트들과 겨루는 것인 양 상상했고, 때로는 오케스트라와 협연하는 것을 상상했다. 무대로 올라가서 청중과 다른 연주자들이 숨을 죽이고 기다리는 가운데 지휘자가 신중하게 나를 바라본다. 내가 지휘자에게 고개를 끄덕이면 오케스트라가 연주를 시작한다. 나는 들어갈 타이밍을 기다리고 있다가 차이콥스키 바이올린 협주곡의 첫 바이올린 솔로 파트의 활을 내리긋는다.

지금 돌아보면, 그렇게 꿈꾸고 상상하고 책을 읽고 바이올린을 연습한 것 모두가 현실 도피 수단이었던 것 같기도 하다. 재미와 기쁨과 가능성이 없는 것은 아니었지만, 우리 가족의 삶은 너무 힘겨웠다. 어렸을 때는 내 인생에서 내게 주어진 것이 무엇일지에 대해 너무 순진했다. 다들 그렇게 사는 줄 알았고 우리 집이 평범한 줄 알았기 때문에 세상모르고 행복했다. 하지만 커가면서 나와는 매우 다른 삶을 가진 사람들을 만나게 되었고 나의 비참한 처지가 분명하게 다가왔다. 그것을 어떻게 받아들여야 할지 몰라 고투했고 다른 이들에게 내 처지를 어떻게 설명해야 할지도 알 수 없었다. 무너져가는 집에서 지내본 적이 없는 사람에게 그게 어떤 느낌인지 설명하기는 어렵다. 끼니 걱정을 해본 적이 없는 사람에게 먹을 것 살 돈이 없어서 배가 고픈 게 무엇인지 설명하기는 어렵다. 아픈데 병원비가 없어서 부모가 나를 병원에 데려가지 못하는 게 무엇인지 설명하기는 어렵다. 엄마 아빠가 자동차 기름값이 없어서 장을 보러 가지 못하는 게 무엇인지 설명하기는 어렵다. 그런데 이것이 나와 나의 언니 동생들과 우리 동네 아이들의 현실이었다.

나는 열 살, 열한 살 정도부터 일을 하기 시작했다. 누가 그러라고 시키지는 않았던 것 같다. 그냥 너무 절박하게 가난했기 때문에 당연히 일을 해야 할 것 같았다. 제일 처음 일한 곳은 '스파이더 팜'이라는, 길 아래쪽의 작은 가게였다. 체코 출신 과학자 가족이 운영하고 있었는데, 수만 마리의 독거미를 키워서 거미 독을 '우유 짜듯' 뽑아내 병원, 실험실, 대학 등 세계 각지의 연구 기관에 판매했다. 매일 숙제를 마치고 나면 나는 스파이더 팜에 가서 몇 시간 동안 거미에게 먹이를 주고 쥐(타란툴라의 먹이다)부터 초파리(초파리 애벌레는 작은 거미들이 아주 좋아한다)까지 거미가 먹을 여러 동물을 돌봤다.

험하고 힘든 일이었다. 부엌 싱크대만 한 거대 플라스틱 통에서 기어다니던 초파리 애벌레의 기분 나쁘게 뭉클하고 끈적이던 감촉을 잊지 못할 것이다. 나는 애벌레에게 먹이를 주었고, 다른 통으로 옮길 때 애벌레가 바닥에 너무 많이 떨어져 돌아다니지 않게 조심하면서 플라스틱 통을 씻었다. 운이 좋으면 거미 알이 가득한 주머니를 열고 조심조심 집게로 하나씩 알을 집어 작은 플라스틱 용기에 옮기는 일을 할 수 있었다. 어떤 때는 검은과부거미와 갈색은둔거미에게 먹이 주는 일을 했다. 거미가 들어 있는 작은 우리의 뚜껑을 조심스럽게 열고 꿈틀거리는 애벌레 몇 마리를 안에 넣어주는 것이다. 거미에게 물린 적도 있지만 별문제는 없었다. 거미 독이 손가락 끝의 두꺼운 피부는 뚫고 들어가지 못한다는 것을 첫날 바로 배웠으므로 거미가 손가락 끝보다 위로 올라오지만 않게 하면 괜찮았다.

스파이더 팜에서 일하던 기간에 '브랜드 뉴 데드 싱'이라는 가게에서도 일했다. 가게 주인은 폴이라는 이름의 친절한 노인이었는데 낮에 인근 사막 지역을 돌아다니며 광물의 일종인 정동, 곤충, 죽은 설치류 등을 채집했다. 야넬의 우리 집에서 한두 블록 떨어진 곳에 있는 그의 가게에는 그가 수집해 손질하고 가죽을 벗겨 그늘진 상자에 넣어 놓은 것들이 가득했다. 폴은 나와 엘리자베스 언니에게 나비, 나방 등 큰 곤충을 핀으로 고정하고 전문 수집품다워 보이게 액자 틀에 넣는 법을 알려주었다. 핀에 예쁘게 꽂힌 곤충은 관광객, 학교, 박물관 등에 팔렸다. 그곳에서 일하던 어느 해에 야바파이 카운티에 메뚜기떼가 출몰했다. 엘리자베스와 나는 한 시간에 1~2달러를 받고 브랜드 뉴 데드 싱 가게 뒤에 몇 시간씩 앉아서 15~20센티미터 크기의 메뚜기 수백 마리를 핀으로 고정했다.

십 대 초반이 되었을 때 집의 재정 상황이 바닥까지 떨어져서 엄마도 일자리를 찾아야 하게 되었다. 엄마는 근처 위켄버그 마을의 은행에서 수납원 일자리를 구하셨다. 우리를 가르치면서 함께 시간을 보내는 것을 너무나 좋아하셨던 엄마는 다시 바깥일을 하게 되는 바람에 우리를 직접 가르치지 못하게 된 것을 굉장히 속상해하셨다. 하지만 엄마에게는 선택의 여지가 별로 없었고 우리도 그랬다. 동생들은 동네의 공립 초등학교에 등록을 해서 난생 처음으로 진짜 수업을 듣기 시작했다. 하지만 엘리자베스 언니와 나는 학교에 갈 수 없었다. 정확히 무엇 때문이었는지는 잘 모르겠다. 주에서 치르는 시험 점수 어쩌고 하는 이야기를 들은 기억이 나고 (우리는 그런 시험을 치러본 적이 없었다), 우리를 중학교에 등록시키기는 어렵다는 말을 들은 기억도 난다(그렇다고 초등학교에 가기에는 나이가 너무 많았다). 다른 방도도 없어 보이니 언니와 나는 고등학교 과정까지 학교에 다니지 말고 알아서 공부해야 할 것 같다는 이야기도 들은 것 같다. 다른 어떤 선택지도 주어지지 않았기 때문에 언니와 나는 정말로 완전히 알아서 하는 수밖에 없게 되었다.

처음에는 어떻게 혼자서 공부해야 할지 몰랐지만 점차로 낮에는 일하고 밤에는 책을 읽고 공부하는 규칙적인 일상을 만들어갈 수 있었다. 엘리자베스 언니는 처음부터 학교에서 배워야 할 것들을 나보다 수월하게 따라잡는 것 같았다. 언니는 산수책과 생물책을 사왔고 우리 방에서 화학 실험도 했다. 반면 나는, 처음에는 초급 산수책을 물끄러미 보다가 눈물을 쏟는 것 말고는 할 수 있는 게 없었다. 책에 쓰인 내용을 하나도 이해할 수 없었기 때문이다. 나는 동생들이 학교에 가서 친구를 사귀고 수업을 듣고 숙제를 잔뜩 가지고 오고 스포츠와 댄스 같은 학교 활동에 참여하는 게 부러웠다. 나는 학교에 다니는 것을 꿈꾸면서 학교에 가서 내 사물함에 책과 학용품을 두고 친구들과 수다를 떨고 밤에는 학교 숙제를 하고 스포츠팀과 방과 후 활동에 참여하는 내 모습을 정교하게 상상했다. '학교'는 나에게 천국이나 다름없는 말로 들렸다.

그 천국을 잠깐 맛본 적이 있었다. 엘리자베스 언니와 내가 지역의 비영리 음악 단체가 주는 작은 규모의 장학금을 받은 것이다. 익명의 지역 후원자가 지원한 장학금으로, 음악 수업에 사용하라는 목적으로 후원하는 것이었다. 나는 여전히 바이올리니스트가 될 생각이었기 때문에 몇 년 동안 콩쿠르에도 나갔고 블루그래스 음악 페스티벌, 오케스트라, 작은 앙상블 등에서도 연주를 했다. 나는 할 수 있는 곳이면 어디서든, 들어주는 사람이 있으면 어디서든 연주를 했다. 당시에 언니와 나는 실력이 꽤 좋았다. 장학금 덕분에 우리는 야녤에서 북동쪽으로 45분 정도 떨어진 도시 프레스콧의 커뮤니티 칼리지에서 수업을 들을 수 있었다. 우리는 1년 동안 학교 오케스트라에서 연주를 하고 음악 이론을 공부하고 개인 레슨도 받았다. 수업이 없는 날에는 최저 시급도 안 되는 일자리에서 최대한 많이 일했다. 장학금으로 수업료는 댈 수 있었지만 교통비, 옷, 식비, 책, 학교 행정비, 묵을 곳 등 돈 들어갈 데가 많았고 부모님은 이것을 다 대주실 수 없었다. 때로는 다음 날까지 부모님이 프레스콧으로 우리를 데리러 오지 못하셨다(우리 둘 다 아직 운전면허를 딸 나이가 되지 못했다). 그런 날에는 기독교 여름 캠프장의 이층 침대에서 잤다(학기 중에는 비어 있었다). 난방도 되지 않았고 때로는 물도 안 나왔지만 우리가 감당할 수 있는 비용으로 묵을 수 있는 곳은 여기뿐이었다.

아마도 내 학교 문제가 해결된 것 같다는 생각이 들어서 나는 희망에 부풀었다. 이 학교에서 전문대 졸업장을 받을 수 있기를 바라면서 엘리자베스 언니와 나는 음악 이외의 다른 과목들도 등록했다. 그런데 갑자기 우리 장학금이 철회되었다는 연락이 왔다. 장학금 수령에는 매우 엄격한 제한 조건들이 있었는데 당시에 우리에게는 잘 이해가 가지 않는 조건들이었다. 너무나 학교에 다니고 싶었던 나머지 우리는 의도치 않게 그 조건 중 하나를 어기고 말았다. 음악 수업이 아닌 수업을 등록한 것이 문제였다(음악 전공으로 학위를 받고 졸업을 하려면 꼭 필요한 수업들이었는데도 그랬다). 이렇게 해서 우리는 원점으로 돌아와버렸다.

그즈음, 나는 바이올린 활의 털을 갈기 위해 동네 악기상에 활을 맡겼다. 그런데 며칠 뒤에 엄마와 찾으러 갔더니 활이 두 동강 나 있었다. 악기상 주인은 털을 가는 도중에 두 동강이 났다며 "오래된 활에서 때때로 일어나는 일"이라고 말했다. 위로라고 한 말이 겠지만 내게 그 말이 위로가 되었을 리가 없었다. 그 악기상 주인도, 반경 150킬로미터 안에 있는 어떤 악기공도 내 활을 고치지 못했다. 활이 망가진 것은 재앙이었다. 그것은 콩쿠르에 나갈 때 쓰는 활이었고 그 활이 없으면 연주를 할 수 없었다. 가지고 있던 다른 활은 35달러짜리 플라스틱 활이었는데 그것으로 켜면 끔찍한 소리가 났다. 새 활을 살 돈도 없었기 때문에 정말로 아무런 방도가 없었다. 나는 절망에 빠져서 바이올린 현을 느슨하게 풀고 옷장에 처박아두었다. 몇 년이 지난 뒤에야 그 바이올린을 다시 꺼낼 수 있게 된다.

장학금과 바이올린 연주 가능성을 둘 다 잃고서 나는 심각한 우울증에 빠졌다. 십 대의 나머지를 최저 임금 일자리나 전전하며 보내야 하고 공부는 다시 혼자 해야만 한다는 생각에 견딜 수가 없었다. 바이올린과 함께 나의 꿈도, 미래에 대한 희망도, 가난에서 벗어날 수 있는 유일한 길이라고 생각했던 것도 모두 사라졌다. 바다 한가운데서 방향을 잃은 느낌이었다. 아침에 일어나야 할 이유도 없고 계속 살아가야 할 이유도 없어 보였다. 연옥에 갇혀 있는 것 같았다. 꼭 죽기를 원한 것은 아니었지만 지금 갇혀 있는 세상에서 계속 살고 싶지도 않았다. 꾸역꾸역 하루하루를 보내면서 어디선가 더 나은 삶의 기회가 나타나주기를 그저 바라는 것 외에 무엇을 할 수 있는지 도무지 알 수가 없었다.

십 대 중반의 나머지 시기도 대략 비슷했다. 낮에는 일을 했고 (짧은 기간 동안 동네 초등학교 아이들에게 바이올린을 가르쳤고, 그다음에는 말을 돌보았고, 보모 일도 했고, 가게에서도 일했다), 밤에는 책을 읽었다. 나는 읽고 있는 책의 저자가 내 선생님이라고 생각했고, 읽고 있는 교재의 각 장이 내가 듣는 수업의 강의 노트라고 생각했다. 플라톤의 대화편을 읽으면서는 나도 그 옆에 앉아서 소크라테스와의 대화를 듣고 있는 양 상상했다. 내 인생에서 가장 외로운 시기였다.

낮에는 일을 해야 했고 밤에는 내내 공부를 했기 때문에, 그리고 학교에 다니지 못했기 때문에 또래와 어울릴 기회가 없었다. 마약이나 섹스 등 안 좋은 영향을 받을까 봐 부모님은 내가 어떤 친구를 사귀어도 되는지에 대해 매우 엄격한 규칙을 정해 두셨다. 교회에 안 다니는 여자아이와는 친구가 될 수 없었고 남자아이는 누구와도 친구가 될 수 없었다. 당연히 남자친구도 있을 수 없었다. 나는 교회에 다니는 여자아이들과 데이트를 함으로써 '남자친구 금지' 규칙을 살짝 피해갔다. 하지만 우리 관계는 비밀로 해야 했다. 여성에게 끌리는 젊은 여성으로 사는 것(내 경우에는 남성과 여성 모두에게 끌리는 여성으로 사는 것)이 우리 동네에서는 매우 비난받을 만한 일로 여겨졌고 우리 집에서도 마찬가지였기 때문이다. 하지만 플라토닉한 친구를 만드는 것 또한 거의 불가능했다. 내 또래 아이들은 나와 친구가 될 생각이 없어 보였다. 그들에게는 내가 사회성 없고 어색한, 학교 안 다니는 아이였기 때문이었을 것이다.

삶의 나머지도 똑같이 외롭고 끝없이 고되기만 한 인생일까 봐 겁이 났다. 나는 정말로 내 인생은 끝장났고 이제 다 너무 늦었다고 생각했다. 동생들과 여타 십 대 아이들이 학교를 다니며 무언가를 배워나가는 것을 보면서, 내가 그런 것들을 하나도 모른다는 사실이 고통스럽도록 명확히 인식되었다. 나는 제대로 된 시험을 본 적이 없었고 곱셈과 나눗셈 수준을 넘어서는 수학은 아는 것이 없었다. 과학은 아예 아는 것이 없었다. 아무리 책을 많이 읽어도 따라잡을 길이 없어 보였다.

내가 원한 것은 그저 평범한 아이처럼 사는 것이었다. 학교에 다니면서 배워야 할 것들을 배우고 더 똑똑해질 수 있는 기회를 갖는 것, 내 또래 아이들이 갖는 기회를 나도 갖는 것, 이게 내가 원한 전부였다. 짧게 커뮤니티 칼리지에 다녀본 후에 학교에 다니려고 시도해보았지만 초등학교, 중학교에 갈 수 없었던 이유와 동일한 이유로 고등학교도 내게 문을 열어주지 않았다. 지역 커뮤니티 칼리지나 대학 수업은 들을 돈이 없었고 학비 보조를 받기에는 나이가 너무 어렸다. 엘리자베스 언니가 장학금을 받아 피닉스에 있는 커뮤니티 칼리지에 들어갔을 때 나는 너무나 통렬한 고통을 느꼈다. 나도 그 학교에 지원해보았지만 낙방했다.

내 인생이 어디를 향해 가고 있는지는 너무나 명백했다. 공식 교육을 받지 못한 농촌의 가난한 백인 쓰레기 여성에게 어떤 길이 있을 수 있겠는가? 나는 우리 마을의 젊은 여성들을 보았다. 그들도 가난하게 자랐다. 그들 역시 이곳에서 벗어날 기회도 희망도 미래도 없었다. 고등학교를 어찌어찌 졸업한다 해도 가난에서 벗어나지 못했다. 상당수가 약물 중독이었고 기껏해야 최저 임금을 받는 파트타임 일자리밖에 구할 수 없었기 때문에 부모와 함께 트레일러촌에 살면서 푸드 스탬프*와 복지 수급으로 연명했다. 그것이 나의 미래였다. 아니, 그보다 못할 수도 있었다. 이런 생각에 나는 깊이 상처를 받았다. 하나님, 이건 너무하다고요! 나는 거의 매일 밤마다 울다 잠들었다.

그러던 어느 날, 머릿속에서 무언가가 딸깍 켜졌다.

그 순간을 지금도 생생하게 기억한다. 열다섯인가 열여섯인가 되었을 때였고 나는 아빠의 작은 사무실에 앉아 있었다. 주변은 온통 아빠의 책들로 가득했다. 나는 아직 내가 안 읽은 게 뭐 없나 책장을 뒤적거렸다. 이른 오전이었고 동생들은 다 학교에 가 있었다. 나는 가사 도우미 일을 하러 가기 전에 한두 시간 정도 여유가 있었다. 지난 몇 년 동안 내가 읽었던 책들과 함께 거기에 그렇게 앉아서, 그 책들에 담겨 있던 위대한 인물들의 위대한 일들에 대한 이야기를 생각했다. 그러다가 퍼뜩 이런 생각이 떠올랐다. 그것들은 모두 자신의 삶에서 **무언가를 한** 사람들의 이야기였다. 단순히 그들의 삶에 **무언가가 닥친** 사람들의 이야기가 아니었다. 그런 일

---

* 미국의 저소득층 식품 보조금. 현재는 SNAP으로 명칭이 바뀌었다.- 옮긴이

들이 자신의 삶에 **일어나게 만든** 사람들의 이야기였지 그런 일들이 그저 **그들에게 일어난** 사람들의 이야기가 아니었다.

그 순간 나는 고대의 가장 위대한 철학자가 된 그리스 노예 에픽테토스를 떠올렸다. 에픽테토스는, 자신으로서는 어쩔 수 없는 것들을 인정하고(혹은 무시하고) 자신의 힘으로 바꿀 수 있는 것들에 집중함으로써 누구나 의미 있고 충만한 삶을 살 수 있다고 했다. 나는 플라톤도 생각했다. 플라톤은 대화편에서 누구나 미덕을 추구하고 앎을 구하는 데 헌신함으로써 '좋은 삶'에 도달할 수 있다고 했다. 그 순간에 나는 (아이제이어 벌린의 표현을 빌리면) 내가 나 자신의 삶에서 객체가 아니라 주체가 되어야 한다는 것을 깨달았다.

누군가가 내 뇌의 스위치를 켠 것 같았다. 내가 더 나은 삶을 위해 싸움에 나서는 데 내 생존이 달려 있으며 나의 모든 부분이 그 싸움에서 이길 준비가 되어 있다는 것을 무의식의 무언가가 마침내 깨달은 듯했다. 나는 일어서서 길을 찾고야 말겠다고 다짐했다. 더 나은 삶으로 갈 수 있는 길을 찾을 것이다. 가난에서 벗어날 수 있는 길을 찾을 것이다. 공부를 할 수 있는 길을 찾을 것이다. 대학에 갈 수 있는 길을 찾을 것이다. 여기에서 **나갈** 수 있는 길을 찾을 것이다. 그리고, 아무도 나를 도와주지 않을 것이었으므로 내 삶을 제 경로에 올려놓는 일은 모두 나 스스로 해내야 했다.

내 계획은 간단했다. 대학의 입학 사정관이 내 입학을 허가해야겠다고 판단하게 만들기 위해 알아야 할 것들을 정확히 알아내 독학으로 그것들을 공부할 참이었다. 선생님이 없어도 공부할 수

있는 과목들에 집중하고(그 과목들로 대학 문을 통과할 수 있기를 바라면서)
그럴 수 없는 과목은 포기하기로 했다. 고급 수학, 과학, 기술은 내
가 혼자서 할 수 없는 과목들이었다. 혼자 공부해보려고 했지만 처
참하게 실패했고 이런 과목들은 나 혼자 아무리 기를 써봐야 소용
이 없을 터였다. 나는 언어, 역사, 문학, 철학에 집중했다. 그리고
전국의 고등학교, 커뮤니티 칼리지, 대학에 전화를 걸어서 내 처지
를 설명하고 그곳에서 학생들에게 가르치는 과목과 사용하는 교재
가 무엇인지, 또 내가 독학으로 대학에 가려면 무엇이 필요한지 물
어보았다.

　나는 명문 대학들의 입학 지원서 요강을 살펴보고 최대한 나
를 거기에 맞추려고 노력했다. 고등학교 성적표가 필요했기 때문
에 모든 고등학교의 성적표에 포함되어 있을 법한 과목들의 목록
을 만들고 그중 혼자 공부할 수 있는 것들을 독학했다. 그리고 내
성적표를 직접 작성했다. 각 장 위에 '수전 파울러 홈스쿨'이라고
적고 내가 독학으로 공부한 '수업' 이름과 내가 읽은 교재들을 모두
적었다. 몇 년 동안 매일 밤마다 일을 마치고 돌아오면 동네 중고
서점에서 구한 고등학교 교재에 나온 연습 문제를 풀고서 대학 지
원서에 넣을 수 있게 점수를 기록했다. 개인 에세이도 써야 한다고
해서, 내가 왜 공부를 하고 싶은지, 왜 대학에 가고 싶은지 설명하
는 글을 쓰고 다시 쓰고 또다시 썼다. 또 ACT 점수가 필요하다고
해서 어느 날 애리조나주 길버트에 있는 한 고등학교에 가서 이 시
험을 몇 년이나 준비해온 다른 고등학생들과 함께 시험을 쳤다. 내

평생 처음 치러본 표준 시험이었다. 마지막으로, 선생님에게 추천서를 받아야 한다고 해서 인근 대학의 교수들을 찾아가 멘토가 되어달라고, 도와달라고, 그들의 전공 분야에 대해 가르쳐달라고 청했고, 그다음에 추천서를 부탁했다.

내가 대학에 들어가기 위해 할 수 있는 모든 노력을 다하는 동안 부모님도 더 나은 삶을 만들기 위해 맹렬히 노력하셨다. 두 분다 가르치는 것을 좋아했으므로 교육학 학위를 받기로 하셨다. 그래서 엄마와 아빠도 낮에는 일을 하고 밤에는 늦게까지 공부를 하셨다. 아빠에게는 매우 고통스러운 삶의 전환이었다. 아빠는 교회일을 그만두셨고 이후로는 공식적인 예배에서 설교를 하지 않으셨다. 우리 모두 너무 바빠서 부모님과는 거의 주말에만 시간을 보낼 수 있었다. 주말에는 함께 피닉스에 있는 교회에 갔다. 어느 주말에, 엄마가 애리조나주 탬파에서 두 동강 난 내 활을 한번 살펴보겠다는 현악기공 한 명을 찾아냈다. 그는 돈은 재료값만 받고 내활을 고쳐보겠다고 했다. 이제까지 모든 악기공이 고치는 것이 불가능하다고 했을 만큼 망가진 상태였는데, 그는 외과 의사처럼 섬세하게 금 간 곳을 풀로 붙이고 작은 나뭇조각을 대어 보강한 뒤사포로 밀어서 금 간 곳이 어디인지 알아볼 수 없을 만큼 새것처럼만들어주었다. 나는 활을 찾으러 갈 때 바이올린을 가지고 갔다. 너무 오래 쓰지 않아서 악기상에서 현을 조율해야 했다. 연습을 안한 지 아주 오래되었지만 활을 긋자 아름다운 소리가 났고, 시간이하나도 지나지 않은 것 같았다. 나는 다시금 충만함을 느꼈다.

정말 놀랍게도, ACT 점수가 굉장히 잘 나왔다. 정말이지 너무 너무 잘 나와서, 애리조나주에서 제일 큰 대학인 애리조나 주립 대학교에 가장 큰 성적 장학금을 받고 들어갈 수 있었다.

2
대학생이 되다

내 계획이 적중했다. 나는 열여덟 살에 애리조나 주립 대학교에 입학했다. 전액 장학금을 받았고 꿈꾸었던 것은 무엇이든 배울 수 있는 기회를 갖게 되었다.

첫 학기가 시작되기 전에 몇 시간이나 컴퓨터 앞에 앉아 긴 과목 편람을 꼼꼼하게 살펴보면서 배우고 싶었던 과목을 모조리 적었다. 나는 철학과 음악을 복수 전공하기로 했고 바이올린 연주를 세부 전공으로 잡았다. 음악을 선택한 이유는 음악이 내 소명이고 바이올리니스트가 내 천직이라고 생각했기 때문이고, 철학을 선택한 이유는 나를 고통스럽게 했던 질문들의 답을 구하는 데 철학 공부가 필요할 것 같아서였다. 아빠처럼 나도 언제나 이 세상에 속하지 못한다고 느꼈고, 삶과 자연과 우주를 조금 더 잘 이해할 수 있다면 이 세상에서의 내 자리가 명확하게 보일 것이라고 생각했다. 나는 어떻게 살아야 할지 알고 싶었고 '좋은' 삶이 무엇을 의미하는지 알고 싶었다. 그때는 철학을 공부하면 이에 대한 답을 발견하는 데 도움이 되리라고 생각했다(지금도 그렇게 생각한다).

늦은 봄이 되자 더 기다릴 수가 없었다. 주체하지 못할 만큼 신이 난 상태로 몇몇 여름 강좌에 등록하고 템피에 있는 작은 집으로 이사했다. 학교 메인 캠퍼스 바로 밖에 있는 집이었고 이전 해에 만난 몇몇 음악도와 함께 이곳에서 지내기로 되어 있었다. 그리고 수업이 시작되기를 기다렸다.

여름 학기가 시작되기 얼마 전에 학교 근처의 타투 전문점에 가서 오비디우스의 《사랑의 기술》에 나오는, 내가 가장 좋아하는 구절 "Nitimur in vetitum semper, cupimusque negata"을 왼팔에 새겼다. '금지된 것을 추구하기 위해 분투하라.' 지금까지 모든 나날 동안 내가 해온 일이 바로 이것이었다. 나는 이 구절을 매일 아침 거울을 볼 때마다 상기하고 싶었다. 이제까지 공식 교육 기회와 나 개인의 자율성은 내게 '금지된' 것이었지만 이제 드디어 나 자신을 위해 내 미래를 결정하고 배울 수 있는 기회를 갖게 되었고, 나는 이 기회를 절대로 낭비하지 않을 작정이었다.

학기가 시작되면서 새로운 생활과 학교 일과에 나를 온통 쏟아부었다. 매일 바이올린과 교재를 챙겨서 거리를 걸어 내려가 무료 셔틀버스를 타고 학교에 갔다. 나는 열심히 공부했고, 친구를 사귀었고, 바이올린을 연습했다. 활을 고친 이후로 나는 템피의 악기공이 소개해준 선생님에게 레슨을 받고 있었다. 그는 애리조나 주립 대학교 명예 교수 프랭크 시피노사였는데, 매년 새 학생은 소수만 받는다고 했다. 날마다 손가락이 아프고 어깨가 뻐근할 때까지 가을에 있을 대학 오케스트라 오디션 곡을 연습했다. 솔로 곡은 차이콥스키 바이올린 협주곡이었고 오케스트라 곡은 쇼스타코비치 곡 중 하나의 제1 바이올린 파트였다. 평생 처음으로 내 삶이 거의 '평범'하다고 느낄 수 있었다. 나는 학교에 다니고 있었고, 친구가 있었고, 일은 파트타임으로만 하면 되었다. 등록금은 장학금으로 거의 해결되었기 때문에 주거비와 식비만 벌면 되었다. 나는 생활비를 벌기 위해 스코츠데일에 있는 기독교 서점에서 일했다. 되도록 절약하며 살아야 했지만 내가 알고 있는 유일한 삶의 방식이 최대한 절약하는 것이었으니 그리 어려운 일은 아니었다.

찬란한 여름이었다. 하지만 대학 생활을 시작한다는 사실에 들뜨기는 했어도 이 승리에는 아픔이 없지 않았다. 애리조나 주립 대학교는 내가 가장 가고 싶었던 곳은 아니었다. 몇몇 다른 대학도 나에게 장학금을 제안했다. 하지만 학교를 결정해야 하던 즈음에 아빠가 뇌종양 진단을 받으셨고, 학교 결정은 더 이상 어느 대학의 철학과와 음악과가 더 좋은지가 아니라 어느 대학에 가야 아빠와 더 가까운 곳에 있을 수 있는지의 문제가 되었다. 아빠의 주치의인 종양학 전문의는 아빠가 적어도 크리스마스까지는 사실 수 있을 거라고 했다. 아빠가 돌아가시기 전에 최대한 함께 시간을 보내고 싶었다.

아빠가 암 진단을 받은 직후에, 그리고 아직은 여행을 할 수 있을 정도로 몸이 괜찮으셨을 때 나는 아빠와 함께 애리조나 주립 대학교 캠퍼스에서 열린 신입생 오리엔테이션에 참석했다. 캠퍼스를 둘러보면서 이제는 내게 허용된 수업과 기타 학교 활동들에 대해 설명을 듣는 동안, 숨기려 해도 계속 비어져 나오는 아빠의 미소와 눈빛에서 아빠가 얼마나 자랑스러워하시는지 알 수 있었다. 나중에 차를 몰고 집으로 돌아오면서 아빠는 당신의 대학 시절에 가장 좋아했던 것들을 이야기해주셨다. 외국어 수업, 친구들, 여러 새로운 모험, 그리고 스스로에 대해 알게 된 것들…. 나도 신이 나서 아빠에게 수강 신청한 그리스어와 라틴어 수업 이야기를 했다. 그리고 필수 과목으로 역사 수업을 듣는 게 좋을지 고대 신화 과목을 듣는 게 좋을지 물으면서 아빠 쪽을 살짝 바라보았더니 아빠의 얼굴에는 내가 기억하고 있는 가장 큰 미소가 걸려 있었다.

아빠의 건강은 급격히 악화되었다. 여름 중반에 아빠를 보러 갔을 무렵에는 나를 기억하거나 알아보지 못하시는 것 같았다. 아빠는 입원과 퇴원을 반복했고, 집에서보다 병원에서 아빠를 보는 게 차라리 낫게 느껴졌다. 집에서 아빠를 만나는 것은 너무나 고통스러웠다. 아빠의 책과 노트와 아빠가 좋아했던 2차 세계 대전 영화들에 둘러싸여 있으면서도 그것을 읽지도 못하고 말을 하지도 못하고 앉아서 기침을 하거나 멍하니 벽을 보는 것 외에는 아무것도 하지 못하는 아빠를 보는 것은 너무 힘들었다. 병원에서는 그러한 부조화나 상충의 느낌이 덜했다. 자신의 삶을 종결짓게 될 질병을 가진 사람들에게 둘러싸여 있는 아빠의 모습은 차라리 비현실적이어서 집에서처럼 끔찍하게 어긋나 보이지 않았다.

오케스트라 오디션 전날, 바이올린을 몇 시간이고 연습했지만 불안이 가시지 않았다. 이 오디션은 굉장히 중요한 오디션이었다. 오케스트라 단원이 될 수 있을지, 바이올린 연주를 세부 전공으로 해서 학위를 받을 수 있을지, 바이올리니스트의 꿈을 이어갈 수 있을지가 이 오디션으로 판가름 나게 되어 있었다. 나는 심사위원 앞에 서는 순간까지 시간이 얼마나 남았는지를 계속 초조하게 확인했고 심사위원들이 내가 자신 있는 부분을 시켜주기를, 차이콥스키 두 번째 페이지를 망치지 않기를, 스케일을 연주할 때 손이 너무 떨리지 않기를, 심사위원이 어떤 조의 스케일을 시키건 까먹지 않고 연주할 수 있기를 신에게 빌고 또 빌었다. 아빠와 이야기를 하면 늘 긴장이 풀리고 용기가 난다는 것을 알고 있었기 때문에 버스를 타고 아빠를 만나러 갔다.

며칠 전에 아빠는 메사에 있는 호스피스 병동으로 들어가 계셨다. 학교에서 버스로 30분 정도밖에 떨어져 있지 않은 곳이었다. 초저녁 무렵 그곳에 도착해 버스가 정거장에 서는데, 엄마의 낡은 베이지색 미니밴이 주차장에 들어오는 것이 보였다. 엄마의 얼굴을 보자마자 엄마, 언니, 동생이 다들 왜 왔는지 알 수 있었다. "너한테 전화했었는데." 내게 팔을 두르면서 엄마가 말했다. 우리는 함께 아빠 병실 쪽으로 걸어갔다. 아빠를 보자 가슴이 철렁 내려앉았다. 너무나 나이가 들어 보였고 너무나 약해 보였다. 아빠는 내 말을 전혀 알아듣지 못하셨다. 한편으로는 다행이다 싶기도 했다. 무슨 말을 해야 할지 몰랐기 때문이다. 아빠는 이튿날 아침에 돌아가셨다. 아빠가 이 세상을 떠나 용감하게 다음 세상으로 들어가는 동안 나는 아빠의 손을 잡고 있었다.

그다음 며칠이 어떻게 지나갔는지는 잘 기억이 나지 않는다. 아빠가 돌아가신 다음 날 비가 온 기억은 난다. 친구 첼시가 우는 나를 안고 토닥여준 것도 기억난다. 첼시는 아빠가 돌아가신 것을 하늘도 슬퍼해서 비가 오고 있다고 말해주었다. 오디션 날 아침, 터덜터덜 음악학과로 걸어가 정신이 몸에서 분리된 것 같은 상태로 무대 뒤에서 내 순서를 기다렸던 것도 기억이 난다. 그리고 조명이 환히 밝혀진 무대로 걸어나가서 어둠 속에 줄지은 빈 의자들을 멍하니 본 기억도 난다. 의자들은 내가 볼 수 있는 가장 높은 곳까지 이어져 있었고, 그렇게 어둠 속으로 올라가고 또 올라가 우주의 끝에 닿을 것 같았다. 몸에서 영혼이 빠져나와 둥둥 떠다니는 듯한 상태로 무대에 서 있었던 것도 기억난다. 오른쪽에는 심사위원석이, 앞에는 끝없는 의자의 열이 있었고, 무대 밖으로 걸어 나가 의자들의 열을 따라서 계속 올라가면 하늘에 닿지 않을까, 거기에서 누군가가 나를 기다리고 있지 않을까 생각했던 것이 기억난다. 심사위원들이 스케일 연주를 하라고 몇 차례나 말한 것도 기억난다. 하지만 나는 심사위원의 말을 명확히 알아들을 수 없었고,

그래서 유일하게 기억할 수 있었던 A단조 스케일을 연주했다. 심사위원들은 서로를 바라보더니 솔로 곡을 연주하라고 했다. 나는 차이콥스키를 연주하기 시작했지만 첫 소절에서 더 나가지 못했다. 나는 첫 몇 마디의 멜로디를 계속해서 다시 연주하고 싶었다. 점점 더 크게, 그렇게 해서 분노와 슬픔이 가득 담긴 커다란 소리가 빈 의자들의 열을 끝까지 채울 수 있게.

심사위원들은 쇼스타코비치 곡은 시켜보지도 않았다.

나는 오케스트라 단원이 되지 못했고 그보다 낮은 커뮤니티 앙상블 중 하나에 들어가게 되었다. 더 안 좋은 소식은, 바이올린 담당 교수조차 나에게 배정되지 않은 것이었다. 오디션을 망치면서 바이올린 연주를 세부 전공으로 삼아 음악 학위를 받을 수 있는 기회는 날아간 것이나 마찬가지가 되었다. 그와 함께 바이올리니스트가 될 기회도 날아갔다.

삶에서 내가 알고 사랑했던 모든 것이 뒤집혔다. 내가 늘 알던 가족은 이제 결코 전과 같을 수 없었다. 아빠는 더 이상 계시지 않았다. 아빠가 식탁에 앉아 그리스어 동사 변화를 공부하거나 아빠가 가장 좋아하는 테디 루즈벨트의 책을 읽는 모습을 다시는 볼 수 없을 것이었다. 아빠가 당신이 꿈꾼 것을 하나도 달성하지 못한 채 힘겨운 삶을 살았다는 데 생각이 미치니 견딜 수가 없었고 나도 같은 운명이면 어떡하나 겁이 났다. 바이올린을 처음 잡아보았던 어린 시절 이래로 계속 나의 꿈이었던 바이올린은 이제 끝나버렸다. 이 꿈은 뻥 하고 터져서 끝난 것이 아니라 끝없고 고통스러운 침묵과 함께 끝났다.

가을 학기가 시작되고 처음 몇 주 동안 나는 수업을 들으려고 노력해보았다. 하지만 나는 예전 나의 껍데기일 뿐이었다. 자지도, 먹지도, 마시지도, 심지어는 울지도 못했다. 나중에 여동생이 말하길, 내가 하도 멍하니 돌아다녀서 그때 모두들 내가 늘 술에 취해 있는 줄 알았다고 했다. 결국 나는 무너졌다. 나는 수강 신청한 과목들을 철회하고 정신 치료 시설에 들어갔다. 그곳에서 며칠 동안 세상으로부터 격리되어서, 마침내 스스로에게 슬픔을 허용할 수 있었다. 아빠가 돌아가신 것과 내 평생의 꿈이 끝장난 것도 슬펐지만 어린 시절이 끝난 것도 슬펐다.

그 후 몇 주 동안 나는 내가 겪은 상실들과 씨름했고 내 삶이 어디를 향해 가는 것인지 생각하며 괴로워했다. 오디션을 망친 것에 대해 끔찍한 죄책감이 들었고 너무나 슬펐다. 그리고 앞으로는 내 꿈을 스스로 끝장낸 것에 대한 책임을 늘 자각하며 살아가야 할 터였다. 나는 어떻게든 희망을 찾아보려 애썼다. 이런 일들이 다 무언가 의미가 있어서 벌어진 게 아닐까? 우주가 나를 위해 예비해둔, 바이올리니스트가 되는 것보다 더 중요하고 적합한 일이 있지 않을까? 이 모든 상실에 목적과 의미가 있을 것이라고 되뇌이면 기분이 좀 나아졌다. 나를 위해 예비된 무언가가 있다면 상처를 딛고 상실을 받아들이면서 살아갈 방법을 찾을 수 있을지도 모르니까. 하지만 그게 아니라면 어떻게 하는가? 우주가 나를 위해 예비해둔 다른 계획 따위는 없다면 어떻게 하는가? 평생의 꿈이 갑자기 끝장난 것은 그냥 무작위로 닥친 일이고 여기에는 아무런 목적이나 의미도 없다는 것은 생각은 생각만으로도 너무 끔찍했다.

나는 그것을 생각하지 않으려고, 아빠의 죽음도 생각하지 않으려고 무던히 노력했다. 하지만 아빠의 죽음은 나를 무겁게 내리눌렀다. 아빠가 너무 보고 싶었고 아빠가 정말로 가버리셨다는 사실이 받아들여지지 않았다. 두어 주에 한 번씩 비슷한 꿈을 꾸었다. 꿈에서 아빠는 돌아가셔서 안 계신 것이 아니라 먼 곳에 세일즈 일을 하러 가셨거나 러시아나 중국에 선교 활동을 가셔서 집에 안 계셨다. 지금 생각해보면, 오디션 망친 것에 슬퍼한 것은 도저히 감당할 수 없는 또 다른 상실을 회피하는 수단이 아니었나 싶다.

나는 너무나 아빠와 상의하며 도움을 구하고 싶었다. 십 대 시절 내내 그랬듯이 말이다. 엄마가 저녁상을 치우고 나면 아빠는 식탁에 책과 노트를 펴놓고 아빠가 가장 좋아하는 (하지만 다른 사람들은 아무도 안 좋아하는) 낡고 흉하게 생긴 나무 의자에 앉으셨다. 내가 "아빠, 산책 안 하실래요?"라고 물으면 아빠는 내게 고민거리가 있다는 것을 딱 알아차리고 "좋지, 수전. 좋고말고"라고 대답하셨다. 그럴 때 아빠는 내가 도무지 이해가 가지 않는 것이나 너무 중요한 것에 대해 할 말이 있다는 것을 아셨고, 우리는 무언가를 알아낼 때까지 동네를 산책했다. 내게 떠오른 희한한 질문들에 아빠도 답을 가지고 계시지는 않았다. 하지만 일종의 소크라테스식 문답법으로, 내 생각을 물어보고 그다음에는 내 생각을 조금 더 명료하게 다듬어보라고 하고 다시 내 생각을 물어보셨다. 이런 식으로, 마침내 그 문제가 이해되기 시작할 때까지 생각하고 이야기하고를 충분히 반복할 수 있었다. 아빠가 돌아가신 후에 나는 무엇보다도 아빠와의 산책이 그리웠다.

　슬픔과 우울의 안개가 마침내 걷히기 시작했을 때, 나는 지난 몇 년 동안 내 삶을 바꾸어주었던 사상가들에게로 다시 돌아갔다. 인간으로 존재한다는 것이 무엇을 의미하는지, 목표와 꿈을 갖는다는 것이 무엇을 의미하는지, 의미 있는 삶, 좋은 삶을 산다는 것이 무엇을 의미하는지 알고 싶은 마음이 어느 때보다도 간절했다. 위대한 철학자, 시인, 소설가들의 글을 읽다 보니 지상에서의 내 시간을 이런 큰 질문들에 답을 찾고자 노력하면서 보낸다면 그것으로도 충분히 충만하고 행복하고 만족스러운 삶이 되리라는 생각이 들었다. 그 답이 철학, 문학, 음악, 과학, 예술, 수학에 있는지 아니면 이들 중 몇몇의 조합에 있는지는 알 수 없었지만, 대학에서 공부를 하면서 알아가기로 했다. 내가 가장 좋아하는 시인 라이너 마리아 릴케가 말했듯 "질문을 살아가다 보면" 아마도 "알아차리지 못한 사이에 서서히, 먼 미래의 어느 날 답을 살고 있게 될 것"이라고 생각했다.

　나는 학교로 돌아가서 새롭게 시작하겠다고 결심했다. 하지만 당장 한두 달의 생계를 해결해야 했다. 수강 신청한 과목들을 다 철회했기 때문에 그 학기에는 기숙사에 살 수 없어서(기숙사비를 다 냈는데도 그랬다) 묵을 곳이 없었다. 학생이 아니면 캠퍼스에 거주할 수 없었기 때문이다. 그해에 쓰려고 저축한 돈을 기숙사비와 식비로 이미 다 지출했기 때문에 나는 빈털터리인 데다 거처도 없었다. 정부 지원을 받으려고 시도했지만 연초에 받은 장학금 때문에 지원 자격이 되지 못했다. 장학금은 학비로 다 들어갔는데도 말이다. 몇 주간 나는 자동차에서도 자고, 엄마 집에서 며칠간 묵고, 친구들 집의 소파를 전전하며 살았다. 그러다 한 친구가 거실 한쪽 소파를 한 달에 100달러를 받고 쓰게 해주겠다고 했다(한 달에 100달러가 내가 감당할 수 있는 최대 금액이었다). 그리고 매주 몇 시간 일할 수 있는 일자리를 구했다. 하지만 생계를 유지하기에는 어림도 없어서 노트북, 여분의 악기, 옷, 책 등 모든 것을 팔았고 식사는 대체로 건너뛰었다.

그때 내 몸무게는 40킬로그램도 나가지 않았다. 하지만 절망에 빠져 있을 생각은 없었다. 나는 학교로 돌아가겠다고, 공부를 계속하겠다고, 의미 있는 삶을 살 방법을 알아내겠다고 결연히 마음먹었다. 나는 날마다 지금의 상황은 일시적일 뿐이고 잠시 험한 길을 달리고 있는 것뿐이라고, 다음 학기에는 다시 수업을 들을 것이고 뛰어난 학생이 될 것이며 삶에서 새로운 길을 발견할 것이라고 되뇌었다.

흥분되면서도 조금은 두려운 마음으로 봄 학기에 들을 수업을 신중하게 고르고서, 학기가 시작되기를 손꼽아 기다렸다.

학교로 돌아온 첫날은 내 인생에서 가장 행복했던 날 중 하나였다.

　이제는 복수 전공이 아니라 철학 단일 전공이었다. 이후 1년 반 동안 나는 철학 수업을 집중적으로 들었다. 모든 순간, 모든 수업, 모든 페이퍼, 모든 과제, 모든 시험, 그리고 멋진 교수님들까지 모두 너무나 좋았다. 나는 훨훨 날았고 학점도 그것을 증명했다. 나는 매 학기 우수 학생 명단에 올랐다. 지난 몇 년간 읽은 철학책들이 튼튼한 기반이 되어주었고 곧 학부 과목에 더해 철학과 대학원 과목들도 듣기 시작했다. 존재론, 윤리학, 논리학 등을 배우면서 나는 마침내 이해될 것도 같은 세상의 퍼즐 조각을 머릿속에서 맞춰볼 수 있었다. 이제껏 세상이 돌아가는 방식도, 사람들이 행동하는 방식도, 삶이란 무엇이어야 하는지도 모르겠다고 느꼈는데, 이 수업들을 들으면서 드디어 약간의 답을 찾기 시작한 것 같았다.

　철학과에서 멋진 친구들도 사귀었다. 내 관심사를 함께 이야기할 수 있는 친구들이었고 늘 내가 사귀고 싶던 친구들이었다. 일생 중 처음으로 나는 더 이상 아웃사이더가 아니었다. 철학과에서 나는 나와 마찬가지로 삶을 살아가는 가장 좋은 방식을 찾고자 하고 세상이 작동하는 원리를 알고자 하는 사람들을 만났다. 이들과 함께 있으면 나는 희한한 사람, 사회 부적응자, 학교에 안 다니는 어색한 아이가 아니었다. 나는 단지 나일 수 있었다.

　가장 친한 친구는 샬런이었다. 검은 머리에 거의 똑같은 문신을 한 우리는 쌍둥이 같았다. 나는 피닉스 시내에 공연을 보러 간 날 밤에 샬런을 처음 만났다. 줄을 서 있었는데 샬런이 공연장 쪽에서 걸어 나왔고 우리 둘을 다 아는 친구가 우리를 서로에게 소개해주었다. 우리는 거기에 서서 줄담배를 피우면서 영화, 미술, 역사, 철학, 문학에 대한 열정을 나눴다. 그날의 다른 것은 잘 기억이 나지 않는다. 밴드도, 함께 공연을 보러 간 사람들도, 공연장 이름도 기억이 나지 않고 가장 좋은 친구를 만난 것만 기억난다. 샬런은 지금도 가장 좋은 친구다. 그때 우리는 우리가 만나야만 할 운명이었다고 생각했고 지금도 그렇게 생각한다.

2학년 때, 과학 교양 필수 학점을 채우기 위해 과학 개론 수업을 하나 들어야 해서 천문학 수업에 등록했다. 그때까지는 집에서 독학할 때 교재에서 본 것과 일상적인 대화에서 주워듣는 정보 외에는 과학을 공부해본 적이 없었다. 나는 천문학 수업에 홀딱 빠졌다. 인간이 우주에 대해 이렇게 많은 것을 알아낼 수 있었다는 게, 우주의 본질에 대해 이렇게 많은 것을 발견해냈다는 게 믿기지 않았다. 인류는 별과 은하를 알고 있었고, 우주가 언제 어떻게 시작되었으며 어디에서 끝날지도 알고 있었다. 인류는 사람을 달에 보냈고 지구의 궤도에 우주 정거장을 만들었으며 땅과 하늘에 망원경을 설치해 현재 주변의 세계에 어떤 일이 벌어지고 있는지, 그리고 수백만 년 또는 수십억 년 전에 우주에 어떤 일이 있었는지 신빙성 있게 이야기할 수 있었다. 무엇보다 흥미로운 점은, 아직도 발견할 것이 아주 많이 남아 있다는 사실이었다.

더 알아야겠다고 결심한 나는 어느 날 오후 면담 시간에 천문학 교수님을 찾아가 수업에서 배우고 있는 것이 너무 흥미롭다고 말씀드렸다. 그리고 우주에 대해 과학자들이 알고 있는 모든 것을 나도 알 수 있으려면 무엇을 공부해야 하는지 여쭤보았다. 나는 말 그대로 **모든 것**을 알고 싶었다. 교수님은 물리학을 권하면서 물리학을 전공하기 위해 들어야 하는 수학 및 물리학 과목들을 알려주셨다. 내가 연구실을 나서기 전에 교수님은 리처드 파인만의 《물리학 강의》를 읽어보라고 하셨다.

파인만의 책을 다 이해하지는 못했지만 물리학을 공부해야 한다는 것을 알 만큼은 이해했다. 열정과 흥미에 불타서 나는 다음 학기에 물리학 과목을 신청하려 했다. 하지만 선수 과목들을 하나도 듣지 않기 때문에 수강 신청을 할 수가 없었다. 나는 학과 사무실로 가서 수학과 물리학 수업을 신청하고 철학과 물리학을 복수 전공할 수 있을지 물어보았다. 하지만 이번에도 친절하지만 매우 단호하게 "안 된다"라는 답이 돌아왔다. 고등학교 때 들었어야 할 수학과 과학 과목들을 듣지 않았기 때문이라고 했다. 그들은 내가 몇 년을 들여서 고등학교 보충 과정을 먼저 들어야 할 것이고 그렇게 해도 애리조나 주립 대학교에 개설되는 물리학과 수학의 가장 기초 과목을 들을 수 있을까 말까 할 거라며 안 된다고 했다. 안 돼요, 안 돼요, 안 돼요. 나는 가능성 있어 보이는 모든 방법과 우회로와 허점을 찾아내서 뚫고 들어가려 해보았다. 빌어도 보고 감정에도 호소해보았다. 하지만 소용없었다.

나는 물리학이 정말 공부하고 싶었다. 우주의 본질을 꼭 이해

해야 했으므로 물리학을 공부하지 않는 것은 불가능해 보였다. 그래서 애리조나 주립 대학교에는 더 이상 있을 수 없겠다고 생각했다. 다른 길을 찾아야 했다. 애리조나 대학교 등 애리조나주의 또 다른 주립 대학교로 편입하는 것은 선택지가 아니었다. 애리조나주의 주립 대학교들은 모두 동일한 선수 과목을 요구하고 있을 것 같았기 때문이다. 나는 최고의 명문대, 가령 아이비리그 대학 중 하나에서 입학 허가를 받으면 그곳에서는 내가 물리학을 공부하게 허락해줄지도 모른다고 생각했다. 그들이 내가 그 학교에 들어가도 좋을 만큼 똑똑하다고 판단한다면 내가 초급 수학과 물리학 수업들을 들어도 좋을 만큼 똑똑하다고 생각한다는 이야기도 되지 않겠는가? 나는 마음을 다잡고 편입 과정이 있는 미국의 최고 명문 대학 모두에 편입 지원을 했다. 합격과 낙방을 알리는 결과들이 모두 도착했을 때, 나는 합격한 곳 중 물리학과의 순위가 가장 높은 대학에서 나의 3학년을 시작하기로 했다. 그곳은 펜실베이니아 대학교였다.

3

아이비리그

애리조나 주립 대학교에 그대로 있었으면 어땠을까 하는 생각을 해보곤 한다. 내가 소속감을 느꼈던 곳, 나를 믿어주는 교수님들이 계셨던 곳, 샬런 같은 친구를 만날 수 있었던 곳. 돌아보면 애리조나 주립 대학교에서 더 열심히 노력해야 했던 게 아닐까 싶기도 하다. 몇 학기를 더 다니더라도 커뮤니티 칼리지에서 수학과 물리학 선수 과목들을 듣고, 다시 어떻게든 학교를 설득해 수학과 물리학을 공부할 수도 있지 않았을까? 애리조나 주립 대학교는 훌륭하고 너그러운 학교였고 나처럼 독특한 학생도 편안하게 여길 수 있는 학교였다. 불행히도, 펜실베이니아 대학교는 이와 매우 다른 곳이었다.

펜실베이니아 대학교에서 나는 아웃사이더였다. 그곳 학생들은 대부분 명문 사립 고등학교를 나왔고, 럭비나 테니스 같은 스포츠를 했으며, 부유한 집안 출신이었다. 나는 혼자만 달라서 돌출되어 보이는 학생이었다. 신입생 오리엔테이션 때 펜실베이니아 대학교는 '필라델피아 아트 뮤지엄'을 통째로 빌렸고 모든 신입생(1학년과 편입생 모두)이 밤새 뮤지엄 공간 전체를 누릴 수 있었다. 많은 학생들이 홀과 계단에서 춤을 추었지만, 나는 텅 빈 뮤지엄을 혼자 돌아다니면서 전시된 작품을 구경했다. 미술을 좋아해서이기도 했지만 행사의 과시적인 면들이 불편해서이기도 했다. 펜실베니이아 대학교에 와서 학교 식당에 처음 갔을 때는 너무 비싸서 몇몇 음식을 도로 내려놓아야 했다. 계산대에 서서 무슨 음식을 내려놓을지 생각하고 있는데 뒤에 있던 여학생이 내 어깨를 두드리더니 미소 띤 얼굴로 말했다. "학생증에 달아놓으면 돼. 부모님이 그렇게 내주셔." 나는 아빠가 없고 엄마 혼자 은행이 압류하려고 하는 집에서 적은 교사 월급으로 내 다섯 동생을 근근이 키우고 있어서 내 식대를 내줄 수 없으시다는 이야기를 어떻게 시작해야 할지 알 수 없었다. 나는 샬런에게 종종 전화해 아이비리그 생활을 상세히 이야기했다. 샬런도 가난하게 자랐고 스스로 자신의 길을 개척한 사람이었다. 샬런과 내게 펜실베이니아 대학교에 존재하는 사치와 부는 너무나 놀라웠다.

나도 그 분위기에 스며들 수 있었다면 좋았을 것이고 그렇게 되고자 굉장히 노력도 해보았지만, 아웃사이더인 것이 그리 크게 신경 쓰이지는 않았다. 나는 큰 꿈이 있었고 펜실베이니아 대학교에서 공부하는 것이 그 꿈을 달성하는 데 도움이 되리라고 믿었다. 신입생과 편입생이 모두 참석하는 입학식장에서 나는 푸른색의 커다란 'PENN' 운동복을 입고 눈을 동그랗게 뜨고 싱글벙글 웃으면서 맨 앞줄에 앉아 있었다. 에이미 거트만 총장이 단상으로 나와서 펜실베이니아 대학교는 우리의 모든 학문적 추구를 지원할 것이라고 말했다. 나는 학부 고학년 및 대학원 과정 철학 수업으로 시간표를 채웠고 학석사 통합 과정 허가를 받았다. 그러면 졸업할 때 학사 학위와 함께 철학 석사 학위도 받을 수 있었다. 그리고 너무나 기쁘게도 처음으로 학부 수학 수업과 물리학 수업을 신청할 수 있었다.

펜실베이니아 대학교의 수학과 물리학 과목은 가장 초급 과목조차 내가 들을 수 있는 수준을 까마득히 넘어서 있었다. 나는 처량할 정도로 동급생들보다 뒤처져 있었다. 그들은 모두 고등학교 때 AP*과정으로 미적분학과 물리학을 뗐지만 내가 받은 수학 교육은 큰 수 나눗셈에서 멈춘 상태였다. 하지만 몰랐던 바도 아니었고 나는 어떻게든 성공하겠다고 결심했다. 펜실베이니아 대학교에서의 첫 학기는 애리조나 주립 대학교에 들어가기 전의 생활과 매우 비슷했다. 십 대 시절에 낮에는 종일 일하고 밤에는 늦게까지 공부했던 것처럼, 이번에도 낮에는 종일 수업을 들었고 학교 밖에 구한

---

* 고등학교에서 대학 수준의 과목을 이수할 수 있는 심화 수업.-옮긴이

아파트로 돌아와 다시 지쳐 쓰러질 때까지 공부했다. 여러 해 분량을 따라잡아야 했던 터라 최대한 속도를 내고자 노력하면서, 펜실베이니아 대학교 수업에서 나오는 과제를 풀기 위해 몇 권의 고등학교 수학책과 과학책을 함께 보며 공부했다.

그 학기 말 무렵에 나는 스스로가 너무나 자랑스러웠다. 철학 수업은 최상위를 달리고 있었고, 수학과 물리학 수업의 경우 처음에는 과제에서 족족 낙제점을 받았지만 이제는 통과 가능한 점수가 나오고 있었다. 나는 3개월 만에 초등학교 6학년 수준에서 아이비리그 학생들과 견줘볼 수 있는 수준으로 수학 실력을 끌어올렸다(아직 훨씬 더 향상시켜야 하긴 했지만). 이 무렵에는 너무 기뻐서 운 적이 굉장히 많았다. 내 삶이 동화처럼 느껴졌다. 교육을 받지 못한 가난하고 잊힌 아이에서 부정적분과 뉴턴 법칙이 무엇인지 아는 아이비리그 대학생으로 변신했고, 이 모든 것을 혼자 해낸 것이다.

불행히도, 펜실베이니아 대학교는 이렇게 생각하지 않았다. 다음 학기 수강 신청을 하려고 하는데 수학과 물리학 수업을 더 이상 등록할 수 없게 되어 있었다. 어리둥절해진 나는 학사 조언 담당자를 찾아갔다.

"우리는 학생이 성공하는 경로를 가도록 하고 싶습니다. 실패하는 경로 말고요. 그런데 학생은 실패하는 길을 가고 있어요."

나는 무슨 말인지 알아들었지만, 전체 상황에 대한 이야기를 다 들으면 그가 나를 도와줄 거라고 생각했다. 나는 어떻게 고등학교 과정을 혼자 공부했는지, 왜 선수 과목을 하나도 들을 수 없었는지, 따라잡기 위해 그 학기 내내 고등학교 대수학, 기초 미적분학, 삼각법 등을 공부하려고 얼마나 노력했는지 등을 설명했다. 그리고 내 생각에는 내가 그 학기를 성공적으로 보낸 것으로 보인다고 말했다. 과제에서 낙제점을 받을 정도로 아무것도 모르던 상태에서 통과 가능한 점수를 받을 수 있는 수준으로 발전했고 수업 시간에 배우고 있는 것을 내가 정말로 잘 따라가고 있다고 말이다.

하지만 그는 내가 성공이라고 생각하는 정도가 여기에서는 실패로 여겨진다며 펜실베이니아 대학교는 실패를 정말로 좋아하지 않는다고 조금 더 단호하게 말했다. 그는 내가 철학에서 우수한 성적을 낸 것을 다행으로 여기고 그쪽으로 집중해야 졸업할 수 있을 거라고 했다.

나는 너무나 속이 상했고, 교수님들과 동급생들에게 도움을 청해 보았다. 청원도 내보고, 통사정도 해보고, 모든 절차와 과정도 다 밟아보았지만, 소용없었다. 그래도 아직은 포기할 생각이 없었다.

무엇을 해야 할지 고민하던 중에 얼마 전 엄마에게 들은 이야기가 떠올랐다. 아빠가 돌아가시기 조금 전에 부모님은 집을 한 채 구매하셨다. 내가 대학 입학을 준비하면서 삶의 전환을 시도하고 있었을 때, 부모님도 삶의 전환을 준비하고 계셨다. 부모님은 지역 대학의 야간 과정에 등록해 교사 자격증을 따고, 얼마 후 피닉스 바로 남쪽의 작은 마을에서 공립 학교 교사 일자리를 얻으셨다. 우리 집의 재정 상황이 갑자기 훨씬 나아졌다.

부모님이 집을 구매하신 시기는 주택 버블이 꺼진 직후였다. 그 집은 대출이 무분별하게 증가하던 시기에 지어진 집 중 하나였다. 그러니까, 이 집은 상환할 수 있는 능력보다 훨씬 많이 대출을 받아서 집을 사게 될 사람들을 염두에 두고 지어진 집이었다. 아빠가 돌아가시고 나서 엄마는 대출 상환 계획을 조정하려 했다. 매달 지불할 상환금을 낮춰서 적은 봉급 중 대출금 상환에 들어가는 돈을 되도록 줄이고 최대한 가처분 소득이 많아지게 하기 위해서였다. 은행은 엄마의 요청을 수용했고 재조정 절차가 이뤄지는 동안에는 대출금을 상환하지 말라고 했다. 그래서 엄마는 매달 상환금만큼을 따로 떼어놓고 은행에서 소식이 오기를 기다렸다. 그런데 몇 달 뒤 은행에서 날아온 소식은 집을 압류한다는 통지였다. "몇 개월간 대출금 상환이 밀렸기 때문"이라는 것이었다. 엄마는 은행이 그 기간 동안 상환금을 내지 말라고 하지 않았느냐고 항변했지만, 그들은 그건 중요하지 않다고 했다. 은행은 집을 압류하고 싶었고 이제 압류할 참이었다.

　　엄마는 아직 독립하지 않은 아이가 다섯이나 되는 과부인 데다 아빠와 함께 산 집을 잃고 싶지 않았다. 적어도 싸워보지도 않고 그러고 싶지는 않았다. 은행 임원, 지역 신문, 주 의원 등에게 연락을 해보았지만 아무도 도와주지 않았다. 거의 포기하기 직전에 마지막으로 딱 하나만 더 시도해보기로 했다. "좀 미친 생각 같긴 한데, 오바마 대통령에게 편지를 보내서 도와달라고 했어. 그랬더니 오바마 행정부의 누군가가 내게 연락을 해왔고 우리는 집을 구할 방도를 함께 찾을 수 있었단다." 엄마는 맨 꼭대기에 호소해서 집을 구해냈다. 나도 원하는 교육을 구해내려면 엄마처럼 해봐야 할 것 같았다.

엄마의 용기와 끈기에 고무된 나는 모든 용기를 그러모아 총장실로 갔다.

"총장님을 뵈러 왔습니다. 입학식 때 총장님은 펜실베이니아 대학교가 우리의 모든 학문적 추구를 지원할 거라고 하셨고 우리가 꿈을 이루게 돕겠다고 하셨습니다. 지금 제게는 총장님께서 그 약속을 지켜주시는 것이 절실히 필요합니다." 나는 비서에게 말했다.

나는 에이미 거트만 총장이 총장실 문가에 서 있는 것을 알아차렸다. 그는 거기에서 나를 바라보고 있었다.

"들어가서 말씀드릴 수 있나요? 잠깐이면 되는데요."

"그건 안 되고요." 비서는 책상에서 메모지를 꺼내 이메일 주소 하나를 적어주면서 이렇게 말했다. "여기요. 총장님께 이메일을 보내보세요."

"감사합니다." 나는 이메일 주소를 받아 가방에 넣으면서 대답했다. "그렇게 할게요. 감사합니다!" 총장님이 서 있던 문 쪽을 보니 문은 닫혀 있었다.

그날 밤, 나는 컴퓨터 앞에 앉았다. 도움을 구하는 절절한 이메일을 보내본 적이 여러 번 있었지만 펜실베이니아 대학교 총장처럼 높고 권력 있는 사람에게 보내보는 것은 처음이었다. 여기에는 정말 많은 것이 걸려 있었고 총장님은 나의 마지막 희망이었다. 어떻게 하면 내 상황을 잘 설명할 수 있을지 고민하다 보니 좌절과 분노가 점점 더 커졌다. 기억할 수 있는 모든 시간 동안 내가 원했던 것은 그저 공식적인 교육을 받는 것뿐이었다. 배울 수 있는 기회, 내가 열정과 관심이 있는 것들을 알아갈 기회 말이다. 그런데 세상에서 가장 좋은 대학 중 하나에 왔는데도 나는 여전히 배움의 기회를 거부당하고 있었다. 이것은 옳지 않았고 나는 그러려니 하고 넘어가지 않을 참이었다.

"거트만 총장님께. 저는 수전 파울러라고 합니다." 이메일을 이렇게 시작한 다음, 입학식 때 거트만 총장이 한 말과 그 말이 나에게 얼마나 큰 희망을 주었는지 이야기했다. 그리고 나의 절망적인 상황을 설명하고 면담을 청했다. "저는 이곳의 학부 교육이 저에 대해서는 제대로 작동하는 데 실패하고 있다고 생각합니다."

놀랍게도 한두 시간 만에 답장이 왔다. 이 문제를 해결하겠다고 약속하는 내용이었다. 대면으로 총장과 면담을 하지는 못했지만, 총장이 단과대학 학장과 학생 자문 처장에게 연락을 했고, 마침내 나는 수학과 물리학 과목에 등록할 수 있었다. 나는 나에게 도박을 걸었고, 대학도 나에게 도박을 걸도록 대학 당국을 성공적으로 설득해냈다.

펜실베이니아 대학교에서의 두 번째 학기가 지나가면서 나는 수업과 과제를 통해 배울 수 있는 것보다 더 많은 것을 원하기 시작했다. 우주를 정말로 이해하려면, 그리고 언젠가 물리학 박사가 되고 진짜 물리학자가 되려면 다른 사람이 발견한 것을 배우기만 해서는 안 되고 스스로 무언가를 발견해야 할 것 같았다. 나는 물리학의 세부 분야 중에서 연구하고 싶은 분야를 찾아보기 시작했다. 천체 물리학이 좋을까? 아니면 응집 물질 물리학? 입자 물리학? 코스몰로지? 의료 물리학? 또 이 분야들의 모든 조합도 생각해보았다.

별과 은하를 연구하는 천체 물리학은 무한히 흥미롭고 매력적이었지만 충분히 근본적인 것 같지 않았다. 우주의 기원을 공부하는 코스몰로지도, 물질의 속성을 연구하는 응집 물질 물리학도 그런 느낌이 들었다. 철학을 공부할 때도 그랬듯이 내가 물리학을 공부하는 궁극적인 목적은 주위 세계를 이해하는 것이었고 그 안에서 나의 자리를 찾는 것이었다. 그렇다 보니 입자 물리학에 가장 흥미가 당겼다. 원소의 입자를 연구하는 입자 물리학은 자연을 구성하는 가장 작은 토대에 대해, 그리고 그것들이 어떻게 상호 작용을 하는지에 대해 연구하는 분야였다. 입자 물리학 안에는 다시 두 개의 세부 분야가 있었다. 이론 입자 물리학은 전자, 중성자, 쿼크 등 근본이 되는 입자들에 대한 이론을 발달시키는 분야이고, 실험 입자 물리학은 그 이론들을 테스트하는 분야였다. 이론 입자 물리학이 내가 공부하고 싶은 이상적인 분야일 것 같았지만 여기에 들어갈 수 있기에는 내 수학적 배경이 충분하지 않았다. 그래서 실험 입자 물리학을 택했다.

펜실베이니아 대학교에서 알게 된 친구 중에 나처럼 철학과 물리학을 복수 전공하고 있는 파벨이라는 친구가 있었는데 그는 한두 학기 전에 실험 입자 물리학 연구팀에서 일한 적이 있었다. 그의 독려로 그 팀의 연구 조교 자리에 지원했다. 면접을 보러 데이비드 리튼하우스 연구소의 지하층으로 걸어 들어가던 순간이 지금도 생생하다. 복도에는 커다란 포스터들이 붙어 있었다. ATLAS 검출기 사진과 단면도도 있었다. ATLAS 검출기는 유럽 입자 물리 연구소의 거대 강입자 가속기에 있는 입자 검출기로, 전 세계의 입자 물리학자들이 힉스 입자와 초대칭 입자들을 검출하는 데 사용하고 있는 기계였다. ATLAS 검출기의 단면도는 이 검출기의 모든 전자 장치들과 그것들이 모여 어떻게 작동하는지를 설명하고 있었다. 그 밖에도 복도 벽에는 입자 물리학계에서 이뤄진 주요 발견에 대한 새 소식, 힉스 입자와 끈 이론에 대한 농담, 교수와 대학원생이 ATLAS 검출기에 들어갈 장치들 주위에 서서 찍은 사진도 붙어 있었다.

그날 오전에 진행된 면접에는 입자 물리학팀에 소속된 과학자 한 명이 나왔다. 그는 펜실베이니아 대학교에서 굉장히 흥미로운 ATLAS 전자 장비 프로젝트를 여럿 이끌고 있었는데, 진행 중인 몇몇 프로젝트를 그가 설명하려 하자마자 나는 아무것도 알아듣지 못해서 멍한 상태가 되었다. 그가 전자 공학 분야에 경험이 있느냐고 물었고 나는 솔직하게 대답했다. "전자 공학 분야는 전혀 모릅니다. 하지만 배울게요. 저는 정말 빨리 배우는 편이고, 정말 열심히 하겠습니다." 솔직함과 간절함이 통했는지 그는 그 자리에서 나를 채용했다.

실험 입자 물리학에는 서로 구분되는, 하지만 서로 관련된 두 개의 세부 분야가 있었다. 하나는 계측 분야로 하드웨어 중심이고, 다른 하나는 분석 분야로 소프트웨어 중심인 분야다. 실험을 하려면 먼저 입자 물리학 실험을 수행할 기계들(거대하고 무시무시하게 복잡한, 수많은 회로와 특수하게 제작된 전자 장치들이 들어가 있는 기계들)을 만들어야 하고, 그다음에는 이 기계에서 도출되는 데이터를 분석해야 한다(분석을 하려면 새로운 입자들을 찾기 위해 테라바이트 규모의 방대한 데이터를 헤집고 다닐 복잡한 알고리즘을 짜야 한다).

나는 계측 분야에서 일을 시작했다. 내가 참여한 첫 하드웨어 프로젝트는 특수 트랜지스터를 테스트하는 프로젝트였다. ATLAS 익스페리먼트 프로젝트 본부가 새로 개발된 트랜지스터를 ATLAS 검출기에 포함할지 말지 결정하기 위해서는 장비가 강렬한 방사선을 견딜 수 있는지 확인해야 한다. 우리는 트랜지스터들을 몇몇 실험실에 보내 양성자로 방사선을 조사했다. 그리고 트랜지스터들이 돌아왔을 때 각각에 일련의 테스트를 해서 손상되었는지, 손상되었다면 '어닐링'이라는 과정을 통해 성공적으로 자체 복구가 되는지 등을 점검했다. 전체 과정이 진행되는 내내 물리학과의 연구원들이 나를 가르치고 이끌어주었고 이 테스트 프로젝트가 마무리되었을 때(우리는 어느 트랜지스터가 ATLAS 검출기의 맹렬한 방사선을 견딜 수 있을지 확인을 마쳤다), 연구팀은 나를 연구 조교로 계속 고용하기로 결정했다.

　그다음 한 일은 전자 회로를 디자인하는 일이었다. 내 인생 최초의 전자 회로 디자인이었다. 그리고 나서 곧 회로판 하나를 통째로 디자인하는 일을 맡게 되었는데, 이 회로판은 나중에 ATLAS 검출기에 들어가게 된다. 각각의 회로판은 매우 조심스럽게 설계되고 배열되어야 하는데 나는 이 과정이 정말 좋았다. 어린 시절 건축 설계에 매우 관심이 있었던 것이 영향을 미쳤을 것이다. 회로판을 설계할 때는 전자 신호가 어디로 가게 할지, 그곳에서 무엇을 하게 할지, 그러기 위해 그 신호들에 대해 어떤 작용이 이뤄지게 할지 등을 결정해야 한다. 여기에는 건물의 구조를 설계하는 것과 비슷한 면이 있었고, 이것은 태평하고 즐겁던 어린 시절에 스케치북에 건물을 구상하고 그려보면서 놀았을 때 이후로 내가 가장 재미있게 한 일이었다.

　계측 분야에서 1년 동안 일하고 나자 분석 쪽 일을 시도해보고 싶어졌다. 실험 입자 물리학팀장이 내게 프로젝트를 하나 제안했다. ATLAS 데이터 일부를 샅샅이 훑는 알고리즘 중 하나를 새로 짜는 일이었다. 이 알고리즘은 힉스 입자 검출 실험에 사용되는 것으로, 중성자처럼 보이는 전자의 비중이 얼마인지 알아내는 알고리즘이었다. 단 한 줄의 코드도 짜본 적이 없다 보니 내가 처음에 짠 코드는 엉망이었다. 하지만 나는 의기소침해지지 않았다. 열심히만 하면 어느 것이든 내가 빠르게 따라잡을 수 있다는 것을 경험으로 알고 있었기 때문이다. 나는 밤에 무료 온라인 코딩 수업을 들었다. 기초에서 시작했지만, 곧 파이선과 C++ 고급 과정을 배울 수 있었다. 몇 달 뒤, 나는 ATLAS 익스페리먼트의 초대칭 입자 검출 프로젝트 중 하나에 합류했고 이 팀의 펜실베니이아 대학교 쪽 공식 연락 담당자가 되었다. ATLAS 익스페리먼트와 관련한 내부 논문 몇 편에 내 이름이 올라가기도 했다.

분석 프로젝트에 참여하고 수업을 듣는 한편으로 하드웨어 쪽 일도 계속했다. 하드웨어 일이 너무 재미있었기 때문이다. 3년 뒤에 펜실베이니아 대학교를 떠날 때까지 나는 이런저런 계측 장비 프로젝트 일을 거의 매일 했다. 내가 가장 좋아한 하드웨어 프로젝트는 로버츠 중성자 치료 센터의 장비를 업그레이드하는 일이었다. 로버츠 중성자 치료 센터는 수술이 불가능한 뇌종양을 가진 환자들, 그러니까 우리 아빠 같은 질병을 가진 환자들에게 '양성자 치료'를 제공한다. 이것은 일종의 방사선 치료로, 환자에게 맞춤 헬멧을 씌워 뇌의 다른 부분이 손상되지 않게 보호한 상태로 양성자 빔을 환자의 뇌종양 부위에 정확히 조사해 종양을 제거한다. 나는 모든 전자 장치를 동기화하는 시계 회로판 설계와 제작을 맡았다. 그리고 수석 전자 공학 엔지니어를 보조해 양성자 빔이 뇌의 종양에 정확하게 조사되도록 실시간으로 양성자 빔의 위치를 모니터링하는 회로판의 설계와 제작에도 참여했다.

나는 수업에서도 전성기를 보내고 있었다. 첫 한두 학기에는 물리학 수업을 듣는 것이 힘들었고 좋은 성적을 받지도 못했지만 계속 밀어붙였다. 수학 지식이 쌓이면서 학점은 D에서 C로, 그리고 B를 거쳐 A로 올라갔고, 이제는 대학원 과정 물리학 수업을 들으며 일반 상대성 이론부터 액정까지, 또 양자 역학과 양자장 이론까지 다양한 것을 배우고 있었다. 나는 단 한 순간도 허투루 낭비되게 두지 않았다. 연구를 하거나 과제를 하지 않을 때는 끈 이론이라든가 초대칭 같은 추가 주제들을 더 공부했고 펜실베이니아 대학교 물리학과의 이론 입자 물리학자들과 몇 시간씩 이야기를 나누었다.

내 인생에서 마법 같은 시기였다. 세상의 꼭대기에 있는 것 같았고 이보다 더 행복할 수는 없을 것 같았다. 연구와 수업 덕분에 나는 내가 늘 꿈꾸었던 방식으로 우주 작동의 근본 원리를 이해하고 있다고 느꼈고, 그와 함께 드디어 세상에서 내가 존재할 수 있는 자리를 찾은 것 같았다.

2014년 봄 무렵, 나는 졸업을 앞두고 있었고 물리학 학사, 철학 학사, 철학 석사까지 세 개의 학위를 받을 예정이었다. 내가 얼마나 많은 것을 성취해냈는지 믿어지지 않았다. 나는 제대로 된 수학 수업과 물리학 수업을 들어본 적이 없는 편입생에서 3년 만에 물리학자가 되기 위해 물리학 박사 과정에 지원하려는 사람이 되어 있었다. 나는 ATLAS와 CMS 검출기에 사용될 전자 장치를 설계했고 펜실베이니아 대학교 병원에 있는 로버츠 양성자 치료 센터의 전자 장치를 재설계했으며 힉스 입자와 두 유형의 초대칭 입자를 거대 강입자 가속기로 검출하는 작업에도 참여했다. 그해 가을에 박사 과정에 지원하면서 나는 자신만만했다. 대학원 수업들에서도 좋은 성적을 받았고 물리학과 교수님들에게 틀림없이 좋은 추천서를 받을 수 있으리라고 확신했다. 꿈의 실현이 손에 잡힐 듯 가까워지고 있었고 이미 실현된 것처럼 느껴질 정도였다.

모든 것이 산산조각이 날 줄을 그때는 몰랐다.

4

네
탓이야

봄 학기 말에 팀이라는 이름의 학생이 물리학과에 들어왔다. 그는 적응하는 데 어려움을 겪는 것 같았다. 나는 팀이 물리학과의 일원이 되는 것을 도울 수 있지 않을까 싶어 그에게 먼저 다가갔다. 인생 대부분의 시기 동안 아웃사이더였지만 지금은 내가 속한 연구팀에서 중요한 일원이었고 소속감도 느끼게 된 만큼, 나는 어려운 시기를 보내고 있는 사람들에게 도움이 되고 싶었다. 그래서 팀과 친구가 되기 위해 노력했다. 그가 대화에서 소외될 때면 다시 대화에 참여시킬 방법을 궁리했다. 또 그가 참여하고 있는 프로젝트는 내가 하는 것과 달랐지만 그가 코드를 짜다가 고전하는 것 같아 보일 때면 나와 우리 실험실 사람들이 있는 곳으로 불러서 무언가 도움이 될 수 있을지 살펴보았다.

　때때로 대화를 나누는 정도의 사이가 되고서 몇 주가 지난 어느 날 밤, 팀이 사진 하나를 메시지로 보내왔다. 사진 속에서 그는 팔에 칼로 자해를 하고 있었고 베인 데서 피가 나고 있었다. 나는 기겁을 해서 그의 집으로 달려갔다. 그의 집은 내가 살던 아파트에서 몇 블록 떨어져 있지 않았다. 나는 그의 옆에 앉아서 전문가의 도움을 받는 게 좋겠다고 설득하며 학생 상담 핫라인 전화번호를 알려주고 상담 센터까지 같이 가주겠다고 했다. 하지만 그는 거절했고 자신은 어떤 도움도 받고 싶지 않다고 했다.

　그 이후로 팀이 주위에 있을 때면 극도로 조심하고 또 조심했다. 상태가 점점 더 나빠지는 것 같았기 때문이다. 그의 정신 건강이 위기에 처해 있다는 것은 분명했다. 도처에서 수많은 것이 촉매가 되어 그가 자해를 하도록, 아니면 자해를 하겠다고 위협하도록 만드는 것 같았다. 그가 급기야 자살을 이야기하기 시작했을 때 나는 물리학과 교수인 그의 지도 교수에게 연락을 해서 팀이 심각한 정신 건강상의 위기를 겪고 있으며, 자살 이야기를 했고 자해의 강도도 점점 심해지고 있다고 설명했다. 그리고 그가 상담 센터에서 전문가의 도움을 받는 것을 거부하고 있다고 말했다. 나는 팀이 자살할까 봐 겁이 났고 어쩔 줄을 몰랐다.

　첫 전화 통화에서는 팀의 지도 교수도 팀에게 전문적인 도움이 필요하며 현 상황이 내 선에서 어떻게 해볼 수 있는 범위를 훨씬 넘어선다는 데 의견을 같이했다. 통화를 하고서 나는 팀의 지도 교수와 대학이 나서줄 것이라는 생각에 마음이 놓였다. 하지만 그날 팀의 지도 교수가 다시 나에게 전화를 해서 학과장과 함께 만나자고 나를 불렀다. 학과장은 임기가 거의 끝나가는 중이었다. 팀의 지도 교수와 학과장은 팀을 돕고 싶지만 내가 팀의 정신 건강에 대해 교수들에게 알렸다는 사실을 팀이 알게 되면 자해를 하거나 다른 사람을 공격할지 몰라 우려가 된다고 했다. 따라서 그들이 보기에 현재로서는 팀을 챙겨야 할 책임을 내가 맡아야 한다는 것이었다. 그들은 내가 (필요하면 강제로 질질 끌고서라도) 그를 상담 센터에 데리고 가야 하고 팀의 지도 교수에게 날마다 그의 상태를 보고해야 한다고 했다. 그리고 팀을 '돕는' 일에 집중할 수 있도록 내 일상에서 몇 가지 연구 관련 일을 중단해야 한다고 했다. "이제는 이게 학생의 일입니다." 팀의 지도 교수는 이렇게 말했다.

나는 경악했다. 그들은 나와 팀 둘 다를 굉장히 어려운 상황으로 몰아넣고 있었다. 그들의 계획대로라면 나는 대체 얼마가 될지 알 수 없는 기간 동안 그가 자살하지 않게 하는 일에 매달려야 할 터였고, 이는 팀에게도 나에게도 공정한 일이 아니었다. 팀의 경우에는, 전문적인 도움과 개입이 없다면 정말로 자살할지도 몰랐다. 그리고 나의 경우에는, 중요한 물리학 실험에 참여하고 GRE 시험을 보고 학교 수업을 듣고 그 외에 꼭 필요한 공부를 하는 데 써야 할 시간을 이제 팀을 돕는 데 써야 할 판이었다. 그렇다고 그들이 하라는 대로 따르지 않으면 물리학자가 되려 한 나의 미래가 엉망이 될지도 몰라 겁이 났다. 나는 물리학과의 몇몇 교수님께 추천서를 부탁드릴 생각이었고 그 추천서가 없이는 물리학 박사 과정에 진학할 수 없을 것이었다.

나는 이 일에 관여하고 싶지 않다고 말했다. 팀에게는 전문가의 개입이 필요한 상황이고, 전문가의 도움을 받도록 하기 위해 이미 노력해보았지만 그가 거부했다고 설명했다. 그러자 팀의 지도교수와 학과장은 필라델피아시청 어딘가로 전화를 걸더니 나를 바꿔주었다. 수화기 너머의 누군가가 나에게 팀을 정신 치료 시설에 입소시킬 수 있도록 그가 정신적으로 불안정한 상태라고 증언해줄 수 있는지 물었다. 나는 너무 놀랐고 혼란스러웠다. 그를 본인의 의지에 반해서 정신 치료 시설에 보내는 것은 내가 결정할 수 있는 일이 아니었다. 아니, 내가 결정에 관여조차 할 수 있는 일이 아니었다. 이것은 팀 본인과 경륜 있는 정신과 전문의가 결정해야 할 일이었다. 그래서 나는 증언할 수 없다고 말했고 전화는 끊어졌다. 팀의 지도 교수와 학과장이 나에게 보내려는 메시지가 무엇인지는 명확했다. **필라델피아시에서도 지금 팀이 내 책임이라고 보고 있지 않느냐**는 것이었다.

그들은 나에게 생각할 시간을 몇 분 주었다. 하지만 생각이고 뭐고 할 게 없었다. 학교는 팀을 돕지 않을 것이었고 내 미래가 여기에 달려 있었다. 내가 뭘 어떻게 할 수 있었겠는가? 내게 무슨 선택의 여지가 있었는가? 나는 그해 말에 졸업을 앞두고 있었고 바로 박사 과정에 들어가기를 희망하고 있었다. 나는 내 미래를 망칠 수 없었는데, 내가 속한 연구팀의 교수와 물리학과 학과장이 시키는 일을 거부한다면 내 미래를 망치는 일이 될 터였다.

　나는 그들의 계획대로 하기로 했고, 계속 팀을 돕기 위해 노력하면서 상황이 나아지기를 바라기로 했다. 나는 팀과 함께 상담 센터에 갔고 그의 상황을 지도 교수 및 물리학과의 다른 교수들에게 보고했다. 팀을 돕는 일에 집중하기 위해 연구실 일과 학과 공부는 상당히 제쳐두어야 했다. 하지만 불행히도 상황은 나빠지기만 했다. 이후 몇 달 동안 팀은 수시로 자해나 자살을 하겠다고 위협했다. 학과 사람들이 농담을 하거나, 과제에서 완벽한 점수를 받지 못하거나, 내가 그를 무시한다고 여기거나 하면 여지없이 자해나 자살 협박이 돌아왔다. 나는 학과 사람들에게 팀 앞에서 내 이름을 언급하거나 그에게 농담을 하지 말아 달라고 사정하기 시작했다. 그런 일이 팀이 자해나 자살 협박을 하게 촉발하는 버튼이 되는 것 같았기 때문이다. 나는 팀의 지도 교수와 물리학과의 다른 교수들에게 이 상황에서 벗어나고 싶다고 몇 차례나 말했지만 그들은 그렇게 해주지 않았다.

　어느 날 밤, 팀이 나에게 연애 감정을 느끼고 있다며 나도 마음이 있느냐고 물었다. 내가 나는 그렇지 않다고 대답하자 그는 자살하겠다고 했다. 이번에는 진짜 같았다. 나는 경찰에 신고했다. 경찰이 출동해 오고 있는 동안 팀의 지도 교수에게 전화를 걸어 팀이 또 자살 협박을 했으며 이번에는 진짜인 것 같다고 알렸다. 나는 경찰에 신고했으며 이 상황에 더 이상 관여되고 싶지 않다고 설명했다.

팀은 다음 날 아침에 퇴원했다. 그가 말하길, 병원의 판단으로는 그가 정말로 자살을 시도한 것은 아니었으며 본인에게나 다른 누구에게도 위험 요인이 되지 않는다고 했다. 그러더니 혼자 있기 싫다며 나에게 자신의 집으로 와달라고 했다. 나는 가고 싶지 않았다. 지난 24시간 동안 벌어진 일을 생각하면 더욱이 가고 싶지 않았다. 나는 팀 가까이에 있는 것이 무서웠고 단둘이 있는 것은 더더욱 무서웠다. 나는 팀의 지도 교수에게 이렇게 문자를 보냈다. "제 문제가 아니라는 것은 알지만, 저는 너무 많이 애를 썼고, 너무 지쳤습니다. 단지 그가 자살하지 않도록 하기 위해 연구팀의 동료이자 학우인 사람과 가까운 관계를 유지해야 하는 것이 너무나 힘이 듭니다." 팀의 지도 교수는 어쨌든 지금 당장은 내가 팀의 집에 가서 그가 어떻게 하고 있는지 확인해야 한다고 강경하게 말했다. 그 말에는 나도 동의했다. 하지만 이번이 마지막이라고 했다. 나는 할 만큼 했고, 나 자신이 줄 끝에 간당간당하게 매달려 있는 상태였다. 물리학과 교수들이 추천서를 써주든 말든 이제 신경 쓰지 않을 생각이었다. 당장 내 정신 건강이 위태로운 판국이었다. 팀을 보러 갔더니 전날 밤에 했던 말을 또 했다. 나를 사랑하는데 내가 받아주지 않아서 자살하고 싶다고 말이다.

나는 신경이 예민해졌다. 일하러 가는 것도 무서웠고, 학교에 가는 것도 무서웠고, 팀과 단둘이 있는 것도, 아니 그의 주위에만 있어도 무서웠고, 교수들이 나에게 화가 났다는 것을 알고 있었기 때문에 그들을 보는 것도 무서웠다. 팀의 지도 교수와 학과장이 다른 사람들에게 상황을 설명했고 학과의 몇몇 교수들(추천서를 부탁드리려던 분들이었다)은 이 상황에 내가 개입된 것을 두고 나에게 심하게 뭐라고 했다. 나는 미칠 것 같았다. 벌어진 모든 일이 이해가 되지 않았다. 왜 그들은 나에게 화를 내는가? 내가 무엇을 잘못했는가?

한편 팀과의 상황은 점점 더 악화되었다. 물리학과 교수들에게 팀과 가까이 있을 때 안전하지 않게 느껴진다고 말하고 도움을 구했더니 물리학과 대학원 학과장은 동일한 말을 반복했다. 학과가 아니라 내가 이 상황을 맡아야 한다는 것이었다. 이에 대해 나는 관련된 교수들에게 지난 몇 달 간의 상황을 모두 요약해 설명하고 이메일에 이렇게 적었다. "모든 것이 엉망이 되었습니다. 이제 저는 저의 안전까지 제 책임인 상황에 처했습니다. 이미 저는 팀의 정신 건강 문제를 떠맡도록 했던 학과의 요구를 따르느라 제 생활의 상당 부분을 조정했습니다." 그리고 단도직입적으로 물었다. "왜 아직도 이 상황을 제가 맡아야 하는지 어느 분이든 제발 설명 좀 해주시겠습니까?"

그러자 대학원장이 다음과 같은 답신을 보내왔다. "학과는 학문과 관련된 사안과 학생들이 학과 프로그램을 이수할 수 있는지에 대한 문제만 관할합니다. 우리는 보건 의료 전문가가 아니고 공공 안전 당국도 아닙니다. 그것은 우리가 다룰 수 있는 범위 밖의 문제입니다."

이 상황은 여름까지도 계속 이어졌다. 나는 팀의 지도 교수에게 팀의 일에 관련되지 않게 해달라고 다시 한번 호소해보았다. 그리고 내가 팀에게 이메일을 보내서 전체 상황을 설명한 뒤 이제 나에게 의지하는 것을 멈추고 학교의 전문 상담 서비스에 의지해 정신 건강 문제를 돌보라고 말해봐도 되겠느냐고 물었다(직접 만나 이야기하기보다는 이메일을 쓰고 싶었다. 만나서 이야기했을 때 그가 어떻게 나올지 무서웠기 때문이다).

팀에게 보낼 이메일 초안을 팀의 지도 교수에게 보내면서 그것을 팀에게 보낼 수 있게 해달라고 했다. 나는 팀의 지도 교수에게 "감정적으로 너무 진이 빠지는 일"이어서 "내가 얼마나 더 오래 이 일을 견딜 수 있을지 모르겠다"고 했다. 팀에게 이메일을 보내고 그것으로 더 이상 내가 관여하지 않을 수 있게 되는 것이 내가 바라는 전부였다. 팀의 지도 교수는 팀에게 보낼 이메일 초안에서 몇몇 부분을 수정하라고 제안해왔고 나는 수정본을 다시 보냈다. 하지만 팀의 지도 교수는 아직은 팀에게 보내지 말고 기다리라고 했다.

그리고 팀의 지도 교수가 가보라고 해서 학교의 여성 센터에 가서 누군가를 만났다. 그곳의 여성 직원은 (팀의 지도 교수로부터 상황 설명을 들은 것 같았다) 학교도 나를 돕고 싶지만 "이 젊은이"를 돕는 것에 우선순위를 두고 있다고 했다. 그해에 스타 육상 선수였던 여학생 매디슨 홀러런이 자살을 했기 때문에 학교 측으로서는 자살이 또 발생하는 것을 우선적으로 막고자 한다는 것이었다. 여성 센터 직원은 팀이 자살하지 않도록 학교가 최대한 모든 일을 할 것이라고 했다. 여성 센터 직원은 실험실이나 강의실에서 내가 팀과 마주치면 그의 분노와 좌절감이 자극될 것으로 보인다며, 두 부분으로 구성된 "해법"을 제시했다. 첫째, 나를 다른 연구팀으로 옮긴다. 둘째, 팀이 수강하는 과목은 내가 수강하지 못하게 한다. 나는 불같이 화가 났다. 연구팀을 옮기면 지난 2년 반 동안 해왔던 일을 포기해야 했다. 대학원에 진학하는 데 꼭 필요한 일인데도 말이다. 그리고 팀 때문에 물리학 수업들을 듣지 못하게 되면 대학원 지원에 중요한 과목들을 놓치게 될 터였다. 더 안 좋게는, 물리학 학사 학위를 받을 수 없을지도 몰랐다.

나는 더 위에 상황을 알려야겠다고 생각해서 대학원장(여성이었다)에게 연락을 취했다. 그해 더 이른 시기에 대학원장을 만난 적이 있었다. 당시 나는 학사 학위에 더해 석사 학위까지 받고 졸업하는 데 필요한 서류들을 철학과 사무실에서 제대로 올리지 않았다는 것을 발견해 대학원장에게 연락을 취했고, 그는 자신이 철학과 사무실과 이 일을 잘 챙기겠으며 내가 석사 학위를 받고 졸업할 수 있게 해주겠다고 약속했다. 이번에 팀 문제로 내가 다시 연락을 하자 대학원장은 이 상황에 대해 너무 놀란 것 같았다. 이메일에서 그는 "이 일의 진행 상황과 일이 다루어진 방식에 대해 깊이 우려하고 있다"고 했다. 또 "그 학생을 상대로 공식적인 고충 신고 절차를 밟는 것이 좋겠다"며 신고 사유를 대학원장인 자신에게 보내면 문제 해결 절차를 시작할 수 있을 거라고도 했다.

7월 말, 나는 대학원장 사무실에서 학장을 만났다. 그는 내 상황에 매우 공감하는 듯 보였다. "내가 학생이라면 학교를 상대로 소송을 걸겠어요. 학생이 원하는 것이 그것인가요?"

나는 고개를 저었다. "저는 누구를 상대로도 소송을 걸고 싶지는 않습니다. 그저 제 학위들을 다 받고 졸업을 해서 대학원에 가고 싶습니다." 대신 나는 두 가지에 대해 고충 신고를 하고 싶다고 했다. 하나는 팀을 상대로 한 것으로, 그가 자신의 연애 감정에 내가 호응해주지 않으면 자살하겠다고 협박한 것에 대해서였다. 다른 하나는 학교를 상대로 한 것으로, 내가 겪은 학내 괴롭힘을 보고한 데 대해 수업을 듣지 못하게 하고 내가 일하던 연구팀에서 나를 내보내려 하는 보복성 조치를 취한 것과 관련한 고충 신고였다. 대학원장은 그러한 고충 신고는 모두 자신을 통해서 이뤄져야 한다고 다시 한번 말하면서 내가 팀을 상대로 공식적인 고충 신고 절차를 밟고 싶은 게 확실하냐고 재차 물어보았다. 나는 그렇다고 대답했고 그는 신고 절차를 밟겠다고 했다.

이어서 주제는 내 철학 석사 학위로 넘어갔다. 면담이 끝나기 전에 대학원장은 내가 필요한 수업들을 들을 수 있도록 하고 더 이상 팀의 상황을 "맡아야 할" 필요 없이 물리학과의 연구팀 일도 계속할 수 있게 자신이 모든 일을 신경 쓰겠다고 했다. 그는 자신이 팀에 대한 고충 신고 절차를 진행할 것이고, 안 좋은 행위가 중단되도록 할 것이며, 내가 석사 학위를 무사히 받을 수 있게 하겠다고 했다.

나가려고 자리에서 일어섰을 때 대학원장이 다시 나를 부르더니 나와 문 사이를 가로막고 서서 "학교를 상대로 고충 신고를 하고 싶은 것이 확실하냐"고 재차 물었다. "정말로 확실한가요?" 이 질문에 나는 어리둥절했다. 이제껏 내내 이야기를 나누고 나서 왜 다시 물어보는지 이해가 되지 않았다. 매우 분명하게 내 의사를 밝혔다고 생각했기 때문이다. 나는 그렇다는 의미로 고개를 끄덕 움직였다. 그는 학교를 상대로 제기하는 공식적인 고충 신고와 관련해 절차상의 세부 사항을 알아보겠다고 했다. 그리고 그가 대학원장실 문을 열었고 나는 그곳에서 나왔다.

그때의 나는 이런 류의 고충 신고는 대학원장인 본인이 진행해야 하며, 그렇게 해주겠다는 말을 곧이곧대로 믿을 만큼 순진했다. 이 건은 성에 기반한 차별 요소를 가지고 있기 때문에 대학의 타이틀IX* 담당자와 미국 교육부, 이렇게 두 군데로 신고가 이뤄져야 했다. 그런데 대학원장은 어느 곳으로도 고충 신고를 접수하지 않았다. 그리고 나를 돕기는커녕 추가적인 보복 조치를 취했다. 내 철학 석사 학위를 철회한 것이다. 내가 자신에게 정보를 다 알리지 않았기 때문이라며 내 석사 학위와 관련해 자신이 필요한 조사를 하는 데 내가 "누락한" 이메일들을 언급했다. 그리고 내게 보낸 이메일에서 그는 면담 때 이야기한 고충 신고를 진행하지 않았다고 했고 앞으로도 하지 않을 거라고 암시했다. 이메일에는 "학생이 학생의 일을 잘 마무리하고 이 경험을 다음 단계로 나아가는 데 필요

---

* 개정교육법 제9편. 교육기관에서의 성차별을 없애기 위한 법률. ─옮긴이

한 연료로 사용할 수 있기를 바랍니다"라고 쓰여 있었다.

나는 충격에 휩싸였다. 왜 내 석사 학위를 취소하는가? 내가 철학 석사 학위를 받고 졸업할 수 있을 거라고 본인이 말하지 않았는가? 그리고 내 석사 학위가 팀하고 무슨 상관인가? 나는 대학원장에게 보낸 답장에서 그 문제의 이메일(내가 누락했다고 그가 주장한 이메일)이 분명히 그에게 발송되었으며 첫 면담에서도 그것에 대해 매우 분명하게 이야기한 바 있다고 항변했다. 대학원장은 이중 어느 부분에 대해서도 가타부타하지 않은 채, 더 이상 이 상황에 대해 나와 이야기하지 않겠다는 뜻만 밝혀왔다. "내가 이 케이스는 종결되었다고 말하면, 그것은 말 그대로 종결된 것을 의미합니다."

뭐가 뭔지 도통 이해가 가지 않았다. 대학원장은 내가 이미 딴 석사 학위를 (그리고 향후 10년 동안이나 갚아야 할 학자금 대출을 수천 달러나 받아서 학비까지 다 낸 학위를) 주지 않겠다고 말하고 있었다. 그리고 그 이유는 전혀 말이 되지 않았다. 게다가 자신이 공식적으로 절차를 밟아주겠다고 약속한 어느 고충 신고도 진행하지 않았다. 지난번 면담이 끝나고 내가 대학원장실에서 나가려 할 때 나를 불러세워서 문을 가로막고 학교 측을 상대로 공식 신고 절차를 밟기 원하는 것이 **정말로 확실하냐**고 물었을 때의 태도가 떠올랐고, 학교를 상대로 신고를 진행하려 한 데 대한 보복 조치로 내 석사 학위를 취소하는 건 아닌지 의심이 들었다. 나는 정신없이 팀의 지도 교수에게 가서 왜 대학원장이 내 학위를 취소하느냐고 물어보았고, 그의 대답은 나의 의심을 확인해주었다. 그가 말하길, 이번에는 내가 팀과의 관계에 대해 거짓말을 했다는 증거를 학교 측이 가지고 있다고 했다. 나는 팀과 연애하는 사이가 아니라고 말했는데 팀이 내 말이 거짓임을 보여주는 증거를 제출했다는 것이었다. 물론 그 "증거"를 보여 달라고 했더니 학교 측은 거부했다.

그다음에 나는 교무 담당 부학장 사무실로 갔고 그곳에서 "교무 담당 부학장을 대리해" 나왔다는 한 여성과 만났다. 내가 상황을 설명하고 그 학생과 대학 당국 둘 다를 상대로 공식적인 고충 신고를 원한다고 하자 그 여성은 가능하지 않을 것 같다고 말했다. 내가 "진짜 피고용인"이 아니라 "학생 피고용인"이기 때문에 직장 내 괴롭힘, 차별, 보복성 조치 등에 대해 **어떤 이의 제기도** 진행할 수 없다는 것이었다. "진짜 피고용인"은 고용 관계를 규정하는 연방법에 의해 보호를 받지만 학생 신분인 나를 괴롭힘, 차별, 보복으로부터 보호하는 법은 없다고 했다. 법은 없지만 그 대신 "배움의 기회"가 있다며, 나와 같은 처지의 학생들이 그 경험을 "배움의 기회"로 삼아야 한다고 했다. 또 팀과 팀의 지도 교수, 물리학과 당국과 대학 당국도 이 경험을 그들의 "배움의 기회"로 삼을 것이라고 했다. 그는 학교 측이 이미 나에게 팀에 대한 접근 금지 명령을 내렸고(즉 내가 팀에게 접근하거나 팀 가까이에 있지 않도록), 팀에게도 접근 금지 명령을 내렸다며, 이것으로 나를 보호하기에 충분할 것이라고 확실한 어조로 말했다.

접근 금지 명령에도 불구하고 팀이 접근하면 나에게 어떤 선택지가 있는지 물어보았더니 선택지가 없다고 했다.

"경찰에 신고해도 되나요?"

그는 머뭇거리면서 "그래요"라고 대답하더니, 그래도 경찰에는 가지 않는 게 좋을 거라고 강하게 말했다. 경찰은 내 신고를 진지하게 들어주지 않을 거라며 경찰 말고 필라델피아 지방 검찰청으로 가라고 했다.

"알겠습니다. 그러니까 검찰청으로 가면 되는 거로군요." 이렇게 대답은 했지만, 나는 경찰이 펜실베이니아 대학교 당국과는 일 처리를 매우 다르게 하며, 따라서 내가 검찰청에까지 가야 할 일은 없으리라는 것을 경험으로 알고 있었다. 그즈음에 대학 보건소에서 얼마 전 해고된 의사가 소셜 미디어를 통해 내게 노골적인 성적 메시지를 보낸 적이 있었다. 나는 학교 당국에는 도움을 요청하지도 않았다(그들이 문제를 어떻게든 내 쪽으로 돌려서 다 내 탓으로 만들까 봐 두려웠고, 이것은 근거 없는 두려움이 아니었다). 그 대신, 곧장 경찰서로 갔다. 경찰서에서 형사 두 명과 이야기를 했고 그들은 상황을 잘 처리하겠다고 나를 안심시켜주면서 필요하다면 내가 금지 명령을 받을 수 있게 해주겠다고 했다. 그러고 나서 형사들은 그 의사를 찾아갔고 그 의사는 두 번 다시 나에게 접근해오지 않았다.

교무 담당 부학장실에서 면담을 하고 나서, 나는 이런 종류의 부당 대우에서 학생을 보호하는 법이 정말로 없는지 조사해보았다. 그리고 꽤 오랜 시간을 들여 '타이틀IX'에 대한 자료들을 찾아 읽어보았다. 그때까지는 타이틀IX이 연방 민권법이고 성차별에서 학생을 보호하기 위해 제정되었다는 정도의 기본적 내용만 알고 있었다. 자료를 읽다 보니 이제까지 내가 겪은 상황 전체가 얼마나 이상하게 흘러왔는지 깨달을 수 있었고, 학교 당국이 내내 나를 가스라이팅하고 있었다는 것도 깨달을 수 있었다. 내가 겪은 일들로부터 나를 보호하는 법은 **당연히 존재했다.** 펜실베이니아 대학 당국이 내가 그것을 알기를 원하지 않았을 뿐이었다. 그날 밤에 나는 눈물이 터질 때까지 나 자신의 한심함을 비웃었다. 나는 대학원장이 나 대신 고충 신고 절차를 진행해주겠다고 했을 때 그 말을 믿은 나를, 또 교무 담당 부학장실에서 내게 다른 방법은 없다고 말했을 때 그 말을 믿은 나를 비웃었다.

다음 날 내 페이스북 계정에 펜실베이니아 대학교에 대한 언급은 전혀 하지 않은 채로 성적인 괴롭힘과 차별로부터 학생을 보호하는 법률에 대해 글을 올렸다. 그러자 나와 만났던 교무 담당 부학장의 대리인이라는 사람이 득달같이 전화를 해서 타이틀IX와 학생 보호에 대한 글을 올린 것에 대해 심하게 뭐라고 했다. "이 일에 대해 모종의 결과를 감수해야 할 겁니다!"

전화 통화 직후에 나는 방금 있었던 일을 요약해 그에게 이메일을 보냈다. 이메일에서 나는 이 일이 "부적절하고 용납되기 어렵다"고 말했다. "방금 저에게 제 페이스북에 게시된 글을 보셨다고 말씀하셨고 그 글에 대해 저를 비판하기 시작하셨습니다. (…) 제 사적인 소통 수단을 들여다보면서 그 내용에 대해 저에게 뭐라고 하시는 것이 적절한 일이라고 생각하셨다는 것에 분노를 금할 수 없습니다." 나는 방금 일어난 일에 대해 내가 오해하고 있는 것이 있다면 알려달라고 했지만, 그는 답장에서 내가 말한 것에 대해서는 언급하지 않았다. 그 대신, 내가 원한다면 언제라도 이 상황에 대해 "고충/이의 제기 신고"를 할 수 있다고 했다.

나는 겁에 질려서 지역 변호사 협회에 전화를 했고 몇몇 민권 변호사의 연락처를 받았다. 그들 중 몇 명과 상담을 했는데 모두 동일한 조언을 했다. 우선 모든 것을 이메일로 보내놓고, 모든 것을 기록으로 남기고, 모든 기록을 백업해두라고 했다. **문서로 된** 증빙 자료가 필요할 것이기 때문이었다. 또 학교 측에서 메일 계정에 접근해 모든 내용을 읽을지 모르니 학교 메일 계정은 쓰지 말라고 했다. 가장 중요한 것으로, 모든 변호사는 하나같이 **대학을 상대로 소송을 걸지는 말**라고 했다. 한 변호사는 이렇게 말했다. "소송을 걸 만한 사건이긴 하지만 제 생각에는 **그러지 않는 게** 당신에게 좋을 것 같습니다. 이렇게 젊고 앞날이 창창할 나이에는 말이에요. 제 말을 믿으세요. 소송을 걸면 앞으로 2년에서 5년은 여기에 엮이게 될 텐데, 그렇게 시간을 쓸 가치가 없다고 장담할 수 있습니다. 여기에서 빠져나오세요."

변호사들의 조언대로 나는 삶의 다음 단계로 넘어가기로 했다. 하지만 그 전에 모든 것을 꼼꼼히 기록하고, 모든 이메일을 저장하고, 모든 전화와 문자 메시지를 보관했다. 아마도 나중에 마음이 바뀌어 소송을 걸게 될지도 모른다는 생각이 있었던 것 같다. 또 언젠가 이것에 대해 글을 쓰게 될지도 모른다는 생각도 있었던 것 같다. 내 인생의 다음 단계로 넘어가는 것이 곧 내 꿈을 포기하는 것을 의미한다는 사실을 깨닫고 나는 마음이 미어졌다. 추천서를 받을 수 있으리라 기대했던 교수들은 팀과의 상황 이후로 나와 이야기하는 것도 꺼리고 있었고 추천서가 없으면 박사 과정에 들어갈 수 없었다. 그래서 나는 지원서를 버렸고 물리학자가 되려던 꿈도 함께 버렸다.

그 이후로 나는 내가 내리는 결정의 무게를 훨씬 더 의식하게 되었고, 펜실베이니아 대학교의 상황에서 뒷걸음질 쳐 도망친 것이 후회될 때도 많았다. 그곳에 가기 위해 그토록 노력했고 그곳에 가서는 내 일을 아주 잘하고 있었는데도, 싸워보지도 않고 그들이 모든 것을 빼앗아가게 두고 말았다. 게다가 내가 옳지 않은 행동을 했다는 죄책감을 떨칠 수가 없었다. 애초에 그들의 계획을 따랐던 것 자체가 객관적으로 옳지 않은 행동이었다. 나에게도, 팀에게도 옳지 않았다. 아주 많은 이유에서 그것은 잘못된 결정이었고 그때 나는 그것이 잘못된 결정이라는 것을 **알고 있었다.** 무서워서 그냥 따르고 말았지만 두려움이라는 변명이 내 도덕적 책임을 면제해주지는 않는다는 것을 마음속 깊은 곳에서는 알고 있었다.

지금 돌아보면, 그때 내가 갈 수도 있었던 경로가 두 가지 더 있었다. 펜실베이니아 대학교의 겁주기 전술에 아예 훨씬 더 일찍 항복했더라면 그들이 나에게 보복 조치를 취해야 할 필요는 없었을 것이다. 그들의 제안대로 그 운명의 학기에 팀과 마주치지 않게 연구팀을 옮기고 팀이 듣는 수업을 신청하지 않기로 했더라면 지금쯤 칼텍이나 코넬, 혹은 애리조나 주립 대학교에서 물리학 박사 과정을 거의 마쳐가고 있었을 것이다. 이 시나리오를 밟았더라면 내가 원했던 결과를 가질 수 있었을 것이다. 하지만 내가 옳지 않은 행동을 했다는 사실은 마찬가지였을 것이다.

아니면 이와 정반대의 경로를 갈 수도 있었다. 즉 대학 당국의 겁주기 전술을 처음부터 거부하면서 단호하게 말하고 맞서 싸울 수도 있었다. 그리고 내가 시키는 대로 하지 않는 데 대해 그들이 보복성 조치를 취하기 시작하는 순간에 곧바로 변호사를 찾아가거나 언론에 접촉해 내 이야기를 외부에 알릴 수도 있었을 것이다. 되돌아보면 이것이 객관적으로 옳은 일이었다. 그리고 진심으로 그때 내가 이렇게 했더라면 좋았을 거라고 생각한다.

펜실베이니아 대학교를 떠난 이후에 나는 대학에서 부당한 대우를 받은 여성들이 많다는 사실을 알게 되었다. 모두 물리학과 여학생인 것은 아니었고, 모두 동료 학생으로부터 당한 괴롭힘도 아니었지만, 학교 측으로부터 잔인하고 불합리한 보복 조치의 대상이 되었다는 것은 공통적이었다. 그리고 이중 어느 경우에서도 이로 인해 학교 측이 피해를 입지는 않았다. 오늘날까지도 이런 이야기를 들으면 죄책감에 마음이 아프고, 내가 펜실베이니아에서 법정 싸움을 벌였다면 어땠을까, 그때 내 이야기를 대중에 공개했으면 어땠을까 생각하게 된다. 그랬더라면 몇몇 대학이 학생에게 부당하게 침묵을 강요하고 보복 조치를 취하는 여러 가지 끔찍한 방법들을 사람들에게 알릴 수 있었을까? 내 이야기를 사람들에게 알렸다면 세상 모든 여성들의 삶과 경력이 나아지는 데 도움이 될 수 있었을까? 물론 알 수 없다. 다만 내가 아는 것은, 그때 내가 무서워서 그렇게 하지 않았다는 사실이다. 나는 무서워서 옳은 일인 줄 아는 일을 하지 않았다. 나는 이 실수를 다시는 되풀이하지 않겠다고 다짐했다.

모든 것이 무너지기 전까지 나는 물리학 박사 학위를 받고 물리학자가 되리라고 확신하고 있었다. 하지만 이제 꼭 필요한 추천서를 받을 수 없게 되어서 박사 학위는 물 건너가고 말았다. 예비 계획으로 늘 가지고 있었던, 커뮤니티 칼리지나 작은 자유 교양 대학에서 철학을 가르치는 방안도 철학 석사 학위를 받지 못해서 불가능해졌다. 너무나 놀랍게도 나는 많은 펜실베이니아 대학교 졸업반 학생들과 같은 처지가 되어 있었다. 곧 졸업인데 그 이후에 무엇을 해야 할지 모르는 처지 말이다.

나는 다시 원점으로 돌아왔다. 일자리도, 경력도, 삶에서 무엇을 해야 할지에 대한 아이디어도 없었다. 야넬에서의 십 대 시절에 느꼈던 것 같은 막막함이 다시 느껴지기 시작했다. 아무런 방향성도 없이 완전히 나 혼자인 상태로 돌아간 것이다. 내 삶의 이야기에서 나는 또다시 주체가 아니라 객체가 되어 있었다.

나는 어렸을 때 절망스러울 때면 스스로에게 되뇌었던 이야기를 다시 하기 시작했다. "나는 위대한 일을 할 거야", "나는 **위대해질 거야**", "그보다 낮은 것에는 타협하지 않을 거야. 나는 내 삶을 스스로 일궈야 하고 졸업 후에 일자리가 있어야 한다는 것을 알고 있었다. 당장 잡을 일자리가 꼭 꿈의 일자리이거나 나의 소명에 맞는 일자리일 필요는 없었다. 당장의 일자리는 내 삶에서 거쳐갈 바로 다음 단계이기만 하면 되었다. 하지만 막막했고 어떤 종류의 일자리에 지원해야 할지 알 수가 없었다. 그래서 나는 내가 빈손으로 가고 있는 것이 아니라는 사실을 끊임없이 스스로에게 상기시켰다. 나는 아이비리그에서 물리학을 전공했다. 나는 코딩을 할 줄 안다. 나는 입자 검출기에 들어가는 전자 장치를 만들었다. 답을 찾을 수 있기를 기도하고 바라면서 이러한 이야기를 스스로에게 계속해서 되뇌었다. 그러던 중, 무심히 되뇌던 한 가지에 퍼뜩 불이 들어왔다. **맞아, 나는 코딩을 할 줄 안다!**

사실 이 답은 꽤 한참 전부터 내 코앞에 있었다. 펜실베이니아 대학교에 있던 동안 내내 나는 물리학과와 철학과 모두에서 학부 동급생들이 여름에 샌프란시스코에 가서 구글이나 페이스북에서 면접을 보고, 소프트웨어 엔지니어링 분야에서 인턴을 하고, 팔란티어나 마이크로소프트 같은 곳이 얼마나 높은 임금을 제시하면서 일자리를 제안했는지 자랑하는 것을 숱하게 보았다. 또 내가 있던 물리학 연구실의 거의 모든 대학원생이 박사 학위를 마치거나 박사 후 과정을 마치면 뉴욕이나 샌프란시스코로 가서 데이터 사이언티스트, 소프트웨어 엔지니어, 프로덕트 매니저 등이 되었다. 물리학계에서 테크놀로지 산업계로 옮겨가는 것은 그리 큰 반전이 아니었다. 물리학은 테크놀로지와 관련 있는 분야이며 물리학 전공자들은 테크놀로지에 관심이 많고 수학과 컴퓨터 공학을 친숙하게 느낀다.

나는 물리학자에서 소프트웨어 엔지니어로 넘어가는 것이 그리 어렵지 않을 거라고 생각했다. 나는 이미 코딩을 할 줄 알았고, 소프트웨어 엔지니어 구직자로서 자격을 갖추기 위해 더 필요한 유일한 것은 컴퓨터 공학 쪽 기초 지식이었다. 졸업 후에 몇 달간 시간을 두고 면접을 준비하면서 애리조나에서 가족과 시간을 보낼까 생각했지만, 곧 내게 그럴 시간이 없다는 것을 깨달았다. 나는 돈이 하나도 없었고 내야 할 공과금과 집세가 있었다.

그래서 곧바로 구직에 착수하고 필요한 것들은 구직 활동을 하면서 동시에 알아가기로 했다. 나는 2014년 12월에 졸업할 예정이었고 졸업 후 한두 달 안에 취직이 되어 있어야 했다. 그래서 펜실베이니아 대학교의 마지막 학기 동안 수도 없이 면접을 보러 다녔다. 정신없이 바빠서 다행이었다. 물리학과 철학 분야에서의 미래를 포기해야 했던 상실감과 고통에서 다른 쪽으로 정신을 돌릴 수 있었기 때문이다. 나는 페이스북이 제공한 저녁 식사와 와인 모임에 참석했고, 구글에서 여러 라운드의 기술 면접을 보았으며, 그러면서 소프트웨어 엔지니어링 업무와 테크놀로지 회사들이 어떻게 돌아가는지에 대해 기초적인 지식들을 습득했다.

페이스북이나 구글처럼 큰 회사나 IBM이나 골드만삭스처럼 역사가 긴 대기업은 내가 갈 곳이 아닌 것 같다는 결론에 도달하는 데는 오래 걸리지 않았다. 자율성과 권한을 많이 누릴 수 없을 것으로 보여서 그런 회사에서는 소속감을 느낄 수 없을 것 같았다. 나는 지난 3년간 연구와 학업을 수행하면서 날마다 일정을 대체로 자율적으로 결정했고 그 자율성을 놓치고 싶지 않았다. 스타트업이라는 것에 대해 알게 된 순간부터(2014년에 스타트업은 혁신적인 해법으로 기성 산업계를 교란하고 기성 회사보다 열심히, 또한 더 똑똑하게 일하며 고정관념에서 벗어나 창의성을 발휘하는 곳으로 여겨져서 비교적 평판이 좋았다) 나는 스타트업에서 일하고 싶었다.

스타트업 회사들과의 면접도 나를 실망시키지 않았다. 매번 나는 창업자 중 적어도 한 명과 면접을 했고, 그들에게서 자신이 하고 있는 일과 자신이 키워가고 있는 회사에 대한 열정을 듣는 게 너무 좋았다. 가장 좋았던 면접은 직원이 세 명뿐인 리게티 양자 컴퓨팅이라는 회사의 창업자이자 CEO인 채드 리게티와의 전화 면접이었다. 이 회사는 캘리포니아주 버클리에 있었고, 채드는 양자역학을 활용해 컴퓨터를 만들고 있는 물리학자였다. 당시에 양자컴퓨팅은 아직 이론적이고 학문적인 분야였다. 펜실베이니아 대학교 사람들을 포함해서 대부분은 채드가 하려는 일(상용 가능한 양자 컴퓨터를 만드는 일)이 가능하다고 보지 않았다. 하지만 채드는 가능하다고 믿었고 세계에서 가장 강력한 컴퓨터를 만드는 것을 사명으로 삼는 회사를 직접 창업하기로 했다. 나는 이런 종류의 과학적인 문제를 학계 바깥에서도 풀어낼 기회가 있다는 것이 믿기지 않았다. 그리고 이 회사는 그러한 과학적, 공학적 문제 중 가장 어려운 문제를 풀려 하고 있었다. 나는 완전히 반했다.

나는 리게티 양자 컴퓨팅에 너무 들어가고 싶었다. 정말이지 나에게 완벽한 곳일 것 같았다. 하지만 너무나 아쉽게도 이곳에서 2차 면접 연락을 받지 못했다. 채드와의 전화 인터뷰가 굉장히 잘 진행되었기 때문에 나는 무언가 착오가 있는 게 틀림없다고 생각했지만, 몇 주가 지나도 연락이 없어서 포기하고 다음으로 넘어갔다.

크리스마스 며칠 전에 샌프란시스코 베이 에어리어에 있는 또 다른 회사의 최종 면접을 보러 캘리포니아로 날아갔다. 직원이 12명인 금융 테크놀로지 스타트업 '플래이드'였고, 면접에 통과했다.

이 회사가 마음에 들었고 이 일자리를 받아들여야 한다는 것을 알고 있었지만, 마지막 순간에 약간 머뭇거리는 마음이 들었다. 나는 소프트웨어 엔지니어의 길을 딱히 생각해본 적이 없었다. 졸업 후에 절실하게 일자리가 필요했고 소프트웨어 엔지니어가 유일하게 가능성 있어 보이는 분야였을 뿐이었다. 그래서 혹시 내가 큰 실수를 하는 것이면 어쩌나 하는 마음이 덜컥 들었다. 바이올리니스트, 건축가, 작가, 물리학자, 철학자 등 수많은 것이 되고 싶었지만 소프트웨어 엔지니어가 나의 길이라는 생각은 해본 적이 없었다. 그리고 소프트웨어 엔지니어가 되는 것이 내가 늘 원했던 '위대한 일들을 성취하고 **위대한 사람이 되는 것**'과 어떻게 연결될 수 있는지 그림이 잘 그려지지 않았다. 이 일자리를 수락하면 글쓰기, 집 설계하기, 우주의 속성을 발견하기, 의미 있는 삶을 살아가는 방법을 알아내기와 같은 꿈들을 포기해야 하는 것일까 봐 두려웠다.

플래이드의 일자리를 놓고 고민하면서 나는 아빠의 삶을 떠올렸다. 아빠는 당신이 꿈꾼 직업상의 경력을 하나도 이루지 못하셨다. 자신에게 역량이 있다고 생각한 일도 이루지 못하셨다. 아빠는 가족을 부양하기 위해 전혀 사랑하지 않는 일을 하셨다. 그래도 아빠의 삶은 소중하고 멋진 삶이었고 사랑과 기쁨이 충만한 삶이었다. 나도 그와 비슷한 삶을 살 수 있다면, 모든 안 좋은 여건에도 불구하고 사랑과 기쁨을 발견할 수 있다면, 그것으로 현세에서 꽤 멋진 시간을 보내는 것이 되리라는 생각이 들었다. 그리고 어쩌면, 아마도 어쩌면 샌프란시스코에서 더 큰 무언가를 발견하게 될지도 모르지 않는가? 내가 바라온 가장 대담한 꿈들이 그곳에서 모두 이뤄질지도 모르지 않는가?

나는 용기를 내서 플래이드의 일자리를 수락하기로 했고 곧 기대와 흥분에 들뜨기 시작했다. 오랫동안 계획했거나 바랐던 일은 아니었지만 새로운 삶에서 기쁨과 즐거움을 찾겠다고 결심했다.

펜실베이니아 대학교와 작별하는 것은 시원하면서도 씁쓸했다. 마지막으로 데이비드 리튼하우스 연구소의 복도를 지나가면서 교수님들, 연구원들, 대학원생들, 학부생들, 나의 삶을 바꿔준 모든 사람들에게 작별 인사를 할 때는 너무 슬펐다. 나는 나쁜 경험이 좋은 경험을 압도하게 두지 않으려고 노력했다. 이 건물에서 좋은 일도 너무나 많았다. 이곳은 내가 B-L 대칭과 중성자 붕괴에 대해 물어보려고 초끈이론의 대가 에드 위튼을 황급히 뒤따라가던 곳이었고, 내가 가장 좋아하는 교수님들의 연구실로 가기 위해 지

나다니던 곳이었다. 그들은 몇 시간이고 인내심 있게 앉아서 양자장 이론, 초대칭, 코스몰로지 등을 내가 마침내 이해할 때까지 설명해주었다. 또 이 복도는 내가 무언가 중요한 것을 발견하고서 연구팀 사람들에게 알리고 싶어서 신나게 달려 내려가던 곳이었다. 나는 이 건물을 사랑했다. 이곳에서 배운 것을 사랑했다. 물리학을 사랑했다. 아, 우주를 사랑했다. 무엇보다, 나에게 물리학과 수학에 대해 지금 내가 알고 있는 모든 것을 가르쳐 준 사람들을 사랑했다. 나는 영원히 그들이 그리울 것이고 그들이 내게 베풀어준 것에 감사할 것이다.

정말 마지막으로 옆문을 통해 연구소 건물을 나오면서, 나는 펜실베이니아 대학교가 내 학위만이 아니라 물리학과 철학 분야에서의 내 미래마저 빼앗았다는 것을 깨닫고 다시금 놀랐다. 이 학교가 내게 저지른 가장 잔인한 일은, 팀과의 일이 있기 전에는 나의 멘토였고 선생님이었고 친구였던 사람들에게 내 이름이 두려움, 법적 문제, 괴롭힘 등의 단어와 함께 연상되게 만든 것이었다. 그해 여름의 그 모든 일이 있고 나자, 전에는 나와 물리학에 대해 이야기하기를 좋아했던 사람들이 나를 피하게 되었다. 나에게 문을 활짝 열어주었던 사람들이 나를 못 본 척하고 내 앞에서 문을 닫았다. 그들은 나를 불편해하고 두려워했다. 그들은 이 상황 전체를 두려워했다. 그들에게 나는 더 이상 "수전"이 아니었다. 그들이 가르치기를 좋아했던 여학생, 그들의 책을 빌려갔던 좀 이상한 여학생, 자신의 사무실에서 몇 시간이나 우주 끈과 루프 양자 중력과 섭동론에 대해 이야기했던 젊은 물리학도 수전이 아니라, 짐일 뿐이었다. 나는 그들을 비난하고 싶지는 않았다. 그들이 얼마나 두렵고 난처했을지 상상할 수 있었다. 그들은 괴롭힘에 대한 고발 건을 다루고 싶지 않았고 아마 그런 문제를 어떻게 다뤄야 하는지도 모르고 있었을 것이다. 그들은 그저 자신의 일을 하고 싶었다. 그저 자신의 일인 물리학 연구를 하고 싶었을 것이다. 나는 그들에게 나도 안다고, 나도 그 문제를 다루고 싶지 않았다고, 나도 그저 물리학 연구를 하고 싶었다고 말하고 싶었다. 그리고 그것은 세상에서 가장 절망적인 심정이었다고 말하고 싶었다.

나는 이 모든 것을 뒤로 하고 떠날 수 있게 되어 기뻤다.

집에서 가족과 몇 주간 시간을 보내고서, 1월의 마지막 날에 짐을 챙겨 새 지프 랭글러 자동차에 싣고 애리조나주 위켄버그에 있는 엄마 집을 떠나 플래드의 플랫폼 엔지니어로서의 새 일자리가 기다리고 있는 샌프란시스코 베이 에어리어로 향했다.

5

실리콘 밸리

돌이켜보면, 플래이드에서 일한 시간은 실리콘 밸리의 직장인이 되기 위해 치러야 했던 신고식이었던 것 같다. 플래이드는 모든 면에서 전형적인 소규모 테크 스타트업이었고, 드라마 〈실리콘 밸리〉가 사람들에게 각인한 불멸의 이미지처럼 반은 기업이고 반은 대학 동아리 같은 곳이었다. 창업자 재크와 윌리엄은 부유한 집안 출신의 이십 대 청년으로, 금융 데이터를 종합하는 소프트웨어 앱을 직접 개발했다. 그들은 악명 높은 '테크크런치 디스럽트' 경연 대회에 앱을 출품해 우승했다. 내가 플래이드에 합류했을 때는 시리즈 A 펀드레이징을 막 마친 뒤였고 나는 13번째인가 14번째 직원이었다.

첫날 사무실에 들어가자 무언가 특이하고 재미있는 것의 일부가 된 느낌이 들었다. 플래이드는 작은 회사였고 동료들 모두(다 내 또래였다)가 자신이 하는 일에 진심으로 열정과 흥미를 가지고 있는 것 같았다. 사무실도 이제까지 내가 본 어느 곳보다 좋았다. 플래이드는 샌프란시스코 금융 지구 한복판에 있는 조금 오래된 건물의 아름다운 코너 사무실을 쓰고 있었다. 맞춤 제작한 나무 책상이 사무실 한쪽에 두 줄로 들어서 있었고 다른 쪽에는 포켓볼 당구대가 있었다. 그 순간의 느낌이 지금도 생생하다. 나는 속으로 이렇게 생각했다. **'정말 흥미로운 드라이브가 될 거야.'** 얼마나 험하고 거친 드라이브로 귀결될지는 전혀 모른 채.

그날 밤, 신입 직원 두 명의 환영식을 위해 다들 술집에 모였다. 한 명은 나, 다른 한 명은 사무실 매니저 헤이디였다. 이곳에 여성 직원은 우리 둘뿐이었다. 나중에 들으니, 여성이 홍일점으로 "외롭게" 있어야 하는 일이 생기지 않도록 우리 둘의 근무 시작일을 같은 날로 정했다고 했다. 기술 파트에서는 내가 샌프란시스코 사무실의 유일한 여성이었다. 기술 파트에 데이터 사이언티스트인 여성이 한 명 더 있었는데 그는 보스턴에 거주하면서 일하고 있었다. 내가 기술 파트의 유일한 여성이라는 것이 그리 이상하거나 특이하게 여겨지지는 않았다. 펜실베이니아 대학교 데이비드 리튼하우스 연구소에서 일했을 때 나는 우리 층 전체에서 유일한 여성이었고 그 층에는 남자 화장실밖에 없었다.

환영식이 끝나고 바에서 나온 우리는 다들 우버로 차를 불렀다. 플래이드 CEO인 재크가 우버에 계정 만드는 것을 도와주고 어떻게 차를 부르는지 알려주었다. 나는 전에 우버를 이용해 본 적이 딱 한 번 있었다. 필라델피아에 살던 몇 달 전의 할로윈 날이었다. 나는 레아 공주 코스튬을 하고 친구 매트와 그의 룸메이트 앤드류와 함께 여러 바를 돌아다니며 신나게 놀았다. 목록에 있던 마지막 바가 문을 닫았을 때 우리는 몇 킬로미터 떨어진 매트와 앤드류의 집에 가기로 했다. 약간 추운 10월에 택시를 잡느라 밖에서 30분이나 서 있었지만 잡히지 않아서 포기하고 걸어가려는데 맞은편 코너 쪽으로 택시가 오고 있는 것이 보였다. 몇 시간이나 춤을 추느라 겨우 달려 있는 가발이 떨어지지 않기를 빌면서, 하얀 공주옷을 입은 채 손을 흔들며 택시 쪽으로 달려갔다. 하지만 내가 도착하기 전에 택시는 속도를 내며 사라져버렸고, 그제야 뒷좌석에 이미 누가 타고 있다는 것이 보였다.

매트와 앤드류에게 돌아와보니 그들은 매트의 휴대전화 스크린에서 무언가를 열심히 하고 있었다. "우버 부르려고." 매트가 신나서 말했다. 그는 그게 택시를 부를 수 있는 앱인데 택시 기사가 모는 노란 택시가 아니라 일반 사람이 모는 일반 자동차라고 설명했다.

몇 분 뒤에 짙은 회색 자동차가 도착했고 우리 셋은 차에 올랐다. 매트의 순례자 의상 소매 옆에 끼어 앉으면서 내가 물었다. "이거 뭐라고 부른다고?"

"우버!" 그가 큰 소리로 대답했다. 나는 필라델피아의 예측 불가능한(때로는 무서운) 노란 택시보다 나아 보이는 또 다른 선택지가 있어서 다행이라고 생각하면서 이름을 기억해두려고 했지만, 샌프란시스코에 와서 전문 소프트웨어 엔지니어로서 보낸 첫날이 저물 때까지 그 이름을 까맣게 잊고 있었다. 그날 나는 처음으로 직접 부른 '우버 X' 차량을 타고 베이 브리지를 건너, 아파트를 구할 때까지 임시로 묵기 위해 에어비앤비를 통해 구한 오클랜드의 숙소로 갔다.

나는 베이 에어리어에 사는 것이 좋았고, 매일 바트를 타고 출근하는 것도 재미있었다. 날씨도 더없이 사랑스러웠고, 어디에나 정말 많은 재밌는 일을 하는 사람들이 정말 많이 있는 것 같았다. 나는 1번 고속도로를 타고 긴 드라이브를 하면서 아름다운 해변을 탐험했다. 샌프란시스코만 위로 작은 비행기를 타고 광대한 태평양의 수평선을 보며 날아가는 경비행기 수업도 몇 번 받았다. 직장 생활도 좋았다. 내가 하는 일은 버그를 잡고 벤모, 코인베이스, 로빈후드 같은 고객사들이 플레이드 앱을 도입할 때 겪는 문제들을 해결하는 일이었다. 동료들과도 잘 지냈다. 우리에게는 함께 할 재밌는 일들이 늘 있었다. 우리는 함께 소프트웨어를 만들고, 식사를 하고, 포켓볼을 치고, 카드 게임을 하고, 술을 마시러 갔다. 곧 플레이드 동료들은 나의 가장 친한 친구들이 되었다.

사실 일은 어려웠고 내 시간을 거의 다 잡아먹었다. 주말까지도 하루에 12시간에서 14시간씩 일했다. 처음에는 아무렇지도 않았다. 열심히 일하는 것에는 워낙 이골이 나 있었고 새로 배워야 할 것이 아주 많았다. 나는 내가 배우고 있는 새로운 것들 모두가 정말 좋았다. 자바스크립트 같은 새 프로그래밍 언어에 익숙해지는 한편, 테크놀로지 업계 자체에 대해서도 많은 것을 배웠다. 자금 조달 과정에 대해, 벤처 캐피탈 회사들에 대해(다들 근처의 샌드위치 가게 '앤더슨'을 유명한 벤처 캐피탈 회사 앤드레센 호로위츠를 본따 '앤드레센'이라고 바꿔 불렀다), 스타트업 생태계가 어떻게 돌아가는지에 대해, 그리고 그밖에도 많은 것에 대해 알게 되었고, 이 모든 순간이 너무 좋았다.

내가 난생 처음으로 더 이상 가난하지 않다는 사실도 좋았다. 나는 **거의** 중산층이나 다름없이 살았고, 전에는 경험해본 적 없는 정서적 자유와 안정감도 얻을 수 있었다. 여전히 매달 빠듯하기는 했어도, 마이너스 통장을 쓰지 않아도 되었고 신용카드 빚을 더 내지 않아도 되었다. 오히려 카드 빚은 갚기 시작했다. 돈이 없어서 먹을 것을 사지 못하는 악몽을 계속 꾸긴 했지만(어린 시절부터 사라지지 않고 반복되는 꿈이었다) 그 악몽이 현실이 되는 일은 없었다. 먹을 것을 사기 위해 지출을 쪼개야 하지도 않았고, 처음으로 내가 먹을 수 있는 것보다 많은 음식을 살 수 있었다. 냉장고를 열면 신선한 과일과 야채가 가득 있는 것이 좋았고, 미리 잘라놓은 과일 조각들이 담긴 작은 플라스틱 컵이라든가 비싼 오렌지 주스, 방목해서 키운 닭이 낳은 달걀, 항생제와 호르몬을 쓰지 않은 고기와 같이 전에는 도저히 구매를 정당화할 수 없었던 비싼 것들을 사볼 수 있는 것도 좋았다.

꽤 괜찮은 월급을 받긴 했지만 그래도 베이 에어리어에서는 아파트를 구할 수 없었다. 정말 운 좋게도 이스트 베이에서 또 다른 에어비앤비 숙소를 얻을 수 있었다. 커다란 호박색 집의 방 하나를 사용하는 것이었는데, 너그럽고 열린 마음을 가진 집 주인 리즈와 밥 부부는 내가 가족처럼 편안하게 지낼 수 있게 해주었다. 리즈는 수학 선생님이자 댄서였고 나처럼 책, 음악, 미술, 과학, 수학을 좋아했다. 밥은 기업에서 일한 경험이 풍부했고 내가 일과 삶에 대해 조언이 필요할 때면 늘 그 자리에 있어주었다. 곧 정말로 그 집이 내 집처럼 편안하게 느껴졌다. 짬이 날 때면 그 집 거실에서 바이올린을 연주하고, 그들의 고양이 두 마리와 놀고, 그들과 함께(그 집의 또 다른 방을 사용하는 에어비앤비 투숙객도 함께) 식사를 했다. 에어비앤비로 구한 숙소가 버클리에서의 내 영구적인 거처가 되어서, 2년 뒤에 약혼자의 집으로 들어가기 전까지 그곳에 살았다.

펜실베이니아 대학교에 다니던 시절에 사회학자 C. 라이트 밀스의 글을 읽은 적이 있다. "학생의 입장에서 대학의 목적은 삶에서 대학이 필요 없어지게 하는 것이다. 대학의 임무는 학생이 스스로를 가르칠 수 있는 사람이 되게 하는 것이다." 이 글을 처음 접했을 때, 나는 구할 수 있는 책을 닥치는 대로 구해서 매일 밤 늦도록 읽으면서 세상에 대해 내가 배울 수 있는 모든 것을 배우려고 애썼던 십 대 시절을 떠올렸다. 그때는 대학까지 졸업하고도 알고 싶었던 것의 표면만 겨우 긁었을 뿐이라고 느끼게 될 줄 몰랐다. 대학을 졸업하고도 나는 여전히 알고 싶은 것이 너무 많았고, 오히려 전보다 더 많아졌다. 수열, 매듭 이론, 고대 이집트 예술사, 응집 물질 물리학, 기계 공학, 고고학, 곤충학…. 모든 것이 알고 싶었다.

고등학교 과정을 혼자 공부하고 펜실베이니아 대학교에서 기초 물리학, 기초 수학을 독학하면서, 그러니까 "스스로를 가르치면서" 보냈던 그 모든 나날 덕분에 어느덧 배움은 내 삶에 뿌리박힌 습관이 되어 있었고, 이 사실을 깨닫고 정말 기뻤다. 나는 나 자신에게 가르칠 흥미로운 '수업'들을 만들었고 학교에서 새 학기를 시작하는 것이라고 상상했다. 공책 여러 권, 내가 가장 좋아하는 얇은 펜 한 상자, 수학, 철학, 외국어 교재 몇 권을 구입하고서, 매일 저녁 고양이 한 마리와 함께 침대의 푸른 꽃무늬 이불 위에 공책과 책을 펴놓고 늦게까지 공부하다 잠들곤 했다. 플래드에서 일하던 초기에 공부하다가 그대로 잠들어서 집합 이론이나 고대 철학 책에 얼굴을 파묻은 채 아침에 깨어나는 날이 많았다.

그때 내 인생에서 유일하게 안 풀린 일은 연애였다. 베이 에어리어로 이사한 뒤에 몇 차례 데이트를 했지만 누구와도 더 진전되지는 않았다. 우스꽝스럽게 재앙 같았던 만남도 있었다. 한 남성은 자신의 "미생물계"를 형성하기 위해 샤워도 안 하고 비누도 쓰지 않는다고 했다. 또 다른 남성은 내가 바트에서 컴퓨터 공학책을 보고 있는 것을 보고 데이트를 신청했는데, 자신과 계속 데이트를 하려면 이렇게 책벌레 같이 굴지 말고 춤을 배우거나 시내에 가서 재미있게 노는 게 더 좋겠다고 했다. 게다가 내 또래의 젊은 남녀는 모두 '후킹'이나 '열린' 관계에만 관심이 있는 것 같았는데, 나는 그런 것이 싫었다. 후킹도 싫고 가벼운 관계도 싫고, 여러 애인을 두는 것도 싫었다. 편리하고 감정적으로 거리를 두며 실용적인 연애를 하는 현대식 사랑은 하고 싶지 않았다. 나는 옛날 방식의 낭만적 이상주의자여서, 강렬하고 영원하고 동화 같은 단 한 사람과의 연애를 원했다. 친구들, 잠재적인 구애자들, 전 남자친구들 모두 나를 놀리면서 그런 것은 존재하지 않는다고 했지만, 나는 그런 것을 본 적이 있었고 그것은 실제로 존재했다. 엄마와 아빠의 사랑이 바로 그런 사랑이었다. 그들은 영혼의 짝이었고 서로에게 운명이었다. 그들은 서로를 온전하게 사랑했고 온 마음을 다해 사랑했다. 그들은 처음 만난 순간 그들이 서로를 위해 있는 존재임을 알았다. 나는 그런 종류의 사랑이 구시대의 유물이거나 과거 세대에게나 해당하는 일이라고 생각하지 않았다. 최근에 결혼한 샬런과 그의 남편 트리스탄은 영혼의 짝이었다. 나는 그렇게 위대하고 멋있고 모든 것을 바치는 사랑이 하고 싶었고 그렇지 않은 관계에 안주할 생각이 없었다.

특히나 황당했던 어느 데이트 이후에 나는 적어도 몇 년 동안은 데이트를 하지 않겠다고 일기장에 적었다. 그리고 다시 데이트를 하기 전에 이루고 싶은 일의 목록을 적었다. 고대 그리스어를 유창하게 한다. 바이올린과 피아노를 연습한다. 스티븐 와인버그의 양자장 이론에 대한 책 세 권의 모든 내용을 이해한다. 진정으로 좋은 인간이 되고 나를 가장 높은 기준으로 올려놓는다. '될 수 있는 한 가장 훌륭한 나'에 도달하기 전에는 '나의 단 한 사람'을 만날 수 없을 것 같았는데, 지금 생각해보면 그것보다는 내가 '최상의 수전'이 되기 전에 나의 단 한 사람을 만났는데 그 바람에 그 사람에게 걸맞기에는 내가 충분히 훌륭하지 않으면 어떡하나가 걱정되었던 것 같다.

플래이드에서 일한 지 한두 달이 지나자 상황이 좀 달라지기 시작했다. 이곳은 '회사'라기보다 대학의 연장선 같았다. 자유로운 복장, 자유로운 음식, 계속되는 술자리, 비싼 파티 등 모든 것에서 무언가 좀 아니라는 느낌이 들었다. 전에 회사에서 일해본 적은 없었지만 이런 식은 아니어야 할 것 같다는 생각이 들기 시작했다. 플래이드만 이런 것은 아니었고 실리콘 밸리의 대다수 회사가 그래 보였다. 테크놀로지 기업의 문화에 대해 다른 엔지니어들에게 물어보았더니 많은 이들이 일반적인 회사에서 볼 수 있는 '회사 같은' 요소가 없기 때문에 실리콘 밸리에서 일하는 것이 이렇게 재미있는 것이라고 말했다. 재미있다는 데는 나도 동의했다. 하지만 어느 정도까지만 그랬다. 직원들이 삶에서 "필요로 하는" 모든 것(친구, 사회적 관계, 음식 등)을 회사가 제공할 때, 직원들은 스스로의 삶을 살고 자율성을 갖기가 어려워진다. 나는 내 삶이 완전히 직업에 의해 소모되고 지배되고 있다는 생각이 들기 시작했고 자율성과 독립성도 서서히 쪼그라들고 있는 것 같았다.

봄에 나는 플래이드 소프트웨어 시스템의 '온콜' 업무를 담당하게 되었다. 낮이고 밤이고 고객사에서 플래이드 앱을 돌리는 시스템이 다운되면 즉각 대응할 책임이 있는 엔지니어가 시스템 관리자 말고는 나뿐이라는 뜻이었다. 나는 이미 주중에 하루 12~14시간씩 일하고 있었고 주말에도 일하고 있었는데, 이제는 밤에도 일어나서 코드를 수정해야 했다. 가령 어느 은행에서 플래이드 소프트웨어가 서버에 접근하는 것이 차단되면 내 호출기가 울렸고, 그러면 나는 자다 말고 일어나서 침대에서 노트북을 켜고 앱이 작동할 때까지 코드를 손봐야 했다.

중간에 깨지 않고 쭉 자는 것은 바랄 수도 없게 되었고 곧 과도한 업무 때문에 정신과 신체 모두에서 건강이 심각하게 손상되는 게 아닌지 걱정되기 시작했다. 나는 일하는 시간을 다른 직원들만큼만으로라도 줄이고 싶었다. 플래이드의 최고 기술 책임자인 윌리엄에게 이야기했더니 주니어 엔지니어가 하루에 12시간보다 적게 일하는 것은 받아들일 수 없으며 내가 토요일과 일요일에도 온라인 상태여야 한다고 했다. 내가 아직 엔지니어로서 능력을 입증하지 못했으므로 지금보다 일을 더 열심히 해야 엔지니어로 대우해줄 수 있다는 것이었다.

나는 이런 식으로 일하는 것이 지속 가능하지 않다는 것을 알고 있었다. 그리고 내가 아는 한에서 이런 식으로 일하는 사람은 내가 유일했다. 다른 엔지니어 중 누구도 은행에서 데이터를 추출하는 핵심 산출 시스템에서 버그를 수정하고 있는 것 같지 않았고,

시스템 관리자를 제외한 다른 누구도 주말까지 대기하거나 나처럼 장시간 일하는 것 같지 않았다. 하루는 몇몇 남성 동료들이 연봉에 대해 이야기하는 것을 우연히 듣게 되었는데, 나보다 더 적은 시간 일하는데도 연봉은 나보다 5만 달러나 더 받고 있었다. 이 사실을 알고서, 그리고 내가 이 회사의 산출 시스템이 계속 작동하게 함으로써 핵심적인 서비스를 수행하고 있다는 데서 나오는 자신감을 가지고, 여름 성과 평가 시즌이 왔을 때 윌리엄에게 연봉 인상을 요구했다. 하지만 그는 내 요구를 거부했고, 회사에 대한 헌신을 증명해야 연봉 인상을 요구할 "자격"을 가질 수 있을 거라고 했다.

그때 나는 플레이드에서 내가 가치를 인정받지 못하고 있다는 것을 깨달았고 그곳을 그만두었다. 일을 시작한 지 6개월이 되었을 때였다. 플레이드를 떠나게 된 것은 슬펐다. 이곳의 많은 동료들과 친구가 되었고 그들과 나란히 일하던 것이 늘 그리울 것 같았다. 하지만 나는 더 많은 자유 시간과 자율성이 절실하게 필요했고, 스트레스를 줄여야 했으며, 돈도 더 필요했다. 아무리 일을 많이 해도 매달 지출을 맞추기 빠듯했고 학자금도 수만 달러나 갚아야 했다.

다음 일자리를 찾으면서 나는 지인들에게 갈 만한 좋은 일자리에 대해 꼼꼼히 물어보려고 노력했다. 하지만 일한 기간이 길지 않아서 플레이드 동료들을 제외하면 베이 에어리어에 아는 사람이 많지 않았다. 그리고 실리콘 밸리에서 여성들이 직장 내 차별, 괴롭힘, 기타 부당 대우를 당할 가능성이 큰 일터를 피할 수 있도록 비공식적으로 정보를 교환하는 소위 '위스퍼 네트워크'가 있다는 이야기는 많이 들었지만, 나는 그런 네트워크에 들어갈 수 없었다. 벤처 캐피탈에서 일하는 한 여성은 그런 네트워크의 일부가 되려면 **"중요한 사람**이 되어야 한다"고 했는데, 적어도 위스퍼 네트워크와 관련해서 말하자면 나는 아직 아무것도 아닌 사람이었다. 더 크고, 더 잘 알려진 몇몇 스타트업에 지원했지만 면접 제의를 받지 못했다.

그러던 어느 날, 플래이드의 옛 친구 한 명이 펍넙이라는 스타트업에 대해 알려주었다. 그곳의 엔지니어링 매니저 한 명과 전에 일해본 적이 있는데 그 매니저가 굉장히 좋은 사람이라고 했다. 나는 믿을 수 있는 사람에게서 어떤 회사에 대해 좋은 이야기를 들어서 굉장히 신이 났다. 그 회사에 대해 더 알아보았더니 매우 흥미로워 보이는 일을 하는 회사였다. 펍넙은 메시지 구독-발송 서비스를 제공하고 있었다. 어떤 회사가 고객에게 단체 문자를 보내야 하거나 공지를 해야 할 경우 이를 위한 소프트웨어를 처음부터 만들어야 하는데, 이것은 쉽게 할 수 있는 일이 아니다. 펍넙은 이 과정을 코드만 꽂으면 바로 작동하는 수준의 모델로 단순화해서 회사들이 대규모 메시지를 쉽게 발송할 수 있게 해주는 시스템을 개발했다. 트위터가 가장 최근에 인수한 실시간 스트리밍 소셜 동영상 회사 페리스코프 등 수백 개의 회사가 펍넙의 서비스를 이용하고 있었다. 나는 이 테크놀로지에 매우 흥미를 느꼈다. 그리고 펍넙이 채용하려는 자리는 온콜 대기를 할 필요가 없는 일이었다. 정상적인 근무 스케줄이 가능할 것 같았고, 그러면 새로운 것을 배우고 책을 읽고 바이올린을 연습할 수 있고 일터 밖에서도 친구를 사귈 수 있을 터였다.

나는 면접 때 본 펍넙의 운영팀이 좋았고, 그들이 제시한 보수도 플래이드에서 받았던 것보다 훨씬 높았다. 혹시나 해서 이 회사에 대해 부정적인 이야기는 없는지 구글 검색을 해보았을 때도 문제가 될 만한 것은 발견되지 않았다. 나는 펍넙의 일자리 제안을 수락했다.

나는 삶에서 변화가 생길 때마다 나 자신을 새롭게 규정하고 재발명하고 더 나은 사람으로 만드는 기회라고 생각했다. 플래이드에서 일을 시작했을 때 나는 더 잘하고 싶은 일, 버리고 싶은 습관, 만들고 싶은 습관을 적은 긴 목록을 가지고 있었다. 플래이드를 떠나 펍넙으로 옮기게 되었을 때도 다시 한번 나 자신을 새롭게 만들겠다고 다짐하면서 새 목록을 만들었다. 펍넙에서 일을 시작하기 며칠 전에 나는 플래이드에서 그랬던 것처럼 더 생산적이 되고, 더 많은 것을 배우고, 최대한 더 나은 사람이 되기 위해 일에서 한 순간도 낭비하지 말자고 다짐했다. 하지만 최우선 순위는 일과 삶의 균형을 맞추는 것이었다.

펍넙에서의 시작은 좋았다. 소프트웨어 인프라에서 경험하게 되는 도전이 좋았고 클라우드에 새로운 가상 데이터 센터를 만드는 법을 알아내는 것도 너무 재미있었다. 그런데 테크놀로지는 재미있었지만 곧 나와 동료들 사이에 별로 공통점이 없다는 것을 깨달았고 꽤 빠르게 상황이 이상하게 느껴지기 시작했다. 전 직원이 참여하는 회의 때마다 CEO와 CTO는 머지않아 그들이 페이스북과 구글보다 더 성장할 것이라고 말했고, 그러면 모든 직원이 환호하며 함성을 질렀다. 애쉬튼 커쳐나 자레드 레토가 투자하기로 했다는 이야기가 전해지자 회의는 더 이상 테크놀로지에 대한 자리가 아니라 스타 투자자가 생겼으니 펍넙이 정말 놀라운 회사인 것이 틀림없다는 환호만 오가는 자리가 되었다. 그들이 직원들을 독려하려는 목적으로 그렇게 행동한다는 것은 이해가 되었지만, 그래도 과하다 싶었다. 이 회사는 좋은 서비스를 제공하고 있었고 성장하고 있었지만 제2의 구글이나 제2의 페이스북이 되리라는 것은 명백히 과장이었다. 나는 꼭 제2의 구글이나 제2의 페이스북이 되지 않아도 **괜찮다**고 생각했는데 다른 이들은 그렇게 생각하지 않는 것 같았다.

이번에도 나는 엔지니어링팀에서 유일한 여성이었다. 처음 합류했을 때는 그게 이상하다고 생각되지 않았다. 아직 회사의 규모가 꽤 작았기 때문이다. 하지만 남성 엔지니어들은 계속 채용되는데 여성 엔지니어는 더 채용되지 않는 것을 보면서 통계적으로 여성 엔지니어가 더 적다는 것 외에 다른 이유가 있는 것은 아닌지 의구심이 들기 시작했다.

그리고 얼마 되지 않아 내 상사(나와 또 한 명의 직원을 관리하는 사람)가 노골적인 성차별주의자라는 것을 알게 되었다. 그는 내가 잘 차려입고 오면 놀림감으로 삼고 청바지와 티셔츠를 입고 오면 땅딸보 같다고 말하면서 옷차림을 가지고 이러쿵저러쿵했다. 또한 나와 데이트하는 남성은 틀림없이 몰래 성매매를 할 거라고 말하기도 했다. 게다가 그는 반유대주의자였다. 종종 그는 창업자들이 너무 "냄새 나는" "유대인 같다"고 말했다(나는 나도 유대인이라고 감히 말할 수 없었다). 유일한 대처법은 최대한 그의 말에 신경 쓰지 않으려 애쓰면서 묵묵히 일이나 하는 것이었다. 나는 제정신을 유지하기 위해 매일 아침 출근길에 그리고 점심시간에 에픽테투스, 세네카, 마르쿠스 아우렐리우스 같은 철학자의 글을 읽었다.

새 직장에서 일한 지 한 달쯤 되었을 때 그 매니저와 몇몇 다른 동료들과 함께 점심을 먹으러 가던 길에, 교차로에서 신호등이 빨간 불로 바뀌어서 유모차에 어여쁜 아기를 태우고 나온 한 여성과 함께 잠시 서 있게 되었다. 아기는 유모차에서 자고 있었다. 나는 가볍게 인사를 하면서 아기가 참 예쁘다고 말했다. 그리고 초록불이 들어와 길을 건넜는데, 그때 매니저가 다른 엔지니어들을 보면서 "여자들은 다 똑같다"고 말했다. 그는, 다 자신의 아내처럼 여자들이 여자도 직업과 교육에 관심 있는 것처럼 생각하도록 남자들을 속이고 여자도 남자들에게 가야 할 모든 교육 기회와 돈을 받을 가치가 있다고 생각하도록 남자들을 속이지만 사실 여자들이 진정으로 원하는 것은 아이 키우고 남편들 돈을 뽑아먹는 것뿐이라고 말했다. 장광설이 계속되는 동안 그가 진정으로, 마음 깊이, 열렬히, 여성을 혐오한다는 것이 너무나 명백히 드러났다.

살면서 나는 다양한 형태의 차별을 겪었다. 어렸을 때 친구네 동네를 돌아다니다가 백인 우월주의자 집회를 우연히 보게 되었다. 우리 동네에서도 백인 우월주의와 반유대주의가 들불처럼 번지고 있었고, 아빠는 매주 일요일에 용감하게 그들을 비판하곤 하셨다. 나는 악몽 때문에 몇 주나 잠을 못 잤다. 그들이 틀림없이 내 얼굴을 본 것 같았고(내가 그들의 얼굴을 볼 수 있었을 정도로 가까웠다) 백인 우월주의자와 네오 나치들이 우리 집에 들이닥칠까 봐 너무 무서웠다.

십 대 시절에는 여학생과 데이트를 했는데, 함께 저녁을 먹으러 나갈 때면 이 보수적인 농촌 동네에서는 지금 우리의 행동이 비난받고 놀림감이 되고 괴롭힘이나 폭행, 심지어는 살해도 당할 수 있는 일이라는 것을 생각하지 않을 수 없었다. 더 커서 펜실베이니아 대학교의 몇몇 대학원생과 박사 후 연구원들이 내가 남자, 여자 모두와 데이트를 한다고 의심했을 때는 공개적으로 수모를 겪고 비난을 받았다. 한번은 물리학과의 한 남성 연구자가 동성애 혐오적인 욕설을 써가며 우리 연구팀 사람들에게 내 이야기를 하기도 했다. 펜실베이니아 대학교에서는 계급에 기반한 차별도 적지 않게 겪었다. 그 학교에 다니던 3년 동안 학생들로부터 "백인 쓰레기"라고 불렸다. 또 나처럼 사회적으로 낮은 계층 출신인 학생들은 학교에서 제공되는 프로그램에 참여할 수 없는 경우가 많았다. 장학금에 포함되지 않아서 별도로 돈을 내야 했기 때문이다.

또한 여성이어서 차별이나 폭력의 대상이 되기도 했다. 십 대 시절 가정부와 베이비시터로 일했을 때는 몇몇 아버지들의 부적절한 행동을 감내해야 했다. 그들은 소름 끼치게 껄떡대면서 성적인 질문을 했다. 최악의 경우에는 힘으로 나를 덮치려 한 적도 있었고, 폭력을 행사한 적도 있었다. 열일곱 살 때 가게에서 일했을 때는 매니저가 계속해시 소름 끼치게 들이댔다. 어느 날 그가 가게에 나오지 않았는데, 미성년자 의제 강간으로 감옥에 갔다는 사실을 나중에 알게 되었다. 내가 겪은 일들이 끔찍하고 무섭긴 했지만 내가 살던 곳에서 특별한 일은 아니었다. 내가 아는 모든 십 대 소녀들은 이와 비슷하게 역겨운 대우를 받은 경험을 가지고 있었다.

소프트웨어 엔지니어로 일하기 한참 전부터 나는 두려움과 혐오에 익숙해 있었다. 유대인이라서, 여성이라서, 성적 지향 때문에, 사회적 계층 때문에, 나를 싫어하고 부당하게 대우하는 사람들을 익숙해질 정도로 많이 겪었다. 나는 이해할 수가 없었다. 왜 사람들은 마음속에 그렇게 많은 증오를 품고 사는지 알 수 없었다. 십 대 시절에는 가난에서만 벗어나면, 충분히 열심히 일하고 공부해 '근사한 고소득 직업'을 얻으면, 다시는 그런 대우를 견디지 않아도 될 줄 알았다. 소름 끼치고 역겹고 부적절하고 모멸적이고 차별적인 대우는 근본적으로 무지에서 나오는 것이라고 생각했기 때문이다. 그런 혐오를 마음속에 담고 있는 사람들은 그보다 낮게 행동할 방도를 알지 못해서 그러는 것이라고 생각했다. 펜실베이니아 대학교에서 그런 일을 겪고 나서는 학교를 벗어나 '진짜 세상'으로 나가면 나아질 것이라고 믿었다. 내가 학교에서 겪은 일은 학생을 보호하는 법이 충분하지 않아서였다고 생각했다. 그런데 '진짜 세상'에서 '근사한 고소득 직업'을 가지게 되었는데도, 그러니까 내가 조금 더 존중받을 수 있게 해주리라고 믿었던 종류의 직업이자 명시적으로는 여러 가지의 연방 고용 법률로 보호를 받을 수 있는 직업을 가지게 되었는데도 상황은 달라진 것 같지 않았다.

사회 경제적 사다리를 얼마나 올라가든 이런 대우가 나를 계속 따라다니리라는 생각은 정말로 나를 공포에 빠뜨렸다. 그리고 펍녑의 상사가 공개적으로 나와 여성들을 향한 혐오 발언을 쏟아내는 것을 들었을 때는, 내가 숨길 수 없는 유일한 것을 그가 혐오의 대상으로 삼고 있다는 것을 깨달았다. 나는 유대인이라는 배경을 드러내지 않고, 성적 지향을 숨기고, 트레일러촌에서 왔다는 것을 감추는 법을 배웠고, 문신을 숨겼고, 주변에 잘 적응하기 위해 매너와 교양에 대한 책도 열심히 읽었다. 하지만 내가 여성이라는 사실은 어떻게 숨길 수 있는가?

나는 사람들이 나를 차별하는 요인들, 가령 성별이나 인종 같은 것으로 나 자신을 규정하거나 판단한 적이 없다. 나는 무작위로 주어진, 나로서는 바꿀 수 없는 특질이 아니라 내가 어떤 종류의 사람인지로 판단받고 싶었다. 나의 노력, 성취, 성격에 의해서 말이다. 하지만 나를 오로지 성별로만 판단하는 매니저는 내게서 그런 것들을 싹 지워버렸다. 설상가상으로 이 재수 없는 작자가 내 상사이고, 나의 경력을 좌우할 자이며, 내 인사 고과를 매길 사람이고, 내 급여를 결정할 사람이었다. 생각이 여기에 미치자 나는 공포에 질렸다. 그의 편견은 나의 경력과 그의 팀에서 앞으로 일하게 될 다른 여성들의 경력에(물론 다른 여성을 뽑아야 말이지만) 매우 심각한 악영향을 미칠 수 있었다. 그렇게 되도록 보고만 있을 수는 없었다.

그때까지는 회사에 그의 행동을 되도록 보고하지 않으려 했다. 나는 이 상황에서 '피해자'가 되고 싶지 않았다. 펜실베이니아 대학교에서 그랬던 것처럼 성희롱 피해자, 문제를 일으키는 사람, '골칫거리', 혹은 그 밖에 남들이 나에게 갖다 붙이려고 할 무엇으로도 불리고 싶지 않았다. 나는 열심히 일하는 직원으로 여겨지고 싶었지 골치 아픈 짐으로 여겨지고 싶지 않았다. 하지만 이제는 선택의 여지가 없다는 생각이 들었다. 이야기를 해야 했다.

나는 그의 행동에 대해 보고하려고 펍넙의 인사 담당자 연락처를 찾아보았다. 그런데 이 회사에는 인사 부서가 없었다. 인사와 관련한 고충 처리를 담당하는 사람은 사내 변호사였는데, 펜실베이니아에서의 경험으로 나는 사내 변호사에게 말하는 것은 좋은 생각이 아니라는 것을 알고 있었다. 펜실베이니아 대학교에는 학생들이 법률 조언을 받을 수 있는 곳이 있었다. 그래서 학교가 나에게 보복성 조치로 석사 학위 수여를 철회했을 때 그곳에 가서 도움을 청했다. 변호사들이 대학 당국의 처우와 관련해 문제에 직면한 학생들에게 법적 조언을 해주는 곳인 줄 알았는데, 잘못 안 것이었다. 그곳은 펜실베이니아 대학교 학생들이 학교 내외에서 법적인 문제에 말려들지 않도록 하기 위해 존재하는 곳이었다. 변호사들은 내 이야기를 듣더니 학교를 상대로 내가 제기하는 소송에서 자신들은 (내 대리인이 아니라) 학교 측 대리인이 되어야 한다고 말했다. 이런 경험에서 펍넙의 사내 변호사에게 이야기하면 안 된다는 것은 알고 있었지만, 누구에게 도움을 청해야 할지는 막막했다. 덫에 빠진 것 같았다. 나는 펍넙을 떠나고 싶었지만 첫 직장은 고작 6개월 만에, 둘째 직장은 그것보다도 더 짧은 기간 만에 그만둔 이유를 미래의 고용주에게 설명하기는 굉장히 어려울 터였다. 나는 어떻게든 1년을 채우고 그다음에 이직하자고 결심했다. 그리고 아마도 그때는 과학, 테크놀로지, 실리콘 밸리 자체를 아예 떠날 수 있을지도 모른다고 생각했다.

펍넙에서 일한 지 두 달 정도 되었을 때 우버의 엔지니어링 매니저가 '링크드 인'을 통해 연락을 해와서 세상에서 가장 빠르게 성장하고 있는 스타트업에서 일해볼 생각이 없느냐고 물었다. 더없이 좋은 타이밍이었다. 내 매니저의 성차별적인 행동은 점점 더 심해졌고, 설상가상으로 그와 또 다른 매니저 사이에 엔지니어링 업무의 관할 문제를 놓고 싸움이 벌어졌다. 그 때문에 엔지니어링팀과 인프라팀은 무의미한 정치적 쟁투에 휘말렸다. 사내의 권력 싸움은 나와 동료들을 진 빠지게 했고 사무실 분위기는 온통 피로와 두려움이 가득했다.

나는 우버에서 연락을 받고 매우 신이 났다. 지난 8개월 동안 샌프란시스코에 살면서 도처에서 우버를 보았다. 내가 만난 모든 사람이 우버를 사용했다. 모든 회의나 파티나 술자리가 끝난 뒤, 날마다 일과가 끝난 뒤에는 늘 이런 말이 오갔다. "우버 불렀어?", "우버 불러줄까?", "저기 오는 우버 너야? 아니, 난가?" 거리에 다니는 차의 절반은 우버 차량인 것 같았다. 우버는 모든 곳에 있었고 우버라는 이름은 길가에서 손을 흔들어 노란 택시를 부르던 옛 세상을 완전히 대체할 것으로 여겨지는 '승차 공유 서비스'를 일컫는 보통 명사처럼 되어 있었다.

처음에는 좀 이상하다고 생각했다. 평범한 차를 모는 평범한 사람이 나를 목적지까지 데려다줄 만한 운전 실력과 경험이 있을 것이라 믿고 생면부지인 사람의 차에 올라타다니 말이다. 게다가 지난 3년 동안 필라델피아의 노란 택시를 줄곧 이용했으니 우버는 너무 낯설었다. 그래서 샌프란시스코에 와서도 처음에는 가끔씩만 우버 앱을 사용했다. 하지만 봄에 버클리에서 길을 달리다가 발을 다쳐서 노스 버클리 바트 역까지 깁스를 한 채로 다녀야 하게 되었을 때 마침내 나도 우버를 주요 교통수단 중 하나로 사용하게 되었다.

수다스러운 운전사를 만날 때면 나는 우버 운전사로 일하는 것이 어떤지 물어보았다. 대부분이 좋다고 말했다. 많은 이들이 은퇴 이후에 이 일을 시작했다고 했고 추가적인 소득이 필요해서 한다는 사람도 있었다. 또 어떤 사람은 심심하고 무언가라도 하고 싶어서 이 일을 한다고 했다. 풀타임으로 하루에 8~12시간씩 우버 운전 일을 하는 사람도 있었다. 또 가정주부이던 한 여성 운전사는 낮에는 아이들을 홈스쿨링으로 가르치고 남편이 퇴근해 돌아오면 우버 운전사로 일한다며, 추가 소득도 올리고 낮에 아이들과 시간을 보내고 밤에는 어른들과 대화할 수 있어 좋다고 했다. 한 남성은 홈리스가 되어 쓰레기통에서 음료수 캔을 주워 재활용 센터에 팔아 겨우 입에 풀칠을 하다가 자동차를 임대할 수 있었고 우버 운전사로 일하게 되면서 이제는 노숙을 하지 않는다고 했다. 대학생이 방학을 이용해 우버 운전사로 일하는 경우도 있었다. 다들 우버 운전사로 일하는 것을 좋아하는 것처럼 보였다. 사회에서 우버가 맡고 있는 역할이 무엇인지에 대해 어떤 이미지가 내 머릿속에 형성되었다. 나는 이 희한한 승차 공유 회사가 좋아지기 시작했다.

그래도 처음에는 우버에서 온 스카우트 연락에 답하지 않는 게 좋겠다고 생각했다. 나는 직장을 옮겨 다니는 메뚜기처럼 보이고 싶지 않았다. 현재의 직장은 힘들었지만 그 외의 생활은 좋았다. 나는 활발하고 충만한 친교 생활을 하고 있었다. 플래이드 시절의 친구들과 꽤 많은 시간을 보냈고 여동생들이 애리조나에서 나를 만나러 왔다. 또 필라델피아와 애리조나의 옛 친구들도 나를 보러 왔다. 바이올린 레슨도 다시 받기 시작했고 저녁마다 바이올린을 몇 시간씩 연습했다. 논리학과 집합 이론도 공부하고 있었고 통근길에는 아빠가 그랬던 것처럼 러시아어와 독일어 학습 테이프를 들었다. 현대 미국 서부에 대한 소설을 쓰면서 작가가 되겠다는 옛 꿈도 다시 꾸기 시작했다. 나는 펍넙에서 1년만 채우고 우버 일자리에 지원하자고 일기장에 적었다. 10개월이나 더 견뎌야 한다는 사실에 대해서는 너무 많이 생각하지 않기로 했다.

그런데 초가을의 어느 날, 내 매니저가 직원들의 SMS를 볼 수 있게 해줄 하드웨어가 회사에 설치되어 있다고 말했다. 나는 당연히 농담인 줄 알았다. 그런데 엔지니어링 디렉터 중 한 명이 그 하드웨어의 세부 내용을 알려주었고, 여러 명의 엔지니어링 디렉터도 맞다고 확인해주었다. 데브옵스 디렉터, 외부 API 소프트웨어 디렉터, IT 디렉터 모두가 말이다. 내 매니저는 내가 애인에게 보낼 은밀한 메시지를 읽을 날이 오기를 고대하고 있다고 말하며 낄낄댔다.

이게 마지막 지푸라기였다. 나는 새 휴대전화를 마련했다. 회사 와이파이에는 절대 연결하지 않았고, 회사의 안전 인증 앱은 하나도 설치하지 않았으며, 일하는 시간 동안에는 꺼두었다.

새 폰의 설정이 완료되자마자 나는 우버에 연락해 전화 면접 일정을 잡았다.

6

베일에 싸인 우버

우버와의 첫 면접은 굉장히 잘 진행되었다. 나와 통화를 한 매니저 이몬은 그가 하는 일과 우버라는 회사에 대해 정말로 열정을 가지고 있었다. 그는 우버 사무실로 와서 대면 면접을 하자고 했다.

지난 경험을 되풀이하고 싶지 않았기 때문에 이몬과 면접을 하기 전에 많은 시간을 들여서 "우버 성희롱", "우버 차별", "우버 직장 문화" 같은 검색어로 검색을 해보았다. 하지만 안 좋은 내용은 나오지 않았다. 적어도 구글 검색 결과로 보면 우버가 직원들에게 소송이 걸려본 적은 없는 것 같아서 직장 문화가 좋다는 신호라고 짐작하고 안심했다. 우버처럼 큰 회사라면 작은 회사들에서 일어나는 일이 발생했을 때 문제가 되지 않고 그냥 넘어갈 수는 없었을 것이라고 생각했기 때문이다. 이야기가 외부에 알려지지 않을 수 없을 테니 말이다.

그때는 겉으로 드러난 사건이 없다고 해서 우버가 깨끗한 기록을 가지고 있다는 뜻은 아니라는 사실을 몰랐다. 소송에 걸린 적이 없었던 이유는 모든 우버 직원이 '강제 중재' 조항에 동의해야 했기 때문이었다. 이 조항은 구직자가 채용 조건의 일부로 반드시 서명하게 되어 있는 경우가 많고 보통은 출근 첫날 서명을 한다. 우버 같은 테크놀로지 기업뿐 아니라 미국의 많은 기업에서 쓰이고 있는 관행이다.* 대개는 구직자가 거기에 서명을 할 때 자신이 정확히 무엇에 동의하는 것인지 잘 모른다. 이 조항은 난해한 법률 용어로 쓰여 있고 서명이 어떤 결과를 가져오는지를 노동자가 깨달았을 때는 이미 너무 늦었기 일쑤다. 강제 중재 조항 하에서는 직원들이 괴롭힘, 차별, 보복 등의 부당 대우를 받았을 때도 고용주를 상대로 소송을 제기할 수 없다. 이와 같은 고충 처리는 소송이 아니라 비공개로 이루어지는 중재 절차를 밟아야 한다. 그런데 중재자는 회사 측이 고용하고 돈을 지급한다. 그리고 거의 모든 중재 사건에는 함구령이 수반되기 때문에 직원은 자신이 당한 부당

---

* 포춘 500 기업 중 강제 중재 조항을 둔 기업이 많게는 80%까지도 달하며(http://employee-rightsadvocacy.org/publications/widespread-use-of-workplace-arbitration/), 미국에서 6010만 명이 강제 중재 조항에 묶여 있는 것으로 추산된다. 이들은 고용주를 상대로 소송을 제기할 수 없다(https://www.epi.org/publication/the-growing-use-of-mandatory-arbitration-access-to-the-courts-is-now-barred-for-more-than-60-million-american-workers/).

한 대우나 중재 과정에 대해 누구에게도 말할 수 없다.

나는 나중에서야 우버 직원들이 강제 중재 절차를 거쳐야 했고 외부에 알리는 것이 법적으로 금지되어 있었던 수많은 부당 대우와 차별, 괴롭힘의 사례를 알게 되지만, 당시에 검색으로 알아볼 수 있는 한에서는 아무런 문제가 없었다. 그래서 우버와의 면접 절차를 계속 밟기로 했다. 그런데 실망스럽게도 대면 면접 일정이 연기되었다. 전화 면접을 통과한 이후에 며칠을 기다렸지만 이몬에게서도, 우버의 채용 담당자에게서도 연락이 오지 않았고 며칠에 이어 몇 주가 그렇게 흘렀다. 이메일을 보내 물어보려던 찰나, 카터라는 이름의 채용 담당자가 연락을 해와서 면접 일정을 잡자고 했다. 일정이 연기되어 회사가 매우 미안하게 여기고 있다고 사과하면서 "베가스 출장"에서 막 돌아와서 "미친 듯한" 출장의 여파를 처리하느라 너무 바빠 면접 일정을 미룰 수밖에 없었다고 했다.

그때는 미처 몰랐는데, 카터가 베가스 출장을 "미친 듯했다"고 표현한 것은 아주 많이 줄여 말한 것이었다. 내가 블로그에 글을 올린 뒤에 《뉴욕타임스》에 우버의 기업 문화에 대해 별도의 탐사 보도가 게재되었는데, 이 보도에 따르면 그 베가스 출장은 엄청나게 사치스럽고 방탕한 행사였다. 우버 CEO 트래비스 칼라닉은 직원 전체가 베가스로 날아가서 며칠 동안 광란의 파티를 하도록 했다. 술, 음식, 엔터테인먼트가 무제한으로 제공되었고 비욘세(남편 제이-Z와 함께 우버에 투자했다)가 비공개로 콘서트를 열었다. 직원 중 한 명은 밴 자동차를 훔쳤고, 남성 직원 한 명이 여성 직원에게 폭력을 행사했으며, 몇몇 직원은 마약을 하다가 걸렸다. 나중에 내 동료 한 명이 말해준 바에 따르면 그 출장에 간 모든 직원이 출장 기간 내내 이른 아침부터 늦은 밤까지 모든 회의에서 "술에 취해 정신이 나가 있었다."

경고 신호로 받아들였어야 마땅했지만(대체 출장에 왜 "여파"가 있단 말인가?) 그때는 거기까지 생각이 미치지 못했다. 새 일자리에 대한 기대로 너무 부풀어서 (그리고 핍넙에서 너무 나가고 싶어서) 다른 것은 명료하게 보지 못했다. 나는 진정으로 세상에 영향을 미칠 수 있는 곳에서 일할 수 있기를, 아침마다 직원들이 신나서 일하러 오고 문제 해결에 열정을 가지고 달려드는 회사, 인사 부서가 있는 회사, 매니저가 나에게 부적절한 말을 하지 않고 내 개인 메시지를 보겠다는 농담을 하지 않는 회사에서 일할 수 있기를 꿈꿨다. 또한 나는 우버에서의 일자리가 단순히 일자리가 아닐 수도 있을 거라고 기대했다. 어쩌면 내가 엔지니어링 분야에서 진정한 경력을 쌓아가는 시작이 될 수도 있을 거라고 말이다.

면접 날을 오매불망 기다리는 동안 우버 운전사들에게 우버 일이 어떤지 더 물어보았다. 특히, 가장 안 좋은 경험이 무엇인지 알고 싶어서 직접 경험했거나 목격한 것 중 안 좋은 일이 무엇이었는지 물어보았다. 그들이 우버 운전사로 일하는 것에 대해 이야기한 가장 안 좋은 일은 라이벌인 리프트와의 경쟁 때문에 우버가 요금 단가를 낮출 것 같아 보인다는 것이었다.

우버 본사는 마켓가 1455번지에 있었다. 우버와 스퀘어, 그리고 몇몇 다른 회사들이 입주한 건물이었다. 그런데 여기 말고도 샌프란시스코에 우버 사무실이 또 있었다. 마켓가에서 바트를 타고 북동쪽 방향으로 몇 정거장 가면 나오는 몽고메리가 바트역 바로 앞에 우버의 엔지니어링 사무실 두 곳이 있었다. 겉으로는 우버 사무실이라는 표가 전혀 나지 않았고 당시에 이 사무실들의 정확한 위치는 엄격하게 비밀이었다. 우버 임직원들이 외부의 눈에 띄지 않으면서 일할 수 있게 하기 위한 것이었는데, 입사하고 얼마 뒤에 우버에 항의하는 시위대가 마켓가 1455번지 건물 앞에 몰려든 것을 보고 사무실 위치를 비밀에 부치는 것이 왜 그렇게 중요했는지 알게 되었다.

대면 면접은 그 비밀스러운 엔지니어링 사무실 두 곳 중 한 곳에서 열렸다. 샌프란시스코에 있는 우버 사무실 중에서는 조촐한 편이었지만, 내가 본 어느 사무실보다도 근사했다. 엘리베이터를 타고 꼭대기 층으로 올라갔더니 채용 코디네이터가 나를 기다리고 있다가 간단히 회사 안내를 시켜주었다. 각 층은 똑같았다. 개방형 사무 공간에 책상이 줄지어 있었고 엔지니어들이 커다란 애플 모니터 앞에서 일하고 있었다. 또 굉장히 멋지고 스타일 있게 꾸며진 소파 공간들도 있었는데 이곳에서 엔지니어들은 소파나 의자에 앉아 노트북을 펴놓고 일하고 있었다. 그리고 건물의 내벽과 외벽 쪽으로는 유리 벽으로 된 회의실들이 늘어서 있었다. 각 층에는 음식, 간식, 음료 등이 완전히 갖추어진 주방과 탕비실이 있었고(무한

정 제공된다고 했다), 몇몇 층에는 구내식당이 있어서 직원들이 아침, 점심, 저녁을 먹으러 온다고 했다. 채용 코디네이터는 저녁 식사는 매우 늦은 시간에 나온다고 말했는데, 나중에 알고 보니 이것은 우버가 직원들이 늦게까지 일하도록 유도하는 방법 중 하나였다.

코디네이터는 유리 벽으로 된 회의실 중 하나로 나를 안내했다. 건물의 중앙 뜰이 내려다보였는데 중앙 뜰은 공사 중이었다(그때뿐 아니라 이후에도 언제나 공사 중이었다). 나는 회색 플라스틱 탁자 앞에 앉았고 네 개의 회색 플라스틱 사무용 의자가 더 있었다. 면접관들이 오기를 몇 분간 혼자서 기다렸다. 한쪽 벽에는 커다란 텔레비전 스크린이, 다른 쪽 벽에는 거대한 화이트보드가 있었다. 화이트보드에는 적혀 있었던 글의 흔적, 읽을 수 있을 것 같기도 하면서 막상 읽으려면 알아보기 어려운 검정, 초록, 빨강, 파란색 자국이 유령처럼 남아 있었다. 회의실 밖 사무 공간 쪽으로 고개를 돌려보니 몇몇 엔지니어가 듀얼 모니터를 뚫어져라 보면서 일하고 있었다.

첫 면접관은 나를 스카우트한 이몬이었고 그가 맡은 주제는 내가 가장 좋아하는 주제인 소프트웨어 아키텍처였다. 이몬과의 면접은 전형적인 '아키텍처'와 '디자인' 면접이었다. 여기에서 지원자는 앱 하나를 디자인하라는 과제를 받는다. 어떤 때는 포스퀘어 같은 앱이고, 어떤 때는 엑셀 같은 프로그램이고, 어떤 때는 우버 같은 앱이다. 먼저 사용자가 단 10명이라고 간주하고 앱을 디자인한다. 지원자는 그 앱의 아키텍처를 화이트보드에 그려가며 설명해야 한다. 집의 설계도를 그리는 것과 비슷한데, 다만 거실이나 화장실 대신 데이터베이스, 서버들 사이에 트래픽을 분할하는 로드 밸런서, API 엔드 포인트 같은 것이 들어선다. 그다음에 어려운 부분으로 들어가게 되는데, 면접관은 지원자에게 이렇게 요구한다. "이제 10명이 아니라 1만 명이 사용하는 것으로 앱을 확장한다고 생각해봅시다. 어디에서 프로그램이 깨지기 시작할까요? 그리고 그 문제에 대해 시스템 아키텍처를 어떻게 수정하시겠습니까?" 여기에서 면접관이 보려는 것은 지원자가 확장성 있는 분산 시스템을 짓는 것에 대해 기초적인 내용들을 설명할 수 있는지다. 또 지원자는 소프트웨어 시스템이 어디에서 깨져서 작동이 교란될 수 있는지도 짚어내야 한다. 모든 테크놀로지에는 한계가 있다. 어떤 것은 수백만 명이 이용해도 잘 돌아가지만 어떤 것은 그렇지 않다. 한계를 잘 파악하고 에둘러 갈 방법을 찾아내는 것은 모든 엔지니어가 해야 할 일이다. 이어서 면접관은 사용자 수를 더 올린다. 10만 명이 사용한다면? 100만 명이 사용한다면? 면접관은 지원자가 스트레스로 정신이 혼미해지거나, 시간을 다 써버리거나, 완전히 당황해서 어쩔 줄 몰라할 때까지 계속 규모를 키워가며 질문한다.

이것은 내가 자신 있는 부분이었다. 우버처럼 전례 없이 방대한 규모의 시스템에서는 일해보지 않았지만 확장성 있는 시스템을 지어본 적이 있었고 내가 하는 말이 무엇을 의미하는지 정확히 파악하고 있었다. 나는 아키텍쳐 면접이 잘 진행되었다고 생각했다. 그리고 이몬이 좋았고 그와 일하고 싶었다. 그 다음 면접은 기술적인 것과는 관련이 없는 '문화적 적합성' 면접이었다. 여기에서 면접관은 지원자가 우버와 '문화적으로 잘 맞는 사람인지'를 본다. 그 다음에는 2단계의 프로그래밍 면접이 있었다. 여기에서는 소프트웨어 시스템을 설계하는 것이 아니라 코드를 짜야 했다.

우버 면접관들과 면접을 보는 동안 나도 그들을 파악하려고 최선을 다했다. 우버에서 일과 삶의 균형은 어떠한가? **당신의** 하루 일과는 어떠한가? 문제가 발생했을 때 어떤 방식으로 다루어지는가? 기술과 관련된 가장 큰 문제, 그리고 기술과 관련되지 않은 가장 큰 문제는 무엇인가? 그들의 모든 답변이 합리적이라고 여겨졌고, 우버에서 일하는 것의 장점과 이 일을 통해 얻을 수 있는 보람에 대한 그들의 말은 매우 설득력 있게 들렸다. 나를 면접한 엔지니어들은 자신의 일을 좋아하는 것 같았고 회사에서 협업하는 것을 즐기는 것 같았으며 일과 삶의 균형도 잘 맞추고 있는 것 같았다.

그들의 팀에 여성이 몇 명인지는 물어보지 않았는데, 물어볼 필요가 없었다. 모든 면접관이 면접을 시작할 때마다 그 이야기를 먼저 했기 때문이다. "우리 엔지니어 중 25%는 여성입니다." 이 마법 같은 숫자를 나는 그날 계속해서 들었다. 한 면접관은 한발 더 나아가 "우버에는 구글보다도, 아마존보다도, 어느 대규모 테크놀로지 기업보다도 여성이 많습니다"라고 말했다. 내가 홍일점이 아닌 곳, (바라건대) 동등하게 대우받고 동등하게 보수를 받는 곳에서 일할 수 있다는 사실이 너무나 마음에 들었다. 나는 완전히 반했다.

면접이 막바지에 접어들었고, 나는 마지막 면접을 위해 마커를 들고 화이트보드 앞에 섰다. 면접관들은 프로그래밍 문제 하나를 풀라고 했다. 나는 마커를 화이트보드에 대고 잠시 멈춰 기다렸다. 그러자 그들은 내가 원하는 프로그래밍 언어를 사용하라고 했고 나는 내가 제일 잘 아는 C++을 선택했다. 그리고 화이트보드에 해법을 적기 시작했다.

"그게 뭐죠?" 한 명이 물었다. 내가 사용하고 있는 프로그래밍 언어가 무엇이냐는 질문인 것 같아서 나는 다시 멈칫했다.

"C++을 사용해도 될까요?" 내가 말하자 그들은 난감한 표정으로 서로를 바라보았다. 나는 대부분의 코드를 C++을 사용해 짜왔으며 이 문제는 C++을 쓰는 것이 더 효율적일 것 같다고 설명했다.

그러자 한 명이 느리게 말했다. "우리는 C++을 모르거든요."

"아, 그렇군요. 그럼 제가 C++을 쓰면서 도중에 코드를 설명해드리면 어떨까요?" 그들이 고개를 끄덕였고 나는 화이트보드에 문제를 풀면서 최선을 다해 설명했다. 그들은 잘 이해하는 듯 보였다.

면접을 마치고 건물에서 나오기 전에 화장실에 들렸다. 손을 씻는데 청소 아주머니가 들어와서 청소를 하기 시작했다. 나는 잠시 그 아주머니를 바라보았다. 이 상황이 무언가 좀 이상하다는 느낌이 들었다. 하지만 정확히 왜 그런지는 알 수 없었다. 복도로 다시 나와서 나를 건물 밖까지 배웅하려고 기다리고 있던 채용 코디네이터와 함께 그 층을 죽 가로질러 걸어갔다. 코디네이터를 따라 들어왔던 길을 되짚어 책상들이 줄지어 들어선 곳과 유리 벽의 회의실들이 있는 곳을 지나가는 동안에도 뭔가 이상하다는 느낌, 뭔가 **찜찜한** 느낌이 사라지지 않았다. 그러다 엘리베이터에 도착했을 때 문득 이 생각이 떠올랐다. 면접관들은 우버에 여성 엔지니어가 많다고 계속 강조했는데, 내가 오늘 만난 여성은 채용 코디네이터와 청소 아주머니 둘뿐이었다.

　다음 날 카터로부터 이메일이 하나 도착했다. 면접관 대부분이 나를 마음에 들어했지만 몇몇 면접관이 내 프로그래밍 능력에 대해 의구심을 갖고 있다는 것이었다. 그래서 채용 절차를 진전시키기 위해 나에게 조금 어려운 프로그래밍 과제를 내서 코딩을 얼마나 잘하는지 가늠하기로 결정했다고 했다. 나는 조금 당황했다. 프로그래밍 면접을 꽤 잘했다고 생각하고 있었기 때문이다. 어쨌든 나는 그들이 제안한 과제에 응하겠다고 했다.

　그들이 이메일로 보낸 프로그래밍 과제를 보고 나는 헛웃음을 터트렸다. 그들이 보낸 것은 '프로젝트 오일러'의 가장 초급 문제였다. 프로젝트 오일러는 소프트웨어 엔지니어, 컴퓨터 공학이나 수학 전공 학생 등이 사용하는 매우 유명한 프로그래밍 교육 사이트다. 아주 쉬운 퍼즐부터 전 세계에서 단 몇 명만 풀 수 있는 난제까지 단계별로 수학 문제를 풀어볼 수 있다. 우버에서 프로젝트 오일러 문제 중 가장 쉬운 것을 보냈다는 것은 줄여 말한다 해도 모욕적이었다. 내가 컴퓨터 공학과 수학에 아예 문외한이고 아직 대학생인 대부분의 소프트웨어 엔지니어링 인턴들보다도 아는 것이 없다고 간주한다는 뜻이었기 때문이다. 컴퓨터 공학 전공자가 아닌 것은 맞지만 나는 초심자가 아니었다. 지난 3년간 나는 복잡한 수학적 알고리즘 짜는 일을 했다.

문제를 푸는 데는 몇 분 걸리지 않았다. 그것을 이메일로 보내고 나서, 그들에게 전화를 걸어 프로젝트 오일러의 초급 문제를 나에게 보낸 것이 너무 이상하다고 항의하지 않기 위해 엄청난 자제력을 발휘해야 했다. 그때쯤에는 나도 입을 다무는 처세의 원칙을 어느 정도 알고 있었다.

그리고 나는 우버에 채용되었다.

카터가 전화로 나의 채용 조건을 알려주었다. 직위는 소프트웨어 엔지니어 1급이고 사이트 신뢰성 엔지니어링SRE 부서에서 일하게 될 거라고 했다. 보상은 현금과 주식으로 이뤄져 있었는데, 현금 보상 부분은 꽤 매력적이었다. 직위에 비해서는 약간 낮은 편이었고 내가 당시 받고 있던 것보다 많이 오른 것도 아니었지만 어쨌든 오르기는 했다.

그런데 주식 보상 부분이 많이 낮았다. 내가 다른 데서 받을 수 있을 법한 정도보다 현저히 낮았기 때문에 주식 보상 부분을 올려 달라고 요구했다. 주식 부분이 이렇게 낮으면 전체 보상이 내가 수락할 수 있는 (그리고 내 재정적 필요에 부합하는) 것보다 낮아지게 된다고 말했다. 우버는 주식 보상 부분을 아주 약간 인상한 안을 다시 제시했는데, 이번에도 나는 거부했고 경쟁력 있는 보상 패키지를 제시하지 않는다면 이 일자리를 수락할 생각이 없다고 잘라 말했다. 우버는 내 보상 패키지를 다시 조정했다. 그런데 이번에는 현금이나 주식을 인상한 것이 아니라 주가가 전보다 높게 산정되어 있었다. 카터는 이것이 가장 최근의 409A 기업 가치 평가*를 기반으로 산정한 것이자 회사의 미래 예상 가치를 반영하는 것이라고 했다. 이 "새 주가"로 계산하면 전체 보상액이 내가 원하는 수준에 다다를 수 있었다.

수락한다는 답을 보내기 전에 우버의 업무 환경에 대해 더 검색해보았다. 여전히 부정적인 내용은 찾을 수 없었다** 마지막 단계로 소프트웨어 엔지니어인 친구들에게 우버에 대한 의견을 물어보았는데 대답은 한결같았다. **우버야말로** 일하기에 가장 쿨한 직장이고, 최첨단을 달리는 엔지니어들이 일할 수 있는 곳이며, 모두 가고 싶어하는 곳이라고들 했다. 헤드헌팅 회사의 몇몇 리크루팅 담당자에게도 이야기해보았는데 찬사 일색이었다. 한 리크루팅 담당자는 이렇게 말했다. "당신의 이력서에 우버 경력이 적혀 있으면 어디든 갈 수 있고 무엇이든 할 수 있을 겁니다." 우버 차량을 탈 때 운전사들에게도 우버에 대해 어떻게 생각하는지 물어보았고, 특히 안 좋은 경험을 한 운전사 이야기는 들은 것이 없는지를 전보

---

* 국세청법을 기반으로 외부 전문 기관이 산정한 기업 가치 평가. ─옮긴이
** 당시에는 몰랐고 구글에서 검색했을 때도 찾을 수 없었지만, 우버 임원인 에밀 마이클이 테크놀로지 분야 기자인 새러 레이시를 협박했다는 기사를 포함해 우버에 대해 몇몇 부정적인 언론 보도가 있었다.

다 더 열심히 물어보았다. 하지만 대답은 다 긍정적이었고, 나쁜 점은 전에 들었던 것 같이 리프트와의 경쟁 때문에 요금 단가가 낮아졌는데 우버가 곧 올려줄 것이라고 생각한다는 대답이 대부분이었다. 대체로 우버 운전사들은 우버 운전사로 일하는 것을 좋아하는 듯했다.

나는 마음을 놓고, 프로젝트 오일러 과제와 주식 보상 부분과 관련해 느꼈던 찜찜함을 물리치고서 우버의 일자리를 수락했다.

2015년 11월 30일 신입 직원 오리엔테이션 날, 나는 거의 제일 먼저 도착했다. 1455번지 건물로 들어가서 로비 데스크 중 하나에 들러 임시 사원증을 발급받고 엘리베이터를 타고 4층으로 올라갔다. 내려보니 양쪽에 똑같이 생긴 엘리베이터들이 있는 통로가 있었고 벽, 천장, 바닥이 온통 검정색으로 되어 있는 것이 마치 '데스 스타' 같았다. 엘리베이터 통로의 한쪽 끝에 있는 로비에 대리석으로 된 안내 데스크가 있었고 그 위의 벽에 멋들어지게 구부러진 'U' 자와 'R' 자와 함께 우버 로고가 붙어 있었다. 나는 로비 중앙에 있는 소파 중 하나에 앉아서 다른 신입 직원들이 도착하기를 기다렸다. 이 로비 하나가 내가 전에 일했던 스타트업 사무실 전체보다도 컸다.

다른 신입 직원들도 속속 도착했다. 오리엔테이션 담당자는 이제 우리가 "뉴버nUber"가 되었다고 했다. 모두 줄을 서서 여권, 영주권 카드, 운전면허증 등을 제출하고 로비의 비어 있는 흰 벽 중

한 곳을 배경으로 서서 사원증에 쓸 사진을 찍었다. 카메라 앞에 섰을 때 나는 우아하고 아름다운 미소를 짓고 싶었지만 너무 신이 나고 흥분한 나머지 물색없이 헤벌쭉 웃었다.

우리는 회의실로 안내되었고 그곳에서 각자 맥북을 지급받았다. 맥북에는 보안 및 추적 소프트웨어, 이메일, 2단계 인증, 내부 채팅 앱 등이 깔려 있었다. (그 무렵 나는 수천 달러짜리 최신 노트북을 회사에서 지급받는 것에 익숙해져 있었다. 다들 그랬다.) 우리는 그 층의 일부를 돌면서 간단하게 안내를 받았다. 데스 스타를 연상시키는 검은 벽으로 된 식당에서 매주 화요일 아침에 전 직원 조회가 열린다고 했다. 화장실, IT 헬프데스크, 회의실과 책상들이 늘어선 곳도 둘러보았다. 안내를 해준 사람이 "그 악명 높은 전쟁실"이라고 알려준 회의실도 살짝 들여다볼 수 있었다. 이어서 신입 직원 중 엔지니어들은 그 건물에서 나와 마켓가에서 뮤니 전차에 올랐다. 비즈니스와 마케팅 담당 신입 직원들은 본사 건물에 남고 엔지니어들만 길 아래쪽에 있는 우버의 엔지니어링 사무실로 이동하는 참이었다.

우버의 엔지니어가 되려면 세 가지 교육 프로그램을 마쳐야 했다. 첫 번째는 '엔쥬케이션*'으로 우버의 엔지니어링 문화와 실행 양식, 분산 시스템, 온콜 업무, 보안 조치 등에 대해 날마다 수업을 들어야 했다. 강의 중 하나는 우버의 CTO 투안 팸이 진행했다. 그 주가 시작되었을 때는 우버 앱이 실제로 어떻게 작동하는지 몰랐

---

* engucation. engineering과 education의 합성어.–옮긴이

던 신입 엔지니어들이 그 주가 끝날 무렵에는 우버 앱의 코드를 짤 수 있게 되었다.

입사 전에도 우버의 엔지니어링 규모가 매우 크다는 것은 알고 있었지만 정말로 얼마나 큰지에 대해서는 감을 잡지 못하고 있었다. 우버의 모바일 앱은 내가 작업해 보았던 '단일' 앱처럼 하나의 코드 베이스를 가진 앱이 아니었다. 우버의 앱은 1000개 이상의 작은 앱들로 구성되어 있었다. 이 작은 앱들을 마이크로 서비스라고 부른다. 그리고 각 마이크로 서비스는 담당 팀이 있었다. 엔쥬케이션을 들으면서 나는 이 모든 앱들의 기저에 있는 전산 인프라가 어떻게 생겼을지 상상해보려고 노력했다. 그 인프라(서버, 운영체제, 네트워크, 그리고 앱들을 서로 연결하는 모든 코드 등)가 내가 일해야 할 대상이었고 나는 이것들이 더 잘, 더 안정적으로 작동하고 오류나 고장에 더 잘 견디도록 만드는 일을 하게 될 터였다.

엔쥬케이션이 끝난 뒤에는 각자 맡게 될 직무에 대해 더 구체적인 교육을 받았다. 신입 데이터 사이언티스트는 데이터 사이언스팀에서 교육을 받았고, 프론트엔드 개발자는 프론트엔드 코드를 배웠고, 나는 SRE팀 중 하나에 배속되어 정식으로 팀 배치가 되기 전에 알아야 할 기초적인 것들을 배웠다. 이몬은 직무 교육 기간에 나를 그의 팀 중 하나에 배치했다. 두 명의 엔지니어로 구성된 작은 팀이었다. 이 팀의 클레멘트와 릭은 우버의 SRE 엔지니어 중 최고 실력자로 우버 소프트웨어에서 가장 중요한 몇몇 부분의 작동을 담당하고 있었다. 그들은 함께 상의해서 나에게 작은 과제를 내주었다. 나는 그들과 일하는 것이 좋았다. 릭은 헤드폰을 착용하고 사운드 클라우드에서 발견한 새 DJ가 틀어주는 음악에 따라 머리로 박자를 맞추면서 일했다. 클레멘트는 하루에 몇 번씩 그를 쿡 찔러서 그들이 풀어야 할 문제들에 대해 상의했다. 이 팀에서 짧은 기간 동안 교육을 받고 나서 나는 클라우드 팀에 정식으로 투입될 수 있을 만큼 우버의 SRE 업무에 대해 잘 이해했다고 생각했다.

하지만 최종적으로 클라우드 팀에 배치되어 일을 시작하기 전에 우버 신입 직원 교육의 마지막 단계를 거쳐야 했다. '우버버스티'*라고 불리는 사흘간의 교육 프로그램이었다. 세계 각국의 신입 우버 직원 모두가 각자의 엔쥬케이션(비즈니스, 마케팅, 영업 등 각 직군별 교육)과 세부 직무 교육을 마치고 샌프란시스코로 날아왔다. SRE 팀의 매니저 중 한 명의 설명처럼 "엔쥬케이션이 우버가 무엇인지 대략적으로 감을 잡을 수 있는 고등학교라면 우버버스티는 우버가 **정말로** 무엇인지를 드디어 배우게 되는 대학 같은 곳"이었다.

우버버스티 첫날, 온갖 나라와 팀에서 온 수백 명의 신입 직원이 겉으로 표시가 되어 있지 않은 마켓가의 사무실 중 하나에 모였다. 큰 강당에서 각자의 자리를 찾아 앉은 뒤에 우리가 가장 먼저 들은 이야기는 TK와 데이트를 해서는 안 된다는 말이었다. 갑자기 좌중이 술렁였다. 내 테이블에 있던 한 남성이 옆에 있던 여성에게 몸을 기울이고 작게 물었다. "TK가 누구예요?" 그 여성은 어깨를

---

* Uberversity. Uber와 university의 합성어. -옮긴이

으쓱하면서 대답했다. "저도 모르겠어요." 단상에 선 여성은 다들 TK와 데이트를 하고 싶겠지만 규정에 어긋난다고 한숨을 쉬며 말했다.

이 희한한 오프닝 이후에 사업, 커뮤니케이션, 보안, 엔지니어링 등에 대한 교육이 이어졌다. 우버의 14가지 가치에 대한 교육도 있었다. 우리가 언제나 체화해야 한다는 그 14가지 가치는 다음과 같았다. 슈퍼펌프드Superpumped*, 언제나 들이대기Always Be Hustlin, 성과를 내는 사람이 일하게 하기Let Builders Build, 능력주의와 맹렬한 경쟁Meritocracy and Toe-Stepping, 원칙 있는 항의Principled Confrontation, 과감하게 투자하기Big Bold Bets, 도시를 찬양하기Celebrate Cities, 마법을 만들기Make Magic, 거꾸로 생각하기Inside Out, 낙관적인 리더십Optimistic Leadership, 자기 자신이 되기Be Yourself, 세입자가 아니라 주인이 되기Be an Owner not a Renter, 챔피언 마인드Champion's Mindset, 고객에게 집착하기Customer Obsession.

우버버스티 일정 중간쯤에 '가장 흥미로운 사람' 경진 대회가 열렸다. 팀워크 교육의 일환으로, 소프트웨어 엔지니어링 부서의 고위 디렉터가 이 교육을 이끌었다. 테이블마다 가장 흥미로운 사람을 한 명씩 뽑고 그들이 모두 무대로 나오면 그 디렉터가 최종 승자를 결정하는 방식이었다. 어린 시절 이야기 덕분에 우리 테이블에서는 내가 뽑혔고, 나는 다른 테이블에서 뽑힌 사람들과 함께

---

* 최고조의 열정으로 가득한 상태. -옮긴이

무대로 올라갔다.

우리가 무대에 서자 그 디렉터는 무대의 먼 쪽에 서 있던 여성과 그 옆의 여성을 가리켰다. "저쪽 분이랑 그 옆엣 분." 그리고 또 다른 여성을 가리키면서 "저분도요"라고 말했다. 이어서 "또, 보자. 아, 저분"이라고 나까지 가리키더니 "여러분은 내려가서 자리로 돌아가세요"라고 말했다. 나는 잠시 멍하게 있다가 웃음을 터트렸다. 농담인 줄 알았기 때문이다. 설마 저 사람이 우연히 여성만 지목해서 제외했으려고. 그렇게 머뭇거리며 무대에 계속 서 있었더니 내가 아직 안 들어간 것을 발견한 디렉터가 화난 얼굴로 자리로 돌아가라고 했다. 그가 가장 흥미로운 남자를 뽑는 동안 나는 무대에서 내려와 자리로 돌아왔다.

우버버스티 기간 중에 우버는 바를 하나 통째로 빌려서 매일 저녁에 우리 모두가 이용할 수 있게 했다. 하루 일정이 끝나면 동료들은 팔찌를 차고 바에 가곤 했다. 하지만 나는 그냥 집으로 갔다. 바에 가고 싶지 않았다. 아직 무엇인지 정확히는 알 수 없는, 무언가 불편한 느낌이 들었다.

우버버스티 마지막 날, 우리는 한 시간 동안 TK에게 질문할 수 있는 시간을 가졌고, 마침내 TK가 우버 CEO인 트래비스 칼라닉을 의미하는 것이었음을 알게 되었다. 그리고 나서 신입 직원 전체와 우버버스티 교육을 맡은 몇몇 담당자들이 무대에 나와 단체 사진을 찍었다. 사진 속의 사람들 거의 모두가 검정색의 "우버버스티 2015" 티셔츠를 입고 있었다. 그것을 입지 않은 사람은 나이가 좀 있는 몇몇 우버버스티 담당자들과 뒷줄에 서 있는 몇 명, 그리고 나뿐이었다.

크리스마스 시즌이 성큼 다가왔다. 12월 18일 금요일에 우버는 연말 파티를 했다. 신입 직원 교육 프로그램이 진행되는 몇 주 동안 모두가 파티 이야기였다. 점심을 먹으면서 사람들은 어떤 유명 가수가 올지 내기를 했다. 그 악명 높은 '베가스 출장' 때 비욘세가 와서 비공개 콘서트를 했기 때문에 모두가 비욘세 아니면 그와 비슷하게 유명한 사람이 올 거라고 기대했다. 나는 실리콘 밸리의 연말 파티에 가본 적이 없었다. 유일하게 내가 가본 크리스마스 파티는 우리 식구들이 다니던 교회 파티와 펜실베이니아 대학교 물리학과의 시끌벅적하고 엄청나게 술을 마셔대는 파티가 전부였다. 이번 파티는 완전히 다를 것 같았다. 사람들이 파티 이야기를 하는 방식을 보니 분명 우버의 연말 파티는 올해의 사건이 될 게 틀림없었다. 그리고 우버는 후하고 화려한 파티를 열어주는 것을 자랑스러워하는 회사였다. 내 주위 사람 모두가 몇 달 전부터 무엇을 입고 갈지, 누구와 함께 갈지 고민하며 파티 준비를 하고 있는 것 같았다.

실리콘 밸리 크리스마스 파티에 여성들이 무엇을 입고 가는지 구글에서 열심히 검색을 해보고 고심에 고심을 거듭한 끝에 너무 보수적으로 보이지도 않으면서도 노출이 심하지도 않은 보라색 벨벳 드레스를 한 벌 장만했다. 그다음에는 같이 갈 동반자가 필요했다. 당시에 나는 남자친구가 없었고 데이트 따위는 하지 않겠다고 맹세한 터였으므로 애리조나 주립 대학교 시절의 오랜 친구인 크리스틴에게 같이 가자고 했다. 크리스틴도 샌프란시스코에서 일하고 있었다.

우버는 샌프란시스코 항구의 피어 지역에 있는 커다란 건물 두 동을 빌렸다. 비가 억수같이 쏟아지는 날이었다. 크리스틴과 나는 (물론 우버를 타고) 그곳에 도착해서 빗줄기를 뚫고 첫 건물로 뛰어들어갔다. 긴 줄을 기다려 참석자 등록을 하고 코트와 소지품을 맡겼다.

안으로 들어가니 모두가 잘 차려입고 번쩍이는 디스코 조명 아래서 음료를 마시면서 웃고 어울리고 있었다. 다른 방에서는 '침묵 디스코'가 열리고 있었다. 이곳에서는 모든 사람이 헤드폰을 끼고 있었고 헤드폰 안으로 DJ의 음악이 울려 퍼지고 있었다. 두 건물 사이의 연결 통로에서 행사 요원들이 우산을 나눠 주었다. 크리스틴과 나는 우산 하나를 들고 다음 건물로 뛰어갔다. 그곳에서는 일반적인 방식의 디스코 타임이 진행되고 있었다. 유명한 DJ가 음악을 틀어주고 있었고 댄스 플로어가 마련되어 있었다. 첫 번째 건물에서 본 파티도 내가 보아온 중 가장 근사한 파티였는데, 두 번째 건물에서의 파티는 압도적으로 근사했다. 필라델피아 아트 뮤지엄에서 열렸던 펜실베이니아 대학교 신입생 파티보다도 화려했다. 모든 것이 세련되고 매끄럽게 진행되었고, 없는 것이 없었다. 다른 사람들은 이것이 딱히 근사하다고 생각하지 않는 듯했지만 가난하게 자란 나로서는, 그리고 프롬 파티에도 가본 적이 없고 펜실베이니아 대학교 신입생 파티를 빼면 진짜 파티에 가본 적이 없는 나로서는, 영화 속 장면이 현실에 나와 있는 것 같았다. 크리스틴과 나는 애리조나 주립 대학교에서 우리가 갖곤 하던 옛 파티와 비교하며 웃음을 터트렸다. 친구들 한 50명이 누군가의 방 두 개짜리 아파트에 복닥복닥 모여 드라이브 스루 술 가게에서 산 싸구려 술을 마시면서 아파트 단지 수영장에서 몇 시간이고 춤을 추는 것이 당시 우리의 파티였다.

우리는 수많은 오픈 바 중 하나에서 마실 것을 집어 들고 댄스 플로어로 직행해 신나게 춤을 췄다. 아직 나는 우버에 아는 사람이 많지 않았기 때문에 친한 친구가 함께 있는 것이 무척 다행스러웠다. 중간에 음악이 잠시 멈추었을 때 숨을 고르려고 댄스 플로어에서 폴짝 내려왔다. DJ 부스 옆에 서서 보니 그 층 전체가 다 보였다. 무언가가 이상하다고 느껴진 것은 바로 그때였다. 거의 모두가 옆쪽에 그냥 서 있었고 소수의 손님만 춤을 추고 있었다. 나는 왜 사람들이 더 많이 춤추러 나오지 않는지, 왜 파티를 더 즐기지 않는지 알 수 없었다.

거기에 서서 분위기를 살피다가 트래비스 칼라닉이 바로 내 옆에 있는 것을 발견했다. 나는 그를 돌아보면서 음악 소리를 뚫고 전달되도록 큰 소리로 말했다. "왜 아무도 춤을 안 추나요?" 나는 직원들이 그냥 옆쪽에 서서 음료만 마시고 있는 것을 가리켰고 칼라닉은 댄스 플로어를 바라보았다. 나는 훌륭한 DJ를 낭비하는 거

아니냐고 농담했다. "저기 나가셔서 직원들이 춤추게 독려 좀 해주세요." 그리고 나는 댄스 플로어로 다시 올라가 하이힐 신은 발에 감각이 없어질 때까지 춤을 췄다. 크리스틴과 나는 거의 마지막까지, 불이 다시 켜지고 사람들이 사운드 스테이지를 해체하기 시작할 때까지 남아 있었다.

나는 파티를 즐겼지만 무언가가 이상하다는 느낌을 지울 수가 없었다. 우버버스티에서 겪었던 이상한 일, 그리고 파티 분위기가 영 흥겹게 달아오르지 않았던 것이 우버에 무언가 이상한 점이 있음을 말해주는 것 같았는데 정확히 무엇인지를 알 수가 없었다. 하지만 아직 일을 시작도 안 한 상황이었으므로 경고등이 울리는 것을 애써 무시하려 노력했다. 새 팀에 발령을 받고 일하게 될 첫 출근일은 며칠 뒤인 월요일이었다. 나는 이 찜찜함이 괜한 걱정이길 진심으로 바랐다.

7

해결되지 않는 문제

　월요일 출근길에 바트에서 내려 마켓 스트리트로 갈 때 나는 너무 신이 나서 발로 엇박자 리듬을 타며 폴짝폴짝 뛰어갔다. 지난 3주 동안 나는 우버 서버에 새로운 코드를 전개하는 법, 코드에서 버그를 찾아내는 법, 소프트웨어가 작동하지 않거나 앱이 먹통이 되었을 때 문제를 해결하는 법을 배웠다. 이제 뛰어들어서 진짜 업무, 우버 앱을 돌리는 소프트웨어에 포함될 코드를 짜고 진짜 문제들을 해결할 준비가 되어 있었다. 크리스마스가 며칠 안 남았기 때문에 되도록 빨리 업무에 투입되어서 애리조나로 연말을 보내러 가기 전에 일을 시작했으면 했다.

　나는 애리조나의 가족과 친구들에게 우버의 새 일자리에 대해 너무나 이야기하고 싶었다. 그들 모두 나를 굉장히 자랑스러워하고 있었고 꼬마 수전이 무려 펜실베이니아 대학교를 졸업하고 실리콘 밸리 엔지니어라는 근사한 직업을 갖게 된 것을 믿을 수 없어 했다. 고향의 내 친구들 중에는 우버 운전사로 일하는 사람도 있었다. 나는 그들에게 더 편리하고 좋은 우버 앱을 어떻게 만들 수 있을지 너무 물어보고 싶었다.

당시에 우버는 전산 운영 시스템을 자사의 데이터 센터에서 클라우드 서버로 옮기려 하고 있었다. 내가 배속될 클라우드 SRE 팀의 엔지니어들은 이 작업을 하기 위해 사용해야 하는 해당 테크놀로지에 익숙하지 않았지만 나는 그것을 전에 사용해 본 적이 있었기 때문에 그들은 팀에 내가 들어오게 된 것을 반겼다. 나도 신이 났다. 우버 운영 시스템을 클라우드로 옮기는 게 쉬운 일이 아니리라는 점은 알고 있었지만 나는 도전을 좋아하는 사람이었다. 특히 이번 도전은 '복잡성'이 나를 매료했다. 우버의 소프트웨어는 믿을 수 없을 정도로 복잡하며 수천 명의 엔지니어가 날마다 무언가를 바꿔가면서 운영하고 유지한다. 우버의 운영 시스템을 클라우드로 옮긴다는 것은 수백만 명의 승객과 운전사가 날마다 우버 앱을 이용하는 데 전혀 교란을 일으키지 않으면서 이 복잡한 프로그램들을 다른 서버로 옮겨야 한다는 의미였다. 여기에 걸려 있는 것은 어마어마했다. 우리가 일을 망치면 시스템에서 사람들의 호출 정보가 사라지거나 운전사들이 수입을 잃게 될 것이었다. 우리가 해야 할 일은 사람들이 계속 집에 살고 있는 상태에서 리노베이

선하는 것과 마찬가지였다. 살고 있는 사람들 주위로 살금살금 움직이면서, 그들의 생활을 전혀 교란하지 않은 채 대대적인 수리를 해야 하는 것이다. 따라서 모든 것이 극도로 조심스럽게 설계되고 계획되어야 했다.

아직 새 팀에 내 책상이 없어서 나는 릭, 클레멘트, 그리고 다른 팀원들 옆의 책상에 임시로 앉았다(이 시점에 릭과 클레멘트의 팀에는 다른 팀원들도 있었다). 위에는 다른 엔지니어들과 내가 함께 바로 얼마 전에 걸어둔 화려하고 다채로운 크리스마스 전구들이 있었다. 클라우드와 관련된 본 업무에 들어가기 전에 한두 가지 해결해야 할 일이 있었다. 엔쥬케이션 기간 동안 받았던 SRE 신입 직원 적응 과제를 마무리해야 했다. 우버의 소프트웨어 전개 프로세스에 익숙해질 수 있도록 주어진 과제였다. 적응 과제를 하는 데 오전 시간이 다 들어갔다. 점심을 먹고 나서, 클라우드팀에서 새 업무에 뛰어들기 전에 마쳐야 할 마지막 과제를 하기에 가장 좋을 만한 장소를 물색했다. 사무실에 사람이 많지 않기 때문에 노트북을 들고 창문 옆에 있는 소파 자리를 차지했다. 이미 많은 직원이 크리스마스 휴가를 즐기러 갔거나 우버가 돈을 대는 "워케이션"*을 보내러 외국의 이국적인 곳에 가 있었다. (우버는 직원들이 명절에 가족과 시간을 보내기보다 동료와 시간을 보내도록 독려했다. 명절을 가족과 보내지 않고 그 기간 중에 일을 하기로 선택할 경우 세계 어디에서든지 일할 수 있도록 모든 비

---

* 휴가지에서의 원격 근무. –옮긴이

용을 댔다. 하지만 나는 당연히 가족과 보내는 것을 선택했다.) 나는 탕비실 옆의 안락한 의자에 자리를 잡았다. 개방형 사무 공간이 한눈에 보이고 정원도 잘 보이는 전망 좋은 자리였다. 나는 커피 잔을 받침대에 조심스레 내려놓은 후 발꿈치를 조금 들고 노트북을 무릎에 놓고서 일을 시작했다.

몇 분 뒤에 스크린 오른쪽 위에 팝업 알림이 떴다. 나의 직속 상사가 될 매니저 제이크가 보낸 채팅 메시지였다. 그는 업무가 잘 되어가고 있는지 묻고서 어려운 점이 있으면 말하라고 했다. 그때 내가 하고 있던 업무는 릭이 지시한 서버 재 이미지(컴퓨터 하나에서 운영체제와 소프트웨어를 완전히 지웠다가 새로 설치하는 것) 과제였다. 나는 제이크에게 감사하다고 하고 지금 릭이 준 일을 하고 있는데 도움이 필요하면 여쭤보겠다고 했다. 그러자 제이크는 갑자기 화제를 돌렸다.

그는 휴가를 하와이에서 보낼 예정이라며 "편하게 뒤로 기대 앉아서 사고 칠 것을 고대하고 있다"고 말했다. 그리고 이렇게 덧붙였다. "평소에는 일 생각하느라 그리 사고를 많이 치지는 못하니까."

나는 노트북에서 고개를 들고 내 앞의 개방형 사무 공간을 둘러보았다. 그가 무슨 이야기를 하는 건지 알 수가 없었고 뭐라고 대꾸를 해야 할지도 난감했다. 나는 전에 그와 말해 본 적이 딱 두 번 있었고, 그것도 아주 잠깐 동안이었다. 한 번은 신입 직원들의 회식에서, 그 다음에는 연말 파티 때 잠깐 마주친 게 다였다. 그는 직원과 매니저들에게 인기 있는 사람 같았고, 나는 새 상사와 좋은 출발을 하고 싶었다. 제대로 대꾸하고 있는 것이길 바라며 "네네, 그렇죠"라고 채팅 창에 입력했다.

그는 계속해서 메시지를 보냈다. "그리고 나와 여자 친구 사이에는 휴가에 대해 특별한 규칙이 있어. 우리는 개방적인 연애를 하는데, 휴가 때는 평소보다도 조금 더 개방적이지. 하하."

나는 속으로 생각했다. '응? 이거 뭐지?'

제대로 읽은 것인지 긴가민가해서 그가 보낸 메시지를 몇 번 다시 읽어보아야 했다. '설마 지금 나에게 개방적인 연애 어쩌고 하는 이야기를 진지하게 하는 건 아니겠지?' 그의 메시지를 무시하려고 애쓰면서 대화 주제를 내가 지금 하고 있는 신입 직원용 과제 쪽으로 다시 돌리려고 해보았지만 그는 화제를 돌릴 마음이 없었다.

"처음에는 케이스 바이 케이스로 시작했는데 말야."

나는 놀라서 입이 다물어지지가 않았고 기가 막혀 어이가 없을 지경이었다. '이 사람, 계속할 작정인가 봐.'

그는 계속할 작정이었다.

"18개월 전에 우리가 만나기 시작했을 때 타호에 있는 파티 하우스에 갔는데, 직전 여친은 거기 올 예정이었고 현 여친은 아니었거든? 그런데 현 여친이 섹스는 섹스일 뿐이라며 그 주말에 파티에서 무슨 일이 있든 자기는 신경 안 쓰겠다는 거야."

'맙소사 이 인간 실화야?'

"그리고 여친이 버닝 맨에 갔을 때 나도 그 호의를 갚았지."

'아, 대체 뭐라는 거야?'

"솔직히 나보다는 여친에게 더 유리한 규칙이야."

'이 작자가 내 새 상사라고?' 나는 노트북에서 고개를 들어 층 전체를 둘러보면서 이 메시지를 보여줄 만한 사람이 없나 찾아보았다. 제이크가 계속 메시지를 보낸 경우 목격자가 되어줄 사람이 누구라도 있기를 간절히 바랐지만 내 주변의 책상은 다 비어 있었다.

'젠장, 이제 어쩌지?'

"여친은 주중에 어느 날이든 가서 섹스를 할 수 있는데 말이야…."

'아, 제발 좀 그만!'

"나는 그렇게 하려면 무지하게 애를 써야 하거든."

그는 영 그만둘 생각이 없어보였다.

그가 하려는 말이 무엇인지는 너무 명확했다. 나는 키보드의 '커맨드', '시프트', '4' 키에 손을 올리고 채팅 메시지가 뜨는 족족 스크린 숏으로 저장하기 시작했다. 펜실베이니아 대학교에서의 마지막 시기에 겪은 일 때문에 이런 식으로 대비해 두는 것은 내게 제2의 본성처럼 되어 있었다. 스크린 숏을 저장해 내 메일로 보내놓고, 잘 보관해줄 다른 사람에게도 전달하고, 여러 클라우드에도 저장해두고, 종이로도 출력해두는 것이다.

벌어지고 있는 상황을 깨닫자 속이 울렁거렸다. 실제 상황이 아니라고 믿고 싶었다. 오해이거나 실수라고, 그러니까 나는 그냥 하던 일을 계속 하면 되고 이 일에 대해서는 신경 쓸 필요가 없다고 믿고 싶었다. 하지만 지금 벌어지고 있는 일에는 오해도 실수도 없었다. 그러나 곧바로 내가 굉장히 큰 회사에서 일하고 있는 만큼 당연히 인사 부서도 규모가 클 것이고 절차 같은 것도 잘 마련되어 있을 것이라는 생각이 들어서 다소 안심했다. 그때 나는 인사 부서가 직원을 보호하기 위해 있는 곳이라고 생각했고, 내가 이 일을 보고했을 때 인사 부서가 내게 보복성 조치를 취하는 일이 일어나리라고는 전혀 생각하지 못했다. 인사 부서 사람들이 전문가답게, 요란한 스캔들이 되지 않게 하면서 차분히 잘 처리해 줄 것이고 나는 그저 우버의 운영 시스템을 클라우드로 옮기는 일에 매진하면 될 것이라고 생각했다.

퇴근하고 집에 돌아와 인사 부서에 보고하는 법에 대한 우버의 문서들을 샅샅이 뒤져서 내가 속한 엔지니어링팀을 맡고 있는 인사 담당자 연락처를 찾아냈다. 그 담당자에게 새 매니저가 오늘 나에게 자신의 성생활에 대해 일련의 채팅 메시지를 보내면서 넌지시 성관계를 요구했으며, 이 일을 신고하기 위해 인사 부서의 담당자분을 뵙고 싶다고 이메일을 보냈다.

다음 날 나는 엔지니어링 사무실로 가지 않고 뮤니를 타고 우버 본사로 갔다. 인사 부서 담당자와 그곳에서 면담이 잡혀 있었다. 나는 건물 뒤쪽으로 안내를 받았다. 회의실들이 줄지어 있었고 유리벽은 안을 들여다볼 수 없도록 불투명하게 코팅되어 있었다. 각각의 회의실 문 옆에 있는 아이패드에는 "비공개 회의"라는 글씨에 불이 들어와 있었다. 모든 회의실이 이용 중이라는 뜻이었다.

나는 밖에 서서 기다렸다. 주변 책상들은 내가 눈으로 볼 수 있는 범위까지 모두 비어 있었다. 나는 그중 하나에 앉아서 이렇게 근사하고 조용한 사무실에서 일하는 것은 어떤 기분일까 생각해보았다. 소음 제거용 헤드폰을 끼지 않고 조용한 분위기에서 코딩을 하는 내 모습을 상상했다. 한두 달 뒤에 바로 여기에서 내가 일하게 될 줄은 꿈에도 몰랐다. 멍하니 생각에 빠져 있는데 회의실 하나의 문이 열리더니 흑갈색 머리에 높은 하이힐을 신은 백인 여성이 내게 다가왔다.

"수전 씨죠?" 손을 내밀면서 그 여성이 말했다. 나는 고개를 끄덕였다. "난 캐런이에요." 우리는 악수를 했다. 캐런은 회의실 하나를 가리키면서 "여기에서 이야기하죠"라고 말했다. 캐런이 회의실로 들어가면서 아이패드 버튼을 누르자 스크린에 "비공개 회의"라는 메시지가 떴다.

우리는 탁자를 사이에 놓고 마주 앉았고 캐런이 기록을 하기 위해 컴퓨터를 꺼냈다. 나는 무슨 일이 있었는지 상세히 이야기하고 제이크가 우버의 힙챗 앱으로 보낸 메시지를 보여주었다.

"그는 저의 새 상사입니다. 그리고 그의 팀에서 제가 일하게 된 첫날 이런 메시지를 보냈어요."

나는 이 일로 지극히 불편하고 불안한 상황에 처했다고 설명했고 캐런은 걱정하는 얼굴로 고개를 끄덕였다. 그리고 자신의 생각을 이야기했다. "그러네요. 제이크가 성관계를 요구하고 있어요.

부적절한 정도가 아니라 용납 불가능한 일이고 직장에서의 성적 괴롭힘에 해당합니다." 캐런은 회사가 처리할 거라고 나를 안심시켰다. "연말 휴가를 **지금** 바로 시작하세요. **아무에게도** 이야기하지 마시고요. 언제 돌아오실지는 곧 연락드릴게요." 내가 휴가를 가 있는 동안 인사 부서가 제이크를 만나고 채팅 메시지도 살펴보면서 진상 조사를 한 뒤 곧바로 내게 결과를 알려주겠다고 했다.

캐런의 지시대로 나는 그 면담이 끝나자마자 바로 집으로 가서 짐을 쌌다. 그리고 공항으로 출발하기 전에 스크린 숏으로 저장했던 제이크의 채팅 메시지를 캐런에게 이메일로 보냈다. 그의 채팅 메시지를 다시 읽다보니 무언가가 이상하다는 찜찜한 느낌을 지울 수가 없었다. 나는 회사가 잘 처리해 줄 거라고 계속 되뇌었지만 그러면서도 이 모든 일에서 무언가가 굉장히 이상하다는 느낌이 들었다. 제이크의 대담한 성희롱(**대체 어떻게 그는 출근 첫날에 나에게 섹스하자고 말해도 괜찮을 거라 생각했단 말인가?**), 캐런과의 면담, 텅 비어 있던 자리들, "비공개 회의" 표시와 함께 모조리 차 있던 회의실…. 캐런과의 면담은 펜실베이니아 대학교 대학원장과의 면담을 떠올리게 하는 면이 있었다. 그때 나는 대학원장이 모든 일을 신경 써서 해결해줄 것이라고 생각했고 모든 것이 제자리로 돌아갈 것이라고 믿었다. 하지만 실제로 벌어진 결과가 무엇이었는지, 내가 어떻게 모든 것을 잃었는지를 생각하니 다시 속이 울렁거리면서 복통이 왔다.

애리조나에서 크리스마스를 보내는 동안 불안은 커지기만 했다. 친구들과 가족들은 내 근사한 새 직장에 대해 신이 나서 우버에서 일하는 것은 어떤지 온갖 질문을 했다. 그런데 나는 어떻게 대답해야 할지 알 수가 없었다. '실제로 무슨 일이 있었는지 말해야 할까? 아니면 다 잘 되고 있는 척해야 할까? 정말로 다 잘 되고 있나?' 언니와 여동생에게는 채팅 메시지와 인사 부서와의 면담에 대해 털어놓았다. 이야기를 하다 보니 좌절감이 점점 더 커졌다. 나는 정말 열심히 노력해서 아이비리그를 졸업하고 실리콘 밸리 역사상 가장 기업 가치가 높다는 스타트업에서 어렵사리 일자리를 얻었는데, 실리콘 밸리조차 내가 뒤에 남겨 두고 온 옛 세상에서 별반 나아지지 않았다. 대체 무엇을 위해 그 모든 노력을 했던가? 출근 첫날 팀장에게 성희롱을 당하기 위해?

달력이 새해로 넘어갔고 나는 사무실로 돌아왔다. 집으로 가서 연말을 보낸 직원들도, 워케이션을 다녀온 직원들도 모두 돌아왔다. 인사 부서에서는 아무 연락도 없었고 내 문제는 아직 해결되지 않은 상태였다. 그래서 나는 엔지니어링 사무실에 들어가도 되는지 몰라 쭈뼛거리면서 사무실에 들어갔다. 무엇을 해야 할지도 알 수 없어서 너무 어색했다. 내가 나쁜 짓이라도 하는 것 같았다. 나는 나를 스카우트한 이몬에게 사정을 이야기하고 내가 그에게 말했다는 사실을 인사 부서에는 말하지 말아달라고 신신당부했다. 캐런에게 아무한테도 말하지 않겠다고 했기 때문이다. 이몬은 이야기를 듣고 경악하면서 제이크의 행동에 대해 사과했다. 나를 채용하고 그 팀에 가게 해서 결과적으로 성추행을 당하는 상황에 처하게 한 것이 정말 미안한 것 같았다.

인사 부서의 진상 조사 결과를 기다리는 동안 예기치 못했던 또 다른 문제에 봉착했다. 내 보상 패키지의 일부인 양도제한조건부주식 액수를 확인할 수 있는 계정을 받아서 로그인을 해보니 주가가 카터가 말했던 것보다 훨씬 낮았다. 나는 에쿼티 담당 부서에 문의를 했고 그 담당자는 카터와 채용 팀에서 내게 주가를 심하게 부풀려서 말했다고 확인해주면서 인사 부서와 채용팀에 내가 받을 주식 수를 조정해 달라고 요청해서 내가 받기로 한 금액에 맞추라고 조언했다. 그 정도가 되려면 주식 수가 두 배는 되어야 했다. 하지만 인사 부서와 채용팀은 에쿼티팀의 제안을 거부했다. 그들은 우버의 주가가 **나중에는** 자신들이 이야기한 것만큼 오를 것이라는 점을 내가 염두에 두어야 한다고 했다(이 책을 쓰는 현 시점에 우버는 상장을 했지만 내가 채용 단계에서 들었던 액수 근처에도 간 적이 없다. 그때 우버의 채용팀은 내 주식의 가치가 약 18만 3182.50달러가 될 것이라고 했는데 현재 2만 1500달러에 불과하다).

한 대 맞은 것 같았다. 그들이 (알고 보니 거짓말로) 부풀려서 말한 주가가 아니었으면 내가 이 일자리를 수락하지 않았을 것이었기 때문이다. **실제** 주가로 산정할 경우에는 내 보상 금액이 내가 동의할 수 있는 수준보다 훨씬 적었다. 인사 부서에 아무리 문의를 해도 소용이 없었고, 그들은 나더러 SRE 디렉터인 찰스에게 가보라고 했다. 찰스는 우버가 자신을 스카우트할 때도 그런 식으로 미끼를 던졌다며, 우버로 옮기고 나서 주가가 들었던 바와 달라 화가 났다고 했다. 그에게도 훨씬 부풀린 금액을 이야기했다는 것이다. 그리고 이것은 실리콘 밸리에서 흔한 관행도 아니라고 했다. 대부분의 회사는 자사의 지분 가치를 공정하게 평가한다고 말이다. 하지만 그는 우버가 한 일에 대해 그러려니 하고 넘어가는 법을 터득했다고 했다. "여전히 꽤 많은 금액이긴 하니까." 그리고 나도 더 이상 이 문제를 이야기하지 않는 편이 좋을 거라고 했고, 나는 그 말에 따랐다.

얼마 후에 성추행 건과 관련해 캐런에게서 연락이 왔다. 캐런은 회사 측이 진상 조사를 마쳤다며 제이크가 나에게 성추행을 한 사실이 인정된다고 했다. 하지만 제이크는 업무 성과가 좋은 직원이고 이런 실수는 처음이어서 회사로서는 엄중한 경고 이상의 조치를 취하기가 불편하다고 했다. 그러면서 나에게 "선택권"을 주었다. 클라우드팀에서 계속 제이크를 상사로 두고 일을 하거나(그런데 그러면 그의 성적인 접촉을 거부하고 인사 부서에 보고한 것 때문에 그가 내 인사 고과를 낮게 줄 것이 틀림없었다), 아니면 다른 SRE팀으로 옮기거나.

나는 방금 들은 말을 믿을 수 없어서 다시 한 번 말해달라고 했다. 하지만 방금 들은 이야기가 맞았다. 나는 회사 측이 제시한 "선택권"이 사실상 선택의 여지를 주지 않고 있다고 항변했다. 나는 클라우드가 내가 전문성 있는 분야이고 그것으로 채용이 되었으며 계속 클라우드팀에서 일하고 싶다고 했다. 그리고 내가 팀으로 돌아갔을 때 제이크가 나에게 보복성 조치를 취하는 게 허용되어서는 안 된다고도 주장했다. 그러자 캐런이 내 말을 끊고 제이 크가 내 업무 평정을 낮게 매기더라도 "엄밀히 규정상으로는" 내가 보복성 조치를 당했다는 주장을 펼 수 없다고 했다. 회사 측에서 내가 그러한 보복성 조치를 피할 수 있는 선택권을 주었는데 내가 그것을 선택하지 않았기 때문이라는 것이다(나중에 알고 보니 이것도 거짓말이었다. 이런 식의 보복성 조치는 불법이었다). 나는 회사 측이 제시한 것은 나에게 선택권을 준 것이 전혀 아니라고 다시 한 번 말하고서, 어쩔 수 없이 다른 팀으로 가겠다고 했다. 면담이 끝날 때 캐런은 이 면담의 내용과 모든 상세 사항을 엄격하게 비밀로 유지해야 한다며, 어떤 이유로든 이에 대해 이야기하는 것은 허용되지 않는다고 말했다. 캐런의 말은 마치 내가 누구에게라도 이야기를 하면 고용 계약과 법률을 위반하는 것이라는 말로 들렸다(나중에 알고 보니 이것도 사실이 아니었다). 나는 정말로 그런 줄 알고 캐런의 경고에 더럭 겁을 집어먹었다.

나는 내가 가장 잘 기여할 수 있으리라고 생각한 팀에 남을 수 없게 되었다. 설상가상으로 새 팀을 내가 정할 수도 없었다. 그나마 새 팀으로 옮기기 전까지 인사 부서와 SRE 부서에서 내 임시 매니저로 이몬을 배정해서 약간 마음이 놓였다. 나는 이몬과 일하는 게 좋았다. 그는 친절하고 성실하고 열정적인 매니저였고 자신과 함께 일하는 사람들이 만족감과 성취감을 느끼고 존중받을 수 있도록 신경을 썼다. 나는 계속 그와 일하고 싶었다. 하지만 그가 직접적으로 관리하는 팀들에는 들어갈 자리가 없었다. 나는 찰스에게 클라우드와 관련된 다른 팀으로 보내달라고 했지만 내가 발령받은 곳은 신설된 "SRE 컨설팅팀"이었다.

1000여 개의 마이크로 서비스 중에서 운영상 가장 중요한 팀들만 자체 SRE 엔지니어를 둘 수 있었다. SRE 엔지니어들은 그 팀의 소프트웨어가 언제나 잘 돌아가도록 유지 관리할 책임이 있었다. SRE 엔지니어가 없는 다른 마이크로 서비스팀들도 SRE 엔지니어가 절실히 필요했지만 SRE 엔지니어가 부족했다(신뢰성 엔지니어링에 특화된 사람보다는 일반적인 소프트웨어 엔지니어를 채용하는 것이 훨씬 쉽다). 내가 발령받은 SRE 컨설팅팀은 이 문제를 해결하기 위해 만들어진 조직이었다. 회사 내의 특수 기동대라고 할 만했다. 소프트웨어 불안정으로 우버 앱에서 문제를 일으키고 있는 마이크로 서비스가 발생하면 즉시 출동해 그 팀의 소프트웨어 코드를 고쳐 급한 불을 끄고, 또 다른 팀에서 문제가 발생하면 다시 그곳으로 출동하는 식이었다. 이 팀에서는 더 이상 이몬이 내 상사가 아니었고 던컨이라는 매니저가 내 직속 상사가 되었다.

나는 회사가 내 문제를 처리한 방식에 실망하고 분노했다. 인사 부서도 내가 부적절한 대우를 받았다는 사실을 인정했는데 징계를 받은 쪽은 오히려 나였다. 맞서 싸우든지, 이런 일이 또 일어나지 않기를 바라며 그냥 넘어가고 묵묵히 일을 하든지, 내가 할 수 있는 일은 이 두 가지였다. 펜실베이니아 대학교에서의 쓰디쓴 기억이 떠올라 괴로웠다. 그때 나는 할 수 있는 한 가장 윗선까지 문제를 알렸는데 그 결과 학위를 빼앗겼다. 지금 내가 인사 부서의 결정에 맞서 싸운다면 우버도 펜실베이니아 대학교처럼 나올까? 해고되거나, 그만두도록 궁지에 몰리거나, 더 안 좋게는 또 다시 아예 다른 경력을 찾아야 하게 될까? 나는 소프트웨어 엔지니어의 일, 실리콘밸리의 일, 우버에서의 일을 포기할 각오가 되어 있지는 않았다. 아직 소프트웨어 엔지니어로서의 경력을 제대로 시작하지도 못한 상태였다. 나는 우선 최대한 열심히 일하고 최대한 많은 것을 배우기로 결정했고, 얼른 이 상황을 뒤로 하고 다음으로 넘어갈 수 있기를 바랐다. 컨설팅팀으로 발령을 받고서 나는 다른 SRE 엔지니어들이 일하는 곳에서 뚝 떨어진 자리를 배정받았다. 거의 텅 비어 있는 사무실에 나 혼자였다. 자리 배정에 대해 문의를 했더니 한 SRE 매니저는 내가 "좀 쉴 필요가 있다"며 "우리는 네가 클라우드팀의 누구와도 마주치지 않았으면 한다"고 말했다. 나는 주위를 둘러보았다. 아무도 없었고 족히 열두 줄은 되는 책상들 사이에 완전히 나 혼자였다. 나는 외로웠고 다른 SRE 엔지니어들과 나란히 앉아 일하면서 느꼈던 재미가 그리웠다. 우울함을 떨치기 위해, 적어도 이렇게 혼자 있으면 성희롱을 당하지 않고 묵묵히 일에 몰두하기는 좋겠다고 생각했다.

그러던 어느 날, 출근을 해서 빈 책상 사이를 지나 내 자리로 가는데 누군가가 내 책상에서 가까운 자리에 앉아 있는 것이 보였다. 클라우드팀 엔지니어 중 한 명이었다. 그는 활짝 웃으면서 "안녕하세요?"라고 인사를 하고서 헤드폰을 끼고 다시 일하기 시작했다. 이후 몇 주 동안 몇몇 다른 엔지니어도 (그래도 된다는 공식 승인은 받지 않은 채로) 내 근처로 자리를 옮겨와 일했다. 한 명이 가볍게 나를 포옹하면서 "거기 그렇게 혼자 계시는 게 싫어서요"라고 말했다. 나는 그들 중 누구에게도 내가 겪은 일을 이야기하지 않았다(굳이 그럴 필요가 없었다). 하지만 그들과 가까이서 일하는 것은 오래 지속되지 못했다. 현재 내가 속한 SRE 컨설팅팀 팀원을 포함해 대여섯 명이 내 자리 근처로 옮겨오자 나는 다시 다른 자리로 배정을 받았다. 이번에는 아예 몇 블록 떨어진 건물에 있는 사무실이었다. 이후 몇 달 동안 의자 빼앗기 게임은 계속되었다. 자리 배정에 대해 항의하면서 다른 SRE 엔지니어들과 가까운 자리에서 일하고 싶다고 할 때마다 해고를 암시하는 협박을 받았다. 자리 문제로 내가 계속 이의를 제기하면 이 회사에 내 자리는 더 이상 없을 거라는 식으로 말이다. 점차로 나는 입 다무는 법을 배웠고 그들이 내 자리를 본사 건물로 옮길 때 아무 말도 하지 않았다. 그곳의 내 자리 주위에는 모르는 팀들만 있었다. 다시 한번 나는 혼자가 되었다.

회사에서 완전히 고립되지 않기 위해 엔지니어링팀의 몇몇 여성들과 친구가 되었다. 상당수가 '레이디 엔지니어Lady Eng'라는 모임에 속해 있었다. 내가 입사하기 1년 전쯤 만들어진 모임으로, 기술 분야의 여성 직원이 주 멤버였다. 대개의 소통은 비공식적으로(몇몇 채팅방에서, 혹은 식당에서 점심을 먹으면서) 이루어졌지만, 곧 우리 모두 서로를 잘 알게 되었다.

이들과 모일 때마다 괴롭힘과 차별을 당하고 있거나 당한 적이 있는 다른 여성들 이야기를 계속 듣게 되었다. 이들도 인사 부서가 회사를 보호하기 위해 있는 것이지 직원을 보호하기 위해 있는 게 아님을 절감하고 있었다. 그리고 이들 모두 인사 부서가 그들이 겪은 부당 대우에 대해 아무런 조치도 취하지 않을 게 틀림없다고 포기하고 있는 것 같았다. 또 인사 부서에 보고하는 것은 기껏해야 명목상 절차일 뿐이고 실질적 조치로 이어질 리 없다고 생각했다. 심지어 어떤 이는 인사 부서가 보복 조치를 취할 게 뻔해서 아예 인사 부서에 보고하는 것을 포기했다고 했다. 그들 중 몇 명의 이야기는 내가 겪은 것과 너무 비슷하게 들렸다. 한 여성이 자신이 받은 부적절한 대우에 대해 이야기를 하는데 여기에 제이크라는 이름을 가진 사람이 등장해서 번뜩 깨달은 사실이었다. 처음으로 퍼즐 조각들이 모두 맞춰졌고, 우리 중 여러 명이 동일한 사람에게 비슷한 유형의 차별과 성적 괴롭힘을 당했으며 이에 대해 보고할 때마다 인사 부서는 매번 동일한 답변을 했다는 것을 알게 되었다. "이번이 그의 첫 실수"라고 말이다. 그리고 나처럼 다른 여성들도 이번이 제이크의 "첫 실수"라는 인사 부서의 말을 믿었다.

하루는 SRE 부서의 몇몇 여성들과 술을 마시러 갔다. 우리는 각자의 이야기를 나누기 시작했다.

"하, 제이크." 한 여성이 술잔을 물끄러미 보면서 이렇게 말하더니 씁쓸하게 웃었다. "나한테도 그 개수작하는 메시지를 보냈어요. 자기가 개방적인 연애를 하네 어쩌네…."

으으으. 우리 모두 몸서리쳤다.

"역겹네요. 당신도 당했다니 믿을 수가 없어요." 내가 말했다.

"그래서 내가 뭐라고 대답했게요?" 그 여성은 웃음을 터뜨리면서 물었다. "나는 이렇게 말했어요. '이봐요, 샌프란시스코 사람 절반이 개방적인 연애를 해요. 당신은 쥐뿔도 특별한 게 없어요'라고요."

그날 같이 있었던 일행 중에 우리 부서에서 인턴으로 일하고 있는 로라라는 젊은 여성이 있었다. 로라는 우버가 운영하는 가장 어렵고 복잡한 시스템 중 하나에 대해 회복력을 검정하는 카오스 테스트를 하는 팀에 속해 있었다. 다른 사람이었다면 그 일에서 그냥도 아니고 대차게 실패했을 것이다. 하지만 로라는 아니었다. 로라는 굳세고 강인했고 포기를 몰랐다. 인턴이 끝날 무렵에는 우리 부서의 모든 엔지니어로부터 실력을 인정받고 있었다. 우버는 로라에게 정규 일자리를 제안했고 그날 밤 로라는 수락할지 말지 결정하려 하고 있었다. 그날 바에 있었던 우리 모두가 우버에 합류하라고 독려했다. 로라는 우리 모임에서도 핵심 멤버가 되어 있었고, 솔직히 나는 모임 멤버 중 로라 없이도 우리가 계속 버틸 수 있으리라고 생각한 사람은 아무도 없었으리라고 생각한다. 하지만 그날 회사에서 벌어지는 성적 괴롭힘에 대해 그렇게 이야기를 하고 나서 로라더러 회사에 들어오라고 말하고 있노라니 참담하다는 생각이 들었다. 내가 비겁하고 위선적인 사람으로 느껴졌다. 로라도 우버에 입사하면 성희롱을 당할 거라는 생각이 떨쳐지지 않았다.

나는 그런 일이 생기게 둘 수 없었고 그런 일을 막기 위해 뭐라도 해야겠다고 결심했다.

　아빠는 "**세상 안에서** 살아가되 **세상의 일부**가 되지는 말아야 한다"고 말씀하시곤 했다. 지금도 아빠가 약간 어색한 미소를 띠고서 부드럽고 자신감 있는 목소리로 이렇게 이야기하시던 것이 생생히 들리는 듯하다. 그리고 아빠는 아빠의 삶에서 그렇게 하려고 노력했다. 아무리 오류가 가득한 세상이더라도 아빠는 **세상 안에서** 살아가셨다. 그와 동시에, 당신에 대해서는 더 높은 기준을 적용했다. 아빠에게는 열심히 일하고 공부해서 대학에 가고 가족을 부양하는 것만으로는 충분하지 않았다. 아빠는 좋은 양심을 가져야 했고, 결과에 상관없이 늘 옳은 일을 하려 노력해야 했으며, 매일 어제보다 조금 더 나은 사람이 되고자 애써야 했다. 사막의 어느 추운 저녁에 나와 함께 동네를 산책하면서 아빠는 그런 원칙에 따라 살아가는 것, 좋은 사람이 되고자 하며 살아가는 것이 쉽지는 않다고 말씀하셨다. 아빠는 다른 사람들처럼 되는 것이 훨씬 쉽다고, 아무것도 하지 않는 것이 훨씬 쉽다고 하셨다.

　나는 아무것도 하지 않는 사람이 되고 싶지 않았다. 하지만 내가 **무엇을 할 수 있는지**를 알 수가 없었다. 답을 찾으려고 머리를 쥐어뜯으면서 레이디 엔지니어 모임의 몇몇 사람들에게, 또 우버의 다른 여성들에게 내가 겪은 일을 이야기해보았지만 실마리를 찾을 수가 없었다. 그래서 차근차근 하나씩만 하기로 했다. 내가 인사 부서를 고칠 수는 없을 것이고 회사의 문화를 나 혼자 바꿀 수도 없을 것이다. 내가 괴롭힘을 당한 모든 여성을 대리해 고충 처리 절차를 밟을 수도 없을 것이고 다른 여성들이 겪은 일을 가지고 내가 인사 부서를 밀어붙일 수도 없을 것이다. 하지만 **내가 겪은 일**에 대해서는 사건을 다시 적절하게 처리해 달라고 요구할 수 있을 것 같았다. 내 사건을 가지고 더 큰 싸움을 시작할 수는 있을 것 같았다. 내 사건에서도, 또 이전의 다른 여성들의 사건에서도 인사 부서가 엉망으로 일 처리를 한 것은 분명했지만, 내가 문제 제기를 해서 고위층이 예전에 진상 조사가 부실하게 이루어졌음을 인정하게 된다면 앞으로의 사건에서는 인사 부서가 업무 관행을 개선할지도 모른다고 생각했다.

나는 내 상황을 더 위쪽에 알리기로 했고, 그래서 찰스를 다시 만났다. 놀랍게도 그는 제이크가 내게 한 일을 알고 있었고 제이크의 과거 잘못들도 알고 있는 것 같았다(하지만 캐런처럼 찰스도 제이크가 내게 성관계를 요구한 것은 그때가 첫 실수였다고 말하긴 했다). 왜 제이크가 징계를 받지 않았으냐고 물었더니 캐런과 같은 말을 했다. 제이크가 업무 성과가 높은 직원이고 이번이 처음이며 따라서 어쩌다 한 번 한 실수일지도 모를 일에 대해 징계를 해서 그의 경력을 망가뜨리게 된다면 공정한 일이 아니게 되리라는 설명이었다. 또 내가 당한 보복성 조치에 대해서도 캐런이 했던 말을 되풀이 했다. 내가 제이크의 팀에서 다른 팀으로 옮기게 된 것은 내게 선택권이 주어져 있었고 내가 그렇게 선택했으므로 보복성 조치에 해당하지 않는다는 것이었다. 불투명 코팅 유리로 벽이 쳐진 커다란 회의실에서 찰스는 근엄한 표정으로 원하는 게 뭐냐고 물었다.

나는 혼란스러워서 멈칫했다. 무슨 뜻인지 이해가 가지 않았다.

"제가 **뭘 원하느냐고요**?" 조금 더 명확하게 설명해달라는 의미로 내가 물었다. 그러자 그가 낮은 목소리로 말했다.

"그래. 여기에서 얻으려는 게 뭐야?"

나는 숨을 깊이 들이쉬고 말했다. 나는 보복 당하지 않기를 원한다. 클라우드팀에서 일하기를 원한다. 클라우드팀에서 내가 잘할 수 있고 우버에도 기여할 수 있는 내 능력을 발휘하기를 원한다. 성추행과 괴롭힘을 당하지 않기를 원한다. 그는 고개를 저으면서 내가 제이크의 성적인 접촉을 거부했고 그 일을 인사 부서에 보고했기 때문에 인사 고과가 낮게 나올 게 틀림없으므로 나를 다시 클라우드팀에 보낼 수는 없다고 했다. "안 좋은 인사 고과를 원하지는 않겠지?" 그가 물었다.

나는 고장 난 녹음기에 대고 말하는 것 같았다. 내가 뭐라고 말하든 그는 캐런이 내게 했던 말을 계속, 계속 되풀이했다. 회의실에서 나와 내 자리로 오는 동안, 찰스가 나를 돕기 위해서도, 이런 일이 다른 사람에게 또다시 일어나지 않게 하기 위해서도 아무것도 하지 않을 게 틀림없다는 확신이 들었다.

회사에서는 이런 일들로 기운이 빠졌지만, 개인적인 생활은 행복했고 그 덕분에 회사 문제로 우울증에 빠지지 않을 수 있었다. 나는 버클리에 있는 널찍한 집에 살았고, 자유 시간에는 바이올린을 배우고 공부를 하고 샌프란시스코에서 친구들과 즐거운 시간을 보냈다. 그리고 무엇보다, 사랑에 빠졌다. 베이 에어리어에 온 지 얼마 안 되었을 때 채드 리게티와 페이스북에서 다시 연결이 되었다. 전화로 면접을 했던 리게티 양자 컴퓨팅의 창업자가 얼마 뒤에 페이스북의 "알 수도 있는 사람" 목록에 나타난 것이다. 그때 나는 그가 어떻게 생긴 사람인지 처음 알았다. 내가 펜실베이니아에서 일자리를 구하고 있었을 때 나와 전화로 이야기했던 사람이 이 사람이라는 것을 믿을 수가 없었다. 금발 머리에 날카로운 턱선, 넓은 어깨, 은은한 눈을 가진 그는 내가 본 중 가장 우아한 남성이었다. 나중에 그를 내 친구들에게 소개하면서 마이클 패스벤더와 엘버트 아인슈타인의 혼합이라고 말했는데(친구들은 내가 제정신이 아니라고 생각했다) 여기에서 멈추지 않고 배시시 웃으면서 이렇게 덧붙이기까지 했다. "그런데 패스벤더보다 핫하고 아인슈타인보다 똑똑해."

나는 그에게 페이스북 친구 신청을 했고 놀랍게도 그가 수락했다. 이후 몇 달 동안 우리의 페이스북 우정은 서로의 사진과 상태 업데이트에 "좋아요"를 누르는 것으로 발전했고 나는 여학생 같은 마음으로 그에게 반했다. 그가 새로운 사진이나 그의 회사에 대한 글을 올릴 때마다 심장이 쿵쾅거렸다. 나는 우리가 데이트를 하고 저녁을 먹고 술을 마시면서 물리학과 철학에 대해 이야기하는 것을 꿈꾸었다. 하지만 나 혼자의 공상일 뿐이고 실현될 리는 없다고 생각했다. 그런데 내가 캘리포니아로 오고 나서 채드가 연락을 해왔다. 버클리에 있는 그의 회사의 새 사무실에 와서 그와 그의 팀 사람들을 만나보라는 것이었다. 나는 그와의 전화 인터뷰를 생생히 기억하고 있었고 그를 만나고 싶었다. 하지만 일과 관련해 만나는 자리에 그에게 여자로서 반한 것이 뒤섞이게 하고 싶지 않아서 거절했다.

매년 크리스마스 시즌이면 나는 친구, 가족, 동료들에게 수백 장의 카드를 보낸다. 채드와의 어색함을 해소하려고 그에게 연락해 크리스마스 카드를 보내려 하니 주소를 알려달라고 했다. 그리고 1월의 어느 주말, 채드가 나에게 브런치를 먹으러 나오겠냐고 물었다. 이번에는 그의 회사 사람들과의 점심이 아니었고 그의 사무실에서의 커피도 아니었다. 이번은 **브런치**였다! 나는 약속 장소인 버클리의 작은 카페에 조금 일찍 도착해서 설레는 마음으로 그가 오기를 초조하게 기다렸다. 첫눈에 반한다는 개념을 믿지 않는 사람도 있다는 것을 알지만, 그가 문에서 들어오는 것을 본 순간 나는 그가 내 인생의 사랑이고 우리가 만날 운명이었다는 것을 알 수 있었다. 우리는 서로에 대해 알아가면서 그날 오전의 나머지 시간을 보냈다. 우리는 좋아하는 것들에 대해 이야기했고 앞으로의 계획과 꿈에 대해 이야기했다. 그는 컨트리 뮤직을 좋아한다고 했고 그가 제일 좋아하는 뮤지션인 가스 브룩스가 〈더 리버〉를 부르는 동영상을 보여주었다. 나는 고대 철학에 집착적일 정도로 관심이 많다고 말했고 전前소크라테스 철학자들(소크라테스보다도 이전 시기의, 역사상 최초의 철학자들)에 대해 읽고 있는 책 이야기도 했다.

나는 그의 회사의 취직 자리에는 더 이상 생각이 없으며 우버에서 일하는 것에 만족하고 있다고 처음부터 명확히 밝혔다. 그리고 그와 친구가 (혹은 더 이상이?) 되고 싶다고 했다. 물론 속으로는 '취직 자리가 아니라 당신을 원해요'라고 말하고 싶었다. 카페에서 나와서 길 아래쪽으로 걸어가는데 그가 내 팔을 잡더니 미소를 지으며 말했다. "우리 같이 세상을 정복해보죠."

그 순간 이후로 우리 둘은 뗄 수 없는 사이가 되었다.

2016년 초의 몇 달 동안 나는 내가 처한 상황에서도 최대한 많은 일을 이루려 애썼고 하루하루 일과에 집중하면서 묵묵히 일에 매진하고자 노력했다. 하지만 3월 말에 한 동료로부터 제이크가 SRE 부서의 다른 사람들에게 내가 그를 인사 부서에 신고했지만 나로서는 자기 같은 남자를 "감당할" 수 없다고 말하고 다닌다는 이야기를 듣고서는 도저히 가만히 있을 수가 없었다. 비슷한 시기에, 나는 제이크가 점심시간에 자기 팀 사람들에게 인근 스트립 클럽에 가자고 했다는 말을 들었다. 그 말에 그의 팀 사람들뿐 아니라 근처에 있다가 그 말을 들은 다른 팀 사람들까지 눈살을 찌푸렸다고 했다. 꽤 여러 명이 제이크를 인사 부서에 신고했고, 더 높은 CTO 투안 팸에게 문제 제기를 한 사람도 있었다. 하지만 이번에도 아무 조치가 취해지지 않았고 제이크를 신고한 사람들은 그의 첫 실수이니 그냥 넘어가야 한다는 취지의 대답을 들었다.

이 시점이면 우버가 직원들의 고충 신고에 눈을 감고 있는 것과 인사 부서가 사내에서 발생한 부적절한 행동을 그냥 덮고 지나가려 하는 것에 대해 많은 사람들이 분노하고 있었다. 레이디 엔지니어의 멤버이기도 한 애쉴리는 용감하게 SRE의 부서에, 그 다음에는 전체 엔지니어링 부서의 고위 책임자에게 문제 제기를 하기로 결심했다. 그래서 처음에는 찰스와, 그 다음에는 찰스의 상사인 데이비드와 면담을 했다. 그런데도 어떠한 시정 조치도 취해지지 않자 애쉴리와 우리 부서의 한 매니저는 CTO 투안 팸을 만나서 왜 SRE 부서 매니저들과 인사 부서가 직원들의 고충 신고를 묵살하느냐고 따졌다.

CTO마저 아무 일도 하지 않으리라는 것을 깨닫고 우리는 격노했다. 제이크의 행동에 대해 지난 1년간 불평을 제기한 사람이 우리 중에서만도 여럿이었다. 그리고 그 고충 신고는 우버의 고위 경영진에게까지 올라갔다. 그런데도 회사는 이러한 문제 제기가 하나도 존재하지 않는 양 행동했고, 더 어처구니없게도 그러는 동안 제이크의 행동 때문에 다른 사람들이 업무에서 피해를 입기 시작했다.

나를 포함해 제이크의 행동에 대해 인사 부서에 고충을 제기한 적이 있거나 제기할 생각이 있는 남녀 직원 몇 명이 의기투합해 다 같이 인사 부서에 가서 이야기를 하기로 했다. 모두 한꺼번에 인사 부서 담당자와 대면해 이야기를 함으로써 우버가 책임 있는 조치를 취하도록 밀어붙이고 싶었다. 하지만 인사 부서는 비밀 유지와 사생활 보호를 이유로 우리 모두를 한 자리에서 만나는 것을 거부했다. 우리는 굴하지 않고 문서화된 증거 자료들을 다 모으고서 인사 부서와 한 명씩 연달아 면담을 잡기로 했다. 인사 부서가 제이크에 대해 불만이 접수된 것은 이번이 처음이라는 거짓말을 하지 못하도록 하기 위해서였다.

내가 마지막 순서였다. 지난번 인사 부서와 면담을 했을 때와 마찬가지로 "비공개 회의"라고 표시된 본사 회의실 중 한 곳으로 들어갔다. 내가 먼저 도착해 커다란 회의용 탁자에 앉아 기다렸다. 인사 부서에서 누가 오긴 오는 건가 싶던 찰나, 흑갈색 머리의 백인 여성이 들어와 자신을 제시카라고 소개했다. 제시카는 신설된 '직장 내 괴롭힘 담당 TF' 소속이라며 자신이 배정받은 사건 중에 이것도 포함되어 있다고 했다. 우리는 탁자를 사이에 두고 마주 앉았다. 나는 출근 첫날 제이크와 있었던 일을 다시 설명했고, 케런과의 면담과 팀을 옮기든지 인사 고과를 낮게 받든지 "선택"하라고 했던 회사 측의 제안 등에 대해서도 이야기했다. 그리고 더 높은 상사인 찰스에게 문제를 제기했을 때도 아무 조치가 취해지지 않았다는 이야기도 했다.

제시카는 내가 말하는 동안에는 공감한다는 표정으로 고개를 끄덕이며 듣더니만 내가 설명을 마치자 왜 인사 부서에 또 찾아왔는지 이해가 되지 않는다고 했다.

"그 문제가 처리된 방식에 만족하시는 줄 알았는데요." 실망어린 표정으로 제시카가 말했다.

나는 "전혀 아닙니다"라고 대답했다. "채팅 메시지를 보고했을 때 캐런은 이번이 제이크의 첫 실수라고 말했는데 그것은 사실이 아니었어요."

그러자 제시카는 "그것이 제이크의 첫 실수가 **맞다**"고 주장했다.

나는 고개를 저으며 말했다. "아니에요. 그렇지 않습니다. 성적 괴롭힘이나 따돌림 건으로 제이크를 신고한 다른 사람들과도 면담을 하셨잖아요."

제시카는 한숨을 쉬었다. 한동안 침묵이 흐르고 나서 제시카는 인사 부서 직원들이 단체로 암기라도 하고 있는 것 같은 말을 또다시 반복했다. 제이크가 나에게 성희롱을 했을 때가 그의 첫 실수였고, 따라서 한 번 실수한 것에 대해 곧바로 징계하는 것은 적절치 않으며, 회사 측이 내가 제이크의 팀에서 나갈 수 있는 선택권을 내게 주었으니 내가 "보복성 조치를 당했다"고 주장할 수 없다는 것이었다. 여기까지는 내내 들었던 말의 반복이었는데, 그다음에 제시카는 처음 들어보는 이야기를 했고 그 말에 나는 완전히 흔들렸다. 제시카는 눈썹을 치켜올리며 이렇게 말했다. "사실, 다른 직원들은 모두 **당신에 대해** 불평을 제기하러 온 것이었어요."

나는 충격에 빠졌고, 무서웠고, 당황스러웠다. 얼굴이 화끈거렸다. 아마 새빨개졌을 것이다. 이게 정말 사실일 수 있을까? 모임의 모든 사람이 나를 속이고 인사 부서에 나에 대한 불만을 제기하러 왔단 말인가? 내가 제대로 알아들은 게 맞나? 정신을 못 차린 상태로 남은 면담 시간을 겨우 견디고 회의실에서 나와 담배를 한 갑 샀다. 그리고 건물 밖 가장자리에 앉아서 머리를 손으로 감싸고 엉엉 울기 시작했다.

나는 너무 부끄러웠다. 나를 위해 부당한 일을 바로잡고 우버에서의 잘못된 일을 고치기 위한 노력이었지만 내가 너무 지나쳤던 것인지 혼란스러웠다. 나는 펜실베이니아 대학교에서 일어난 일과 관련해 후회되는 것이 아주 많았다. 그리고 우버가 제이크 건을 제대로 처리하지 않아서 분노했다. 그런데, 혹시 그러한 후회와 분노 때문에 판단을 그르친 것이었을까? 그 바람에 내가 현실을 바로 보지 못한 것일까? 나는 내가 놓쳤을지도 모르는 실마리를 찾기 위해 기억을 샅샅이 되짚었다. 내 판단에 경고등을 울렸어야 마땅한 것은 없었는지, 내가 간과한 것은 없었는지 필사적으로 찾아보려 했다. 그렇게 앉아서 절망적인 심적으로 내가 무엇을 잘못했는지 되짚어보고 있는데, 전화가 울렸다. 몇몇 친구와 동료들이 인사 부서와의 면담이 어떻게 되었냐고 물었다. 제시카가 한 말(제이크의 첫 번째 실수가 맞으며, 다른 사람들은 제이크에 대해 불평을 제기한 적이 없고 다들 오히려 나에 대해 불평을 제기하러 온 것이었다는 말)을 전했더니 친구와 동료들은 자기도 같은 말을 들었다고 했다.

그 후로 우리는 인사 부서가 제이크에 대해, 또 괴롭힘, 차별, 따돌림에 동참한 다른 어떠한 매니저나 직원에 대해 조치를 취해 주리라는 기대를 접었다. 의기투합했던 우리의 모임은 서서히 해체되었고 각자에게 일어난 일에 대해 서로 이야기하는 것조차 그만두었다. 이야기를 하면 너무 기운이 빠졌기 때문이다. 우리는 덫에 걸린 느낌이었고 겁이 났고 화가 났다. 많은 이들이 다시는 인사 부서에 보고하지 않겠다고 했다. 하지만 그래도 나는 무슨 일이 또 일어나면 모조리 기록해서 보고하겠다고 결심했다. 인사 부서가 조치는 취하지 않겠지만 말이다(조치를 취한다고 해도 보복성 조치이겠지). 그리고 다른 직원들이 나에게 조언을 구하면 그들에게도 그렇게 하라고 독려했다. 펜실베이니아 대학교 시절에 변호사들로부터 이야기를 들은 게 있어서 모든 것에 대해 기록을 남겨 두는 게 얼마나 중요한지 잘 알고 있었기 때문이다. 만약 소송이 벌어질 경우 고충 사항에 대한 기록과 회사가 보고를 받고도 조치를 취하지 않았음을 입증할 기록이 필요할 터였다. 일터에서 괴롭힘, 차별, 보복이 일어났을 때 궁극적으로 법적인 책임을 져야 하는 것은 그 괴롭힘, 차별, 보복 행위를 저지른 개인이 아니라 **회사**다. 따라서 그러한 행위에 대해 기업이 법적으로 책임을 지게 하려면 먼저 기업이 잘못된 행위가 있었음을 인지했고 그것을 고칠 기회가 있었다는 점을 분명히 해야 한다.

제이크를 인사 부서에 보고한 적이 있거나 제시카와 연달아 면담을 한 사람들에게 회사가 보복을 하기까지는 오래 걸리지 않았다. 제이크에 대해 아무 조치도 취해지지 않자 찰스, 데이비드, 그리고 고위 경영진에게도 문제를 제기했던 이몬은 회사를 그만두어야 했다. 공식적으로는 "가족과 함께 시간을 보내고 싶어서"라는 이유였지만 그가 왜 쫓겨나는지 다들 알고 있었다. 한두 달 뒤 또 다른 직원이 해고되었다. 해고되기 얼마 전에 그는 "팀 플레이어"가 아니라는 경고를 들었다고 내게 말했다. 우리 모임의 여성 직원 중 한 명도 협박과 괴롭힘에 시달리다 3개월간 병가를 냈다.

나는 또다시 자리를 옮겨야 했다. 이번에도 SRE 부서의 다른 직원들과 동떨어진 자리였다. 이몬의 후임이자 내 상사의 상사인 덩치 크고 시끄러운 케빈이라는 사람의 요청으로 그렇게 된 것 같았다. 케빈은 구글에서 찰스, 데이비드와 오랫동안 함께 일한 사람이었다. 듣자 하니 케빈은 우버에 합류하고 얼마 뒤에 내 친구 중 한 명에게 SRE 부서에 여성 엔지니어가 별로 없는 이유는 여성 중에는 이 일에 진정으로, 진짜로 관심 있는 사람이 없기 때문이라고 말했다고 한다.

8

조지프의 죽음

무엇을 어떻게 해야 할지 알 수가 없었다. 우버가 해로운 일터라는 것은 명백해 보였고 떠오르는 방도는 퇴사밖에 없었지만, 우버에 온 지 몇 달 되지 않은데다 플래이드와 펍넙에서도 너무 일찍 그만두었기 때문에 그럴 수도 없었다. 상황이 나아지기를 바라면서 살아남기 위해 최선을 다하는 게 유일한 선택지인 듯했다. 되도록 나에게 관심이 쏠리지 않게 하고, 열심히 일해서 적어도 업무에 대해서만은 인정하지 않을 수 없게 하자고 말이다.

SRE 컨설팅팀에서 몇 달간 일하면서 여러 엔지니어링팀에 출동해 소프트웨어 문제를 고치다 보니, 꽤 많은 경우에 각 팀이 비슷한 문제를 겪고 있다는 것을 알 수 있었다. 나는 많은 팀에서 공통적으로 겪었던 문제들(마이크로 서비스가 깨질 수도 있는 심각한 문제들이었고 그럴 경우 우버 앱이 다운되거나 견딜 수 없게 느려질 수 있었다)을 목록으로 만들고 그것을 어떻게 해결했는지 기록했다. 그 다음부터는 출동할 때마다 그 팀 직원들과 함께 해당 마이크로 서비스의 코드를 점검하고, 아키텍처를 검토하고, 내가 만든 체크리스트를 하나씩 확인했다. 회의가 끝날 무렵이면 우리는 무엇이 문제였는지 꽤 잘 파악할 수 있었고 해결하기 위한 단계별 계획도 분명하게 도출할 수 있었다.

이 방식이 굉장히 효과적이었기 때문에 전사적으로 적용 가능한 체크리스트를 만들 수도 있지 않을까 하는 생각이 들었다. 그럴 수만 있다면 각 팀은 문제가 생길 때마다 우리의 출동을 기다릴 필요 없이 직접 문제를 해결할 수 있을 터였다. 각 마이크로 서비스를 운영하는 엔지니어들이 자신이 직면한 문제가 다른 팀이 이미 해결한 문제라는 사실을 모르는 경우가 많았기 때문에 이러한 체크리스트를 전사적으로 적용한다면 효율성이 크게 향상될 것 같았다.

그뿐 아니라 당시 우버의 소프트웨어는 구축 방식이 전사적으로 표준화되어 있지 않았다. 우버 앱이 제대로 작동하려면 수많은 엔지니어링팀에 흩어져 있는 1000여 개의 독립적 마이크로 서비스가 잘 맞물려 돌아가야 하는데 그렇지 못한 경우가 있었고, 대개는 표준화가 덜 되어 있는 것이 원인이었다. 안정적이고 신뢰성 있는 시스템을 구축하는 데 필요한 표준들을 충족시키지 못해 마이크로 서비스들의 작동이 어긋난다는 것은 승객들의 차량 호출이 거부되고, 운전사가 돈을 받지 못하고, 이동 중에 목적지 표시가 사라지는 등의 문제가 발생하게 된다는 뜻이었다. 이것은 단순히 학구적인 차원에서 최적화 문제를 푸는 것이 아니었다. 소프트웨어의 실패는 현실에서 매우 실질적인 피해를 가져올 수 있었다. 나는 승객과 운전사들의 우버 이용 경험을 향상시킬 수 있으리라는 생각에 신이 났다.

체크리스트 시도를 통해서 나는 모든 팀이 따를 수 있는 아키텍처 표준이 있다면 상호 연결된 시스템 전체의 신뢰성을 높일 수 있으리라는 것을 알게 되었다. 하지만 표준 목록을 만드는 것만으로는 충분치 않을 터였다. 각 팀이 그것을 따르지 않으면 소용이 없을 것이기 때문이다. 그래서 표준을 따르는지 확인할 수 있도록 어떤 마이크로 서비스가 '프로덕션 레디', 즉 곧바로 우버 앱에 맞물려 작동할 수 있는 상태인지 확인하고 승인하는 시스템을 만들면 어떨까 하고 생각하게 되었다. 가령 체크리스트 항목 중 90% 이상을 충족한다거나 하는 식으로 일정 수준을 넘기면 프로덕션 레디 승인이 나게 하는 것이다.

우버의 몇몇 엔지니어는 자기 팀에서 자체적으로 표준 목록을 만들어 사용하고 있었고, 자타 공인 우버 최고의 엔지니어로 꼽히는 릭은 그가 일했던 모든 팀에 적용할 '통합' 프로덕션 레디 표준 목록을 처음으로 만들었다. 또 다른 SRE 엔지니어인 폴은 프로덕션 레디 표준 목록을 만들고 부분적으로 그것을 자동화하기까지 했다. 나는 릭, 폴, 그리고 내가 속한 SRE 컨설팅팀 동료들의 도움을 받아가면서 처음으로 다시 돌아가 릭이 만든 목록, 다른 엔지니어들이 만든 목록, 내가 만든 작은 체크리스트와 내가 계산한 기준값, 그리고 우버의 마이크로 서비스들이 겪고 있는 심각한 문제들을 살펴보았고, 이것들을 잘 종합한 무언가를, 우버의 모든 소프트웨어를 표준화할 수 있는 무언가를 그려보기 시작했다.

컨설팅팀이라는 점을 십분 활용해서 출동을 나갈 때 몇몇 팀에 새 표준 시스템을 시험해보았고, 최적의 종합을 알아내기 위해 적지 않은 시행착오를 거친 뒤 기쁘게도 새 표준 시스템이 매우 성공적이라는 것을 확인했다. 그 다음에는 이것을 사내에 더 널리 적용하려는 몇몇 팀과 의기투합해서, 그리고 SRE 부서에 새로 온 여성 엔니지어 록산나와 함께, 표준화 시스템 전체를 자동화했다. 록산나는 수백 개의 소프트웨어팀과 긴밀하게 소통하면서 새 표준 시스템이 각 팀에서 마이크로 서비스를 실제로 운영하는 엔지니어들에게 실질적으로 도움이 되도록, 그리고 그들이 자기 팀의 소프트웨어를 새 표준에 맞추는 작업이 번거롭지 않고 흥미로운 일이 되도록 면밀하게 신경을 썼다.

우버에는 우버의 문화적 가치를 모범적으로 구현한 직원에게 상을 주는 제도가 있었다. 14개 핵심 가치 각각에 대해 한 명씩 수상자가 선정되었다. 우버에서 이 상을 받는 것은 대단한 일이었다. 업무에서 인정을 받았다는 의미일 뿐 아니라(엔지니어가 수천 명이나 되는 조직에서 이는 쉬운 일이 아니다), 다음번 인사 고과 때 승진이나 상당한 보너스(또는 둘 다)로 이어질 가능성도 컸다. 록산나는 자동화된 표준 시스템 개발에서 매우 뛰어난 역량을 발휘해 우버 소프트웨어 전체의 신뢰성과 안정성을 직접적으로 향상시켰다. 그래서 나는 록산나를 14개 상 중 하나의 후보로 추천했다. 하지만 몇 주 뒤 록산나의 이름을 기대하며 수상자 명단을 확인해보니 그 상은 다른 사람에게 돌아가 있었다. 전에 같이 일해본 적이 있는 사람이었는데, 그가 록산나를 제치고 상을 받았다니 믿을 수가 없었다. 그가 한 일이 회사에 기여한 바는 록산나에 비할 바가 되지 못했기 때문에 말이 되지 않는 것 같았다.

어리둥절해진 나는 수상 위원회에 문의를 했다. 그런데 문의하기 전에 과거 수상자들을 살펴보니 여성이 극히 드물었다. 나는 우버의 다른 여성들에게도 이에 대해 이야기했고 우리는 우리가 다른 여성을 후보로 추천한 횟수를 세어보았다. 우리가 추산해본 바로는 여성과 남성이 비슷한 빈도로 추천된 것 같았는데, 수상자는 여성이 훨씬 적었다. 이에 대해 문의하자 수상 위원회를 담당하는 엔지니어링 디렉터는 여성들이 후보 추천을 할 때 추천서를 제대로 작성하지 못해서 그 후보가 수상자가 되지 못한 것이라고 했다. 깔보는 듯한 설명 방식에 묘하게 익숙한 구석이 있어서 사내 주소록에서 그를 찾아보았다. 그리고 그의 사진을 보자마자 헛웃음이 터졌다. 우버버스티에서 '가장 흥미로운 사람'을 뽑을 때 여자들은 다 내려가라고 했던 사람이었기 때문이다.

레이디 엔지니어의 몇몇 여성과 함께 내가 더 따져 묻자 그는 여성도 상을 받을 수 있게 여직원용 상을 별도로 만들겠다고 했다. 나는 이 말도 안 되는 제안에 강하게 항의했고, 다행히 이 제안은 없던 일이 되었다. 그 이후로 나는 다른 여성들이 추천서를 쓸 때 작성을 도와주었고, 추천서가 형편없어서 상을 못 받는 거라는 소리가 못 나오게 제출 전에 여러 사람에게 추천서를 보여주었다. 나중에 록산나를 비롯한 몇몇 여성이 뛰어난 성취를 인정받아 상을 받게 된다.

비슷한 시기에 나는 '바 레이저bar-raiser' 면접관으로 활동하게 되었다. 새로 들어오는 모든 직원은 회사의 '기준을 높여야raise the bar' 한다는 개념에서 나온 명칭이지만, 우리는 면접 진행 기법에서만 기준이 높아지는 것 같다고 농담하기도 했다. 아무튼, 우버에서는 모든 면접에 바 레이저가 참관해 채용 과정에 젠더, 인종 등에 의한 차별이 작동하지 않게 하고, 지원자가 우버의 문화적 가치와 기준을 충족하는지 확인했다. 또한 바 레이저는 면접관 모두가 채용하고 싶어 하는 지원자라 해도 채용 거부권을 행사할 수 있는 권한이 있었다. 나는 바 레이저 역할에 매우 성실하게 임했고 매주세 번 정도 면접에 참관해 면접이 공정하게 진행되도록 최선을 다했다.

쉬운 일은 아니었지만 들이는 시간이 아깝지 않을 만큼 보람 있었다. 여러 부서와 팀을 두루 돌았기 때문에 동일한 팀의 면접에 두 번 들어가는 경우는 거의 없었다. 참관할 때마다 완전히 다른 회사(그리고 내가 아는 사람이 아무도 없는 회사)에 있는 것 같았고 면접관이 해당 면접의 개요를 설명할 때 굉장히 귀담아 들어야 했다. 면접에 들어가기 전에 머릿속으로 내가 주의를 기울여야 할 점들을 짚어보았다. 면접관이 성별, 국적, 성적 지향 등으로 지원자를 차별하지 않는지 살핀다. 면접관이 외국 억양을 가지고 있다고 해서 지원자를 탈락시키지는 않는지 살핀다. 면접관이 가족이나 자녀에 대한 질문을 하지는 않는지 살핀다(가령 "회사 일 이외의 다른 의무"라는 표현으로 에둘러 물어보는 경우가 있을 수 있다).

하지만 곧 내 노력이 환영받지 못한다는 것을 알게 되었다. 두 단계 위의 상사인 케빈은 내가 바 레이저로 활동하는 것을 굉장히 싫어했다. 케빈과 내 바로 위 매니저인 던컨은 바 레이저 제도도, 내가 그 일을 하는 것도 몹시 못마땅하다고 여러 차례 말했다. 나는 우버를 더 나은 일터로 만드는 데 중요한 일이라고 생각해서 계속하겠다고 버텼지만 소용없었다. 곧 케빈과 던컨은 바 레이저 일을 계속하면 해고하겠다는 명백한 메시지를 보냈고, 자기들 탓으로 여겨지지 않도록 바 레이저를 그만두는 이유는 나더러 적당히 알아서 대라고 했다. 던컨은 대수롭지 않다는 듯이 이렇게 말했다. "그냥 너무 바쁘다고 해."

일자리를 잃지 않기 위해 바 레이저 활동을 그만두면서 정말 속이 상했다.

나는 SRE 컨설팅팀에서 하는 일이 자랑스러웠다. 각 팀이 전사 차원의 프로덕션 레디 표준에 맞춰 아키텍처와 코드를 수정하면서 마이크로 서비스의 다운타임이 최저치를 경신했다. 나는 표준화 시스템을 다른 회사들도 사용할 수 있을 정도로 일반화할 수 있을지 알고 싶어서 우버 법무팀과 상사들에게 허가를 받아 실리콘 밸리의 다른 기업들에 이 시스템을 공유했다. 다른 기업들에서도 효율성이 크게 향상된 것으로 나타난 뒤 소프트웨어 엔지니어링 서적 분야에서 최고로 꼽히는 '오라일리 미디어' 출판사와 책을 내기로 계약을 하게 되었다.

뛸 듯이 기뻤다. 내가 출판 계약을 하다니! 내 일생의 꿈, 작가의 꿈이 이뤄지려 한다는 게 믿어지지 않았다. 나는 종일 회사에서 일한 뒤에 밤에는 버클리의 오렌지색 집에서 새벽까지 책을 썼다. 또한 우버가 스탠퍼드 대학교와 파트너십을 맺어 성과 우수자에게 지원하는 컴퓨터 공학 특수 대학원 지원 자격이 된다는 것을 알게 되고서 난생 처음으로 진짜 소프트웨어 엔지니어링 수업을 듣기 시작했다. 대학원 수업을 듣는 한편으로 혼자서 해오던 공부도 계속했다. 회사 일을 하거나 책을 쓰고 있지 않을 때는 운영체제, 네트워킹, 범주 이론, LISP이나 Go 같은 새 프로그래밍 언어 등을 공부했다. 회사에서의 상황은 점점 더 나빠졌지만, 회사의 안 좋은 부분은 생각하지 않고 내 삶의 좋은 부분에 집중하려고 노력했다.

여유 시간이 조금이라도 생기면 채드와 함께 보냈다. 우리는 틸든 공원에서 길게 산책을 하거나 러시안강에서 카약을 탔고, 오클랜드 어슬레틱스의 야구 경기를 보러 갔고, 시시콜콜한 일상을 공유했다. 지난 몇 달 사이에 우리는 미친 듯이 사랑에 빠졌다. 채드도 회사 일로 매우 바빴다. 그가 창업한 회사는 빠르게 성장하고 있었고 바로 얼마 전에 시리즈 A 펀딩(벤처 캐피탈을 대상으로 하는 첫 번째 주요 투자 유치 라운드)을 마친 상태였다. 그는 새벽부터 밤까지, 하루에 12~14시간씩 일했다. 나는 자신의 일에 이렇게 헌신하는 사람을 본 적이 없었다. 채드는 그가 하는 일의 모든 면을 사랑했고, 직원들을 사랑했고, 함께 이뤄가는 성취를 사랑했다.

일을 대하는 채드의 태도와 채드가 일구려는 문화는 내가 우버에서 느끼는 것과 판이하게 달랐다. 리게티 양자 컴퓨팅과 우버 테크놀로지스는 스펙트럼의 양극단이었다. 채드는 리게티 양자 컴퓨팅이 즐거움이 가득한 회사가 되기를 원했다. 그는 직원들이 신나서 일하러 오고 양자 컴퓨터를 만드는 데서 제기되는 기술적 도전에 열정적으로 나서는 곳, 그리고 한 팀으로서 난제를 함께 해결해가는 곳이 되길 바랐다. 반면, 우버는 비용이 얼마가 들든 무조건 경쟁자를 짓밟고 보는 공격적인 방식으로 돌아가는 회사였다. 우버는 사람들이 무언가를 지으러 오는 곳이 아니라 부수러 오는 곳 같았다.

상당 부분 우버의 성공은 공격적으로 법을 무시해서 이룬 것이라고 볼 수 있었다. 트래비스 칼라닉과 경영진은 세계 각국의 도시에서 "들이밀기hustle"와 "교란disruption"의 이름으로 법과 규제를 뻔뻔하게 어기면서 적합한 허가를 받지 않은 채 영업을 하고 있었다. 그뿐 아니라 (그해 봄과 여름에 내가 직접 겪게 되듯이) 우버의 급속한 성장을 가져온 공격성은 회사 내에서 낮은 직급 직원들에게도 향하고 있었다. 법과 규칙을 무시하는 관행이 회사 문화에 너무나 깊이 뿌리박힌 나머지 우버의 매니저들은 고용 관계법이라든가 인간의 존엄 같은 것을 준수할 의무가 자신에게는 적용되지 않는다고 생각하는 듯했다. 부하 직원을 멸시하고 모욕하고 놀림감으로 삼고 위협하는 것은 다반사로 일어나는 일이었고, 아무런 징계나 제재도 뒤따르지 않았다. 승진, 보너스, 칭찬은 직원, 인사 부서, 매니저들을 길들이기 위한 방편으로 사용되곤 했다. 한 여성 동료는 승진을 하고 나서 자신이 승진한 것은 직속 상사의 성추행이 문제가 되자 "무마하기 위해" 여성인 자신을 승진시킨 게 아닌가 싶다고 내게 털어놓았다.

권력 투쟁의 양상은 너무도 반사회적으로 보였다. 모든 매니저는 자신의 매니저 자리를 차지하려고 경쟁했고, 그들의 매니저는 다시 자신의 매니저 자리를 차지하려고 경쟁했다. 이러한 권력 게임에서는 무슨 짓을 해도 지나치다고 여겨지지 않았다. 프로젝트를 방해하고, 루머를 퍼뜨리고, 직원을 장기판의 말로 삼는 일이 허다했다. 낮은 직급의 직원들에게 이러한 권력 투쟁을 숨기려 하지도 않았다. 오히려 거리낌 없이 떠벌렸고 궁극적으로 피해는 고스란히 우리 같은 낮은 직급 직원들에게 떨어졌다. 사내 정치와 권력 싸움은 종종 매우 심각한 결과를 초래했다. 프로젝트가 공지도 없이 무산되어 수천 시간의 노력이 물거품이 되는가 하면, 회사의 목표와 프로젝트가 너무 자주 바뀌어서 대체 지금 무슨 일을 하고 있어야 되는지 파악하기가 어려울 정도였다. 수시로 팀이 해체

되었고 엔지니어들은 수시로 이곳저곳으로 옮겨졌다. 우리는 우버 앱이 돌아가는 게 기적이라고 농담하곤 했다. 우버는 완전히 혼돈의 도가니였다.

매니저들은 우버의 기업 문화가 가진 문제에 대해 스타트업들은 다 그렇다며 일축하곤 했다. 하지만 우버에서 벌어지는 일은 실리콘 밸리의 다른 회사들에서 용인되는 수준을 아득히 넘어서 있었다. 내가 채드나 친구들, 식구들에게 회사에서 있었던 일을 이야기하면, 그들은 내 말을 믿긴 했지만 정상적이거나 용납 가능한 수준을 너무 벗어나 있어서 믿을 수 없을 정도라고 종종 말했다. 정상적으로 돌아가는 회사라면 불미스러운 일이 일어났을 경우 개별적인 사건이 시스템의 문제로 고착되지 않도록 견제와 균형의 메커니즘이 작동한다. 그런데 우버에는 견제와 균형의 장치가 없었다. 언어폭력, 성추행, 그 밖의 직장 내 괴롭힘이 발생하면 문제가 논의되고 시정되는 게 아니라 그냥 덮었다. 해로운 행동들이 고쳐지지 않고 그대로 부글대다 썩으면서 회사의 나머지까지 모두 감염되었다. 질병이 퍼지듯, 점차로 우버 직원과 매니저들의 도덕적 기준에 대한 감각이 왜곡되었다. 그들은 주위 사람들을 볼 때 거기에 비친 자신의 왜곡된 모습만을 보았고, 이는 다시 그들의 끔찍한 행위를 강화했다.

이런 아수라장 같은 상태는 회사의 맨 꼭대기에서 기인한다는 것이 대체로 알려진 바였다. 트래비스 칼라닉과 투안 팸은 직원들끼리 벌이는 맹렬한 싸움을 구경하는 게 즐거운 듯했다. 나의 두 단계 위 상사인 케빈은 자신의 상사인 찰스가 곧 밀려나고 자기가 그 자리를 차지할 거라며, 찰스의 상사인 데이비드가 자신에게 그렇게 언질을 주었다고 늘상 이야기했다. 그런데 찰스는 데이비드가 곧 밀려나고 자기가 그 자리를 차지할 거라고 늘 말했다. 나만 이런 이야기를 들은 게 아니었다. 우버의 내 친구들 거의 모두가 같은 이야기를 들었다. 우버가 그해 여름 안에 중국에서 철수할 방침이라고 발표하고 얼마 뒤에 데이비드가 우리 팀과의 회의 때 한 말이 지금도 기억에 남는다. 그날 회의실에 있었던 스무 명 남짓한 사람들에게 데이비드가 말하길, 하루는 트래비스가 그를 집으로 초대해서 중국 철수 계획을 상세하게 이야기해주었다. 그리고 그날 자리가 파하기 전에, 오늘 들은 중국 이야기를 투안에게는 말하지 말라고 했다. 데이비드는 그래서 자신이 투안에게는 이야기하지 않았다며, 이제 트래비스가 자신을 CTO로 승진시킬 것이 틀림없다고 자랑했다.

차별, 부당 대우, 권력 투쟁의 문제 외에, 무지막지한 업무 강도도 문제였다. 그해 봄에 아리아나 허핑턴이 우버 이사회에 합류했을 때 우버는 수면의 중요성을 설파하는 허핑턴의 신간을 왕창 구매해 여기저기 놓아두었다. 회의실 탁자마다, 탕비실마다, 빈 책상마다 《수면 혁명》이 쌓여 있었다. 어느 날, 아침으로 바나나를 먹으려고 탕비실에 갔더니 책들이 먹을 것과 커피가 있는 곳을 가로막고 있었다. 일을 줄이고 낮잠을 자고 수면 시간을 늘리라고 말하는 책을 우버가 직원들에게 홍보하고 있다니, 우버의 많은 직원들에게 이것은 블랙 코미디 같았다. 직원 대부분이 매일 12시간 이상 일하고 있었고 많은 우버 운전사도 보너스를 받기 위해 위험할 정도로 장시간 일하고 있었으니 말이다.

그해 봄과 여름 내내 우버 본사 밖에서 우버에 항의하는 시위가 열렸다. 수십 명, 때로는 수백 명이 인도에 서서 시위를 했고 경찰이 입구에서 시위대가 진입하지 못하게 막았다. 몇몇 경영진은 이들과 마주치지 않으려고 옆문을 이용했지만, 정문으로 오가야 하는 낮은 직급의 직원들은 늘 시위대 바로 앞을 지나가야 했다. 나도 시위대와 문제가 불거진 적이 몇 번 있었다. 한번은 내가 건물에서 나와 바트 역까지 가는데 시위하던 사람 중 한 명이 따라와 침을 뱉었다. 또 한번은 몇몇 젊은 남성이 휴대전화 카메라를 켜고 나를 따라오면서 "이 년아, 이거 다 퍼트릴 거야!"라고 소리치더니 우버가 운전사들을 착취하고 있다고 생각하냐고 물었다. 시위대만 나를 따라온 게 아니었다. 늦여름에 어느 기자도 나를 집요하게 따라오면서 우버가 중국에서 철수할 방침이라는데 무언가 아는 내용이 있느냐고 물었다.

그해 초에 누군가가 우버에서 강간을 포함해 성폭력 사건들이 있었다고 버즈피드에 폭로했다. 그러자 우버는 사설 조사원을 써서 우버의 고객 서비스 센터 직원이었던 모건 리차드슨이라는 여성의 뒤를 캤다. 사설 조사원은 집요하게 모건을 괴롭혔고 불법으로 자택에 침입하기까지 했다. 모건이 언론과 경찰에 알리자 우버는 사설 조사원을 썼다는 사실을 인정하면서 "상황을 상세히 알아야 할 의무"가 있었기 때문에 한 것이었다고 변명했다. 회사에 대해 부정적인 기사가 날 때면 늘 그랬듯이 우버 직원 대다수는 대수롭지 않게 여기는 듯했다. 어떤 직원들은 우버를 망가뜨리려 하는 언론이 조작한 루머이고 다 거짓말이라고 했다. 하지만 나를 비롯해 대부분의 직원들은 아무 이야기도 하지 않았다. 직원끼리 나누는 이야기를 회사가 감시하고 있으리라는 것을 알고 있었기 때문에 우리는 회사에 대해 부정적으로 들릴 만한 이야기는 거의 입 밖에 내지 않았다.

이러한 경쟁, 공격, 집착의 분위기 속에서 그해 여름에 케빈은 내 업무를 또 한번 변경했다. 그곳에서 나는 또다시 유일한 SRE 엔지니어였고 30개가 넘는 팀을 지원해야 했다. 그들의 코드에 어떤 문제라도 발생하면 낮이건 밤이건 즉시 출동해야 하는 사람이 나뿐이라는 뜻이었다. 업무 부담이 가중되면서 생활이 뒤흔들리기 시작했다. 책 쓰는 일도, 바이올린 레슨도 제쳐놓아야 했다. 더 이상 무언가를 공부할 여력도 없었다. 깨어 있는 모든 시간을 끝없이 들어오는 고객의 불만 사항을 처리하며 보내야 했던 플래드 시절과 다를 바가 없었다. 늦게까지 못 자고 일해야 했고 아예 밤을 새는 날도 있었다. 설상가상으로, 내가 지원을 나가는 몇몇 팀에는 '학대적'인 수준의 태도를 보이는 엔지니어와 매니저들이 있었다. 다른 팀 일을 처리하는 중이라서 그 팀의 문제를 즉각 고치러 가지 못하면 소리를 지르면서 내 상사에게 내가 "할 일을 하지 않고 있다"고 알리겠다고 협박했다. 가끔은 케빈이 나를 두둔해주었지만, 그러고서 며칠 뒤에는 케빈 본인이 아무 이유 없이 내게 소리를 질렀다.

매니저들의 언어폭력은 점점 더 심해졌다. 늘 오늘도 회의 때 누군가가 내게 소리를 지를 것이고 지시받은 업무를 아무리 다 수행하더라도 "할 일을 안 한다"거나 "열심히 일하지 않는다"고 나를 비난할 것이라는 생각 때문에 출근하기가 무서웠다. 나만 겪는 일이 아니었다. 다른 SRE팀 친구들에게 내 상태를 이야기했더니 자신들도 그렇다고 했다. 내 친구들 거의 모두가 우버의 기업 문화 때문에 생긴 불안과 우울 증세로 정신 상담을 받기 시작했다. 우버에서 오래 일한 엔지니어는 거의 예외 없이 자살을 생각하는 것 같았다. 나는 더럭 겁이 났다. 나도 회사에서 겪는 일 때문에 우울 증세와 외상 후 스트레스 장애를 겪기 시작했기 때문이다. 나는 내 정신 건강이 더 악화되는 것을 막고 싶었다.

회사에서의 상황이 참을 수 없는 수준으로 치달으면서 불안과 스트레스가 개인적인 삶에까지 영향을 미치고 소중한 인간관계를 망가뜨리기 시작했다. 하루는 채드와 심하게 말다툼을 벌였다. 별로 중요하지도 않은 일이었는데, 공격을 받고 있다는 생각에 지나치게 방어적이 되었고 나중에는 심장이 심하게 뛰었다. 회사에서 늘 그렇듯이 누군가가 내게 소리를 지를 거라고 나도 모르게 예상한 것이다. 회사에서는 업무로 접하는 모든 사람이 공격적이었고, 툭하면 소리를 질렀으며, 위협적이고 모욕적인 말도 수시로 쏟아냈다. 하지만 채드는 공격적이지 않았고 나를 모욕한 적도, 소리를 지른 적도 없는데 왜 그런 반응이 나왔는지 그때는 알지 못했고, 그냥 흐지부지 넘어갔다.

그날 조금 더 늦게 또 심하게 말다툼을 했는데, 이번에는 엄마였다. 역시 별로 중요하지도 않은 일에 대해 의견이 갈렸는데 싸움으로 번졌고 이번에도 심장이 심하게 뛰었다. 나는 계속해서 눈을 질끈 감고 이를 앙다물었다. 나도 모르게 엄마가 내게 소리를 지를 거라고 생각해 몸이 반응한 것이었다. 그때 내가 패닉 증후군을 겪고 있다는 것을 깨달았다. 가슴에 찌르는 듯한 통증이 왔고, 숨을 깊이 쉴 수 없었으며, 혈압이 너무 올라 주변이 거의 보이지 않았다. 질책과 비난이 너무 두려운 나머지 나 자신을 완전히 닫아버리고 있었다. 겨우 진정을 하고서 대체 무슨 일이 일어난 것인지 곰곰이 생각해보았다. 이해가 되지 않았다. 엄마와 말다툼하는 경우가 없는 것은 아니었지만 이번에는 사안의 중요성에 비해 내 반응이 어이없을 만큼 지나쳤기 때문이다.

그러다 퍼뜩 깨달았다. 회사에서 회의 때마다 질책과 비난을 받는 상황이 계속되면서, 내가 늘 겁에 질려 있고, 쉽게 자기방어적이 되고, 쉽게 패닉에 빠지는 사람이 되어버린 것이었다. 회사에서는 어떤 사안에 대해서든지 매니저와 의견이 다르면 늘 심한 책망을 들었다. 그래서 의견이 다르다고 말해야 할 사안을 마주할 때면 그들의 행동을 내 몸이 먼저 예상해서 패닉 증후군이 왔다. 또한 무언가에 대해 그들에게 동의해도 늘 비난과 책망이 돌아왔다. 그들이 무언가를 하라고 해서 그것을 하면 또 그것을 했다고 뭐라고 하는 식이었다. 설명하려고도 해보았지만 통하는 적은 없었다. 그들이 나를 모욕할 때 부당하다고 항변해보려고도 했고, 그들이 내가 할 일을 하지 않는다고 비난할 때 내가 한 일들을 이야기하고 내가 일을 꽤 잘하고 있다는 점을 설명해보려고도 했지만, 내가 무엇을 하고 무슨 이야기를 하든 그들의 생각은 바뀌지 않는 것 같았다.

나는 수줍음이 많고 내성적이며 누군가와 대치하는 것을 싫어한다. 하지만 우버의 공격적인 문화에서 살아남으려면 내 감수성 따위는 닫아걸고 원래의 내가 편안하다고 느낄 수 있는 수준보다 훨씬 더 공격적(그리고 자기방어적)이 되어야 했다. 나의 자아 중 친절하고 감수성 풍부하고 조용하고 평화로운 부분을 닫아버리다 보니 내 모습이 내가 싫어하는 사람들(회의 때마다 소리를 지르고 늘 시비를 걸고 싸움을 하는 사람들)과 비슷해지고 있었다. 나는 달라지고 있는 내 모습이 싫었다. 아침마다 거울에 보이는, 피곤함에 찌들고 까칠하고 화가 나 있는 젊은 여성이 나라는 사실이 전혀 자랑스럽지 않았다. 본래의 나는 기쁨이 넘치고 행복하고 열정적인 사람인데, 그리고 **그것이** 내가 되고 싶고 되어야 하는 사람인데, 어떻게 해야 나를 되찾을 수 있는지 알 수가 없었다. 막막하고 외로웠으며 끔찍하게 두려웠다.

우리 팀의 상황은 계속해서 더 나빠졌다. 던컨은 회의 때마다 나를 비하하면서 형편없는 엔지니어라고 했다. 그러면서도 더 나아질 잠재력은 있어 보인다고도 했다. 케빈도 나더러 형편없는 엔지니어라고 비난을 하고서는 더 노력하면 괜찮은 엔지니어가 될 수도 있을 거라고 했다. 아이비리그 대학이 설마 멍청한 사람에게 학위를 주었을 거라 믿고 싶지는 않기 때문이라는 것이었다. 곧 나는 맞서는 것을 포기했다. 내 안에 내가 남아 있지 않았기 때문이다. 더 이상 의견이 다르다는 말도 하지 않았고 모욕적인 대우를 받아도 항변하지 않았다. 언어폭력이 쏟아지는 동안 그냥 꾹 참고 있다가 회의가 끝나면 화장실로 달려가 빈칸에 들어가서 울었다.

우버에서 살아갈 수 있으려면 다른 팀으로 옮기는 길밖에 없었다. 우버에도 좋은 팀이 없지 않았다. 들리는 말에 의하면 대부분의 팀과 달리 엔지니어들이 보람을 느끼면서 일하고 자신의 일과 상사를 좋아하는 팀들이 있었다. 나는 그런 팀에 너무나 들어가고 싶었다. 나는 업무 평정도 좋았고, 데드라인을 놓치거나 일을 마무리하지 못한 적이 한 번도 없었으며, 평판도 괜찮았고, 일을 꽤 잘했으므로 나를 받아줄 팀을 찾을 수 있을 거라고 확신했다. 그리고 내가 갈 수 있을 만한 훌륭한 팀들을 몇 곳 발견하고서 너무 기뻤다. 그곳의 매니저들은 나를 좋은 엔지니어라고 생각했고 나와 함께 일하고 싶어 했다. 나는 한 팀을 정해서(비교적 최근에 생긴 클라우드팀 중 하나였다. 그러니까, 내가 채용되었을 때 할 예정이었던 업무로 이제야 되돌아가게 되는 셈이었다) 팀 이동 신청을 했다. 인사 부서에서도 승인이 났고, 그 팀의 매니저도 내가 오는 것을 승인했다. 지금 팀의 매니저인 케빈만 전출을 승인하면 되는 상황이었는데 너무나 뜻밖에도 그가 내 전출을 막았다.

다음 날 회의 때 나는 그에게 따졌다.

"왜 제 이동을 막으셨나요? 저는 업무 평정이 좋아서 팀 이동을 신청할 권리가 있는데요? 이것은 회사 정책이니 팀장님이 막으실 수 없습니다."

그는 붉으락푸르락한 얼굴로 고개를 저으며 이렇게 말했다. "네 매니저로서, 나는 언제든지 전출을 막을 수 있어."

"하지만 왜 막으시죠? 팀장님이 저의 전출을 막으실 이유는 없어 보이는데요…. 저쪽 팀은 저랑 꼭 일하고 싶다고 하고, 제 이동은 팀장님만 빼고 모두에게 승인을 받았습니다. 저는 완벽한 업무 평정을 받았고, 데드라인을 놓친 적도 없고, 핵심 성과 지표도 모두 달성했습니다. 저를 보내주셔야 할 것 같은데요."

그러자 그는 소리를 지르며 이렇게 말했다. "나는 성과에 문제가 있는 직원의 이동을 허락하지 않는다고!"

나는 어리둥절해져서 물었다. "성과에 어떤 문제를 말씀하시는 건가요? 제 일에 대한 것인가요? 아니면 제가 회사에서 무언가 다른 것을 잘못했나요?"

내 질문에는 대답하지 않고 케빈은 '프로젝트 매니저'와 '엔지니어'의 차이에 대해 이야기하기 시작하더니 SRE 부서의 몇몇 직원은 직함이 "엔지니어"라고 되어 있다고 자기가 진짜 엔지니어라도 된 줄 안다고 말했다.

"너는, 내 식대로 표현하자면 '기록에는 올라가지 않은 성과 문제'가 있어. 너는 충분히 기술적이지 않아. 기술적인 업무는 맡으려고 하지 않잖아. 그러니까 너는 진짜 엔지니어가 아니야. 프로젝트 매니저지."

"하지만 제 업무는 **팀장님이** 지시하신 것인데요? 제가 다른 업무를 하길 원하셨다면 왜 애초에 저에게 그 업무를 맡기지 않으셨어요?"

그리고 나는 내가 추가로 완수한 프로젝트들을 고려해달라고 강하게 말했다. 나는 다른 팀들을 위해 새로운 시스템 아키텍처를 디자인했고 현재 **전사적으로** 사용되고 있는 아키텍처 표준을 종합했다.

하지만 그는 다 귀찮다는 듯이 손을 내저으며 말했다. "성과 문제가 꼭 **업무하고만** 관련된 건 아니야. 때로는 **업무 외적인** 문제나 개인적인 생활에 대한 것이기도 하고, 어떤 사람은 성과 문제가 **그 자신과** 관련된 것이기도 하다고. 이건 그의 일이나 그가 하는 업무의 종류 같은 거 말고 **그가 누구인가**의 문제야."

그때 나는 케빈이 무슨 말을 하려는 것인지 알아들었다. 케빈과 일해본 SRE 부서 사람들로부터 그가 여성은 **진짜** SRE 엔지니어가 될 수 없다고 생각한다는 이야기를 들은 적이 있었다. 단지 여성이라서 말이다. 그리고 사실상 그 이야기를 지금 내 면전에서 하고 있었다.

나는 이 문제를 내 보고 라인의 더 위쪽에 알렸고 내 모든 상사에게 업무 평정이 일정 점수 이상인 직원은 원하는 대로 팀을 옮길 수 있게 해주는 것이 회사 정책임을 상기시켰다. 하지만 케빈의 상사인 찰스는 자신이 케빈과 구글에서 오래 같이 일했으며 케빈의 판단을 신뢰한다고 했다. 찰스의 상사인 데이비드도 똑같은 이야기를 했다. 그들 모두 구글에서 오래 함께 일했고 서로의 판단을 신뢰하고 있다고 말이다. 다른 말로, 케빈이 내가 성과에 문제가 있는 직원이라고 판단하면 그 판단을 입증할 기록이 전혀 없더라도 나는 성과에 문제가 있는 직원이 **되는** 것이었다.

여름 내내 상황은 나빠지기만 했다. 언어폭력은 회의 때마다 겪는 일상이 되었다. 한번은 케빈이 나더러 "대체 어떻게 뽑힌 거냐"며 예전에는 우버의 채용 기준이 낮았던 모양이라고 말했다. 또다른 매니저는 나더러 "너는 좋은 엔지니어가 아니야. 아니, 엔지니어 자체가 아니야"라고 말했다. 그리고 어이없이 이런 말을 덧붙이곤 했다. "네 안에 어딘가 엔지니어가 있을지도 모르니, 잘 찾아보든지."

나는 매니저들이 하는 말은 흘려듣고 연애, 내가 좋아하는 사람들, 책, 공부, 학교 그리고 내가 실제로 하고 있는 업무(업무 자체는 잘 돌아가고 있었다) 등 내 삶의 좋은 면에만 집중하려고 노력해보았다. 하지만 안 좋은 일들과 모욕적인 대우를 계속 흘려보내기는 힘들었다. 아무리 노력해도 회의 중에 눈물이 터지는 것을 참을 수 없을 때가 많았다. 그럴 때면 다른 사람들이 눈치채지 못했기를 바라면서 줄줄 흐르는 눈물을 닦아야 했고 퇴근 후에 내내 울다가 잠들었다. 그런 날에는 퇴사를 진지하게 생각했다. 몇 군데에 지원하기까지 했다. 하지만 그래도 우버에 남아 있어야 한다는 결론으로 늘 돌아왔다. 나는 겨우 스물다섯이었고 우버는 펜실베이니아 대학교 졸업 후 1년 반 사이에 세 번째 직장이었다. 다른 회사의 채용 담당자에게 문제는 내가 아니라 우버라는 점을 어떻게 납득시킬 수 있겠는가? 그리고 혹시라도 케빈과 던컨의 판단이 맞으면 어떻게 하는가? 그러니까, 정말로 내가 형편없는 엔지니어라면 어떻게 하는가? 너무 형편없어서 다른 데서 엔지니어링 일자리를 결코 잡지 못할 거라면 어떻게 하는가?

이런 고민을 하는 사람은 나만이 아니었다. 내가 아는 기의 모든 엔지니어가 같은 고민을 하고 있었다. 알고 보니 백인, 흑인, 히스패닉, 아시아인, 남성, 여성, 동성애자, 이성애자 할 것 없이 **모두가** 부당한 대우를 받고 있었다. 한 남성 동료는 심리 상담사가 그에게 끔찍한 일이 생기기 전에 제발 회사를 그만두라고 말했다고 했다. 한 여성 동료는 동성애를 혐오하는 직원이 자신을 괴롭히는데도 매니저(이 매니저도 여성이었다)가 아무 조치도 취하려 하지 않을 뿐만 아니라, 문제가 있는 쪽은 괴롭히는 사람이 아니라 자신에게 있는 것처럼 몰고 간다고 말했다. 또 다른 남성 동료는 이직을 하려고 다른 회사에 지원했는데 매니저의 목소리가 머리에서 떠나지 않아 면접을 망쳤다고 했다. 내가 채드와, 또 엄마와 이야기할 때 겪었던 것처럼 "네가 **진짜** 엔지니어라고 생각해?"라는 환청이 계속 들렸다는 것이다. 때때로 우리는 빈 회의실에 모여 매니저들에게 들은 말을 함께 곱씹어보았다. 그리고 더듬더듬 이렇게 말하며 매니저들이 틀렸다고 서로를 격려했다. "우리가 정말로 형편없는 직원이라면 인사 고과를 나쁘게 주었거나 성과 개선 프로그램에 보냈거나 진작 해고했겠지."

오랫동안 우버는 '다양성'을 중요시해왔고, 나는 사내의 많은 사람들이 다양성 관련 문제들을 고치려고 매우 열심히 노력한다는 인상을 받았다. 내가 입사하기 한참 전에 우버는 다양성과 포용성을 제도화하기 위해 '모범 사례'들을 도입했고 내가 입사했을 때는 다양성과 포용성에 진지하게 신경 쓰는 회사라면 갖추고 있어야 할 모든 것을 갖추고 있었다. 직원들이 의무적으로 들어야 하는 '무의식적인 편견, 괴롭힘, 차별 방지를 위한 교육 프로그램'이 있었고, 내 기억에 이 프로그램은 상당히 잘 구성되어 있었다. 채용 과정에서 차별을 없애기 위한 '바 레이저' 제도도 있었다. 또 업계에서 다양성과 포용성을 주창하는 것으로 유명한 사람들을 채용해 관련 사안을 다룰 수 있는 권한을 주었고, 여성만 참여하는 소프트웨어 부트 캠프에서 적극적으로 직원을 채용했다. 직장 문화와 직원 만족도에 대한 설문도 주기적으로 실시했고 그 결과를 회사 정책에 반영하려고도 했다. 또 모든 젠더, 인종, 민족, 성적 지향에 대한 '직원 모임'이 있었다. 이사회에도 여성이 있었고 경영 요직에도 여성이 있었다. 이들은 아무 권한 없는 상징적 존재에 불과하지 않았다. 나는 우버에서 고위직 여성들이 권력을 가지고 있었다는 것도, 그리고 그들이 그 권력을 어떻게 사용했는지도 분명히 기억하고 있다. 또한 들은 바에 따르면 우버는 매니저의 인사 고과를 매기고 임금과 보너스를 협상할 때 매니저가 자신의 팀에서 다양성과 포용성을 얼마나 잘 실현하고 있는지도 고려한다고 했다.

입사하고 얼마 동안은 이런 것들을 믿었지만 환상은 곧 깨졌다. 우버의 문제는 다양성과 포용성의 부족이 아니라 노동법과 기본적 인권을 무시해도 된다고 생각하는 기업 문화에 있었다. 여성 엔지니어나 유색 인종 엔지니어를 조금 더 채용해 해결될 일이 아니었고 법을 위반하는 것을 멈춰야 하는 일이었다. 그해 여름에 레이디 엔지니어 모임에서 여성과 유색 인종이 더 채용되도록 우리가 도와야 한다는 이야기가 나왔을 때 나는 기껏 들어와서 성추행과 인종 차별을 당할 거라면 여성과 흑인이 몇 명 채용되는지가 무슨 의미인가 하는 생각이 들었다. 또 아무리 고위직에 여성이 있다해도 그 여성이 불법적인 행위를 지속하거나 묵과한다면 다 무슨 소용인가? 시스템상의 문제, 그러니까 **왜** 우버에 여성과 유색 인종이 많지 않은지의 근원에 해당하는 문제는 우리 힘만으로는 결코 해결할 수 없을 터였다. 이것은 고쳐야 할 법적 의무가 있는데도 회사가 그렇게 하기를 거부하고 있는, 매우 복잡한 법적 문제들이었다. 민권과 고용법을 공격적으로 무시하는 관행을 다양성과 포용성 촉진 정책으로 해결하려 하는 것은 총상에 밴드를 붙이는 격일 뿐이었다.

우버의 기업 문화에 내재된 시스템상의 문제, 특히 성차별은 SRE 부서에서 고통스럽도록 명백했다. 케빈이 팀장으로 합류한 그해 봄에 우리 팀 여성 대부분이 그만두거나 다른 팀으로 빠져나갔다. 여름 중반이면 SRE 부서 전체적으로 여성 엔지니어 비중이 25%(면접 때 우버 사람들이 내게 누누이 이야기했던 마법의 숫자)이던 데서 6%로 떨어졌다. 그해 여름 어느 날, 나는 수백 명이 참석한 엔지니어링 회의에서 데이비드에게 여성들이 왜 이렇게 대대적으로 회사를 떠나고 있는지, 이에 대해 회사는 무엇을 하고 있는지 질문했다. 그의 반응은 내 질문에 확실하게 답을 하고 있었다. 그는 "매달 한 명씩 여성 직원과 면담을 할 것"이라며, 하지만 자신이 보기에는 우버의 여성 엔지니어가 더 좋은 엔지니어라면 더 많은 여성이 우버로 오지 않겠느냐고 했다. 나는 귀를 의심했고 화가 나서 얼굴이 벌게졌다.

여성들이 몇몇 팀에서 나가고 싶어하거나 아예 회사를 그만두고 싶어 하게 만든 기저의 원인을 해결하려 하기는커녕 아직 회사에 남아 있는 여성 엔지니어들에게 다른 데서 여성을 더 끌어오라고 압력을 가하고 있었다. 우리 중 상당수가 이미 '테크 업계의 여성' 네트워크 모임에 최대한 열심히 참여하고 있었고 나 역시 링크드인, 트위터, 깃허브 등을 통해 여성 엔지니어들을 열심히 찾아보고 있었다. 하지만 일부 매니저들이 자신의 '다양성 점수'를 유지하기 위해 팀에 여성 직원을 묶어 두려고 무슨 짓을 하는지는 전혀 모르고 있었다.

상반기 인사 고과 시즌이 다가오고 있었고, 내가 업무 평정을 잘 받는다면 케빈과 SRE팀은 나의 팀 이동을 반드시 승인해야 했다. 내가 알고 있기로는 그랬다. 그리고 굉장히 좋은 평가가 나왔기 때문에 나는 케빈에게 전출 신청을 하겠다고 알렸다. 하지만 이동을 신청하자 케빈이 사후적으로 내 업무 평정을 낮게 바꾸어버렸다. 내게서 "경력상의 고공 경로"를 가고 있다는 징후를 볼 수 없다는 게 이유였다. 기겁을 한 나는 이 일을 인사 부서에 보고했고, 인사 부서의 담당자는 케빈이 회사 규정을 어겼으며 직원을 팀에 남기기 위해 사후적으로 업무 평정을 수정해서는 안 된다고 인정했다. 하지만 그러면서도 조치는 전혀 취하려 하지 않았다. 나는 다시 이 팀에 발이 묶이고 말았다.

그날 나는 정말 심하게 울었다. 회사 화장실에서도 울고 집에 와서도 울었다. 잔인하고 학대적인 매니저와 계속 일해야 하는 것도 끔찍했지만 스탠퍼드 수업도 포기해야 했다. 성과 점수가 낮아져서 더 이상 회사가 지원하는 프로그램의 자격이 되지 않았기 때문이다. 내 삶과 모든 꿈이 산산이 부서지는 듯했다. 펜실베이니아 대학교에서 철학 석사 학위를 잃고 물리학자의 길도 밟을 수 없게 되었다는 것을 알게 되고서 완전한 무력감에 휩싸여 데이비드 리텐하우스 연구소 화장실 바닥에 주저앉아 엉엉 울던 때로 돌아간 것 같았다.

전출이 거부되고 며칠 뒤, 나는 케빈이 회식 자리에서 팀원들에게 '다양성 문제'에 대해 이야기하는 것을 듣게 되었다. 다른 엔지니어링팀은 "사방에서 여성 직원을 잃고 있지만" 자신은 팀에 여성 직원을 유지하는 기가 막힌 방법을 알아냈다는 것이었다. 나는 그 자리에 있는 여성들을 둘러보았다. 그의 팀에 남아 있는 여성들을 한 명씩 보면서 그들이 성과 평가에 대해 했던 말을 떠올려보았다. 그리고 그들 중 몇 명이 나처럼 최근에 전출을 신청한 적이 있다는 것을 깨달았다. 그런데 모두가 아직 여기에, 케빈의 팀에 있었다. 그때 확실히 알았다. 나만 당한 게 아니었다. 케빈은 우리 모두의 전출을 막았다. 다 자신의 '다양성 점수'를 유지하기 위한 체계적인 술수였던 것이다.

상반기 인사 고과 시즌이 끝나고 어느 날 출근을 했더니 조지프 토머스라는 흑인 직원이 매니저들에게 지속적으로 괴롭힘을 당하다가 사망했다는 소식이 들렸다. 나중에 알게 된 바에 따르면, 차 안에서 총으로 자살을 했고 아내가 발견했을 때는 이미 너무 늦은 뒤였다. 자살하기 전에 그는 우버의 친구 중 한 명에게 우버가 그를 망가뜨리고 있다고 말했다고 한다. "슬픈 사실은, 이곳이 나를 너무 망가뜨려서 다른 일자리를 찾아볼 기력조차 없다는 점이야." 그 친구는 《샌프란시스코 크로니클》 기자에게 그의 말을 이렇게 전했다.* 아내 제콜은 "잘 설명하기는 어렵지만, 그가 전혀 그 자신이 아니었다"며 "상사가 나를 좋아하지 않는다는 둥의 말

---

* Carolyn Said, "Suicide of an Uber Engineer: Widow Blames Job Stress," *San Francisco Chronicle*, April 25, 2017.

을 계속해서 했다"고 기자에게 말했다. 또 "그의 성격이 완전히 달라졌고, 회사 일에 대해 믿을 수 없을 정도로 끔찍하게 걱정을 했다"며 "자신이 제대로 할 수 있는 일이 아무 것도 없다고 말했다"고도 했다.

그가 사망한 직후에 엔지니어링 디렉터 중 한 명이 부서에 전체 이메일을 보내서 그가 차 사고로 사망한 것이라고 했지만, 이것은 잘못된 정보였다. 나는 사고였다고 믿고 싶었지만, 어디에서도 그가 말하는 자동차 사고 소식을 찾을 수가 없었다. 나는 우버가 직원들을 어떻게 대하는지 잘 알고 있었기 때문에 틀림없이 자살일 거라고 생각했다. 많은 동료가 자살을 생각하고 있었고 그해 초에 차별과 괴롭힘을 당하다가 자살을 시도한 직원이 또 있었다. 다행히 이 직원은 살아났지만 우리는 모두 마음이 크게 동요했다. 몇몇 동료들은 "나일 수도 있었어"라고 말했고 어떤 이들은 **"나였어야 했어"**라고 말했다. 나는 **"거의 나였어"**라고 속으로 중얼거렸다.

그해 초여름 출근길에 바트 역 플랫폼에 서 있었던 어느 날이 떠올랐다. 전날 매니저들이 나에게 매우 화를 냈고 그날 오후에 그들을 또 봐야 했다. 그날도 그들이 윽박지르고 소리를 지르고 모멸적으로 대할 게 틀림없었고 나는 또 다시 무언가를 설명하고 변명하려 애써야 할 터였다. 열차가 플랫폼으로 들어올 때 나는 철로를 내려다보았고 일순간 끔찍한 생각이 지나갔다. 회사에 다시 가느니 죽는 게 낫겠어. 짧은 찰나에 나는 플랫폼 아래로 뛰어내려 철로에 누울까 생각했다. 플랫폼에 서서 나는 울기 시작했다. 열차가 들어오는 동안 줄줄 흐르는 눈물을 닦으려 애쓰면서 나는 계속 그렇게 서 있었다.

조지프의 자살 이후에 나는 끔찍하고 무서운 악몽에서 깨어난 것 같았다. 문제는 나도 아니었고 우버의 낮은 직급 직원 누구도 아니었다. 문제는 우버의 문화였다. 경영진과 매니저들이 만들고 지탱해온 문화, 그들이 부하 직원들을 더 이상 세상을 살아갈 의미가 없다고 생각하게 될 때까지 찍어 누르는 문화가 문제였다. 나는 다음 번 희생자가 되지 않겠다고 결심했고 조지프의 자살이 마지막이 되게 하겠다고 결심했다.

9

결심

그 후로 나는 자신감을 회복하기 위해 맹렬히 일했고, 내가 무가치하고 "진짜 엔지니어"가 아니고 가짜라고 말하는 이야기에 귀를 닫으려 노력했다. 그리고 채드와 내 친구들처럼 내게 너무 절실히 필요한 용기, 격려, 사랑, 행복을 주는 사람들과 전보다 시간을 더 많이 보냈다. 블로그도 시작했다. 블로그는 물리학, 삶, 책, 엔지니어링 등에 대한 생각을 소통할 수 있는 통로가 되어 주었다. 스토아학파 철학도 다시 공부하기 시작했고, 케빈이 던지는 잔인하고 모욕적인 말들을 세네카, 에픽테토스, 마르쿠스 아우렐리우스의 말로 밀어내려 노력했다. 매일 아침 노스 버클리 바트 역으로 걸어가면서 마르쿠스 아우렐리우스의 《명상록》에 나오는 유명한 구절로 하루를 시작했다. "아침에 가장 먼저 스스로에게 이렇게 말하라. 오늘 나는 간섭하고, 고마워할 줄 모르고, 공격적이고, 속임수를 쓰고, 사악하고, 사회적이지 못한 사람들을 만나게 될 것이다. 모두 그들의 무지에서, 진정한 선과 악을 알지 못한다는 데서 나오는 것이다. 하지만 나는 선함의 본질이 옳음에 있고 악함의 본질이 그릇됨에 있다는 것을 알고 있다." 나는 이 구절을 내게 체화될 때까지 수없이 읽었다. 나는 나와 동료들을 잘못 대우하는 우버의 매니저들이 자신이 그릇된 행동을 하고 있는 줄 몰라서 그러는 거라고 스스로에게 되뇌었다.

스토아학파 철학자들의 글을 읽으면서, 전부터 알고 있었던 생각 하나가 더욱 강해졌다. 다른 이들이 내게 하는 행위는 내가 통제할 수 없다. 하지만 내가 어떻게 반응할지는 통제할 수 있다. 나의 성격을 통제할 수 있는 유일한 사람은 나다. 나를 만드는 것들, 나를 규정하는 것들을 통제할 수 있는 유일한 사람은 나다. 나를 다시 찾겠다는 투지와 '될 수 있는 가장 나은 나'가 되겠다는 결심으로 매일 저녁에 나를 되짚어보는 시간을 가졌다. 일기장에 그날 잘못한 것, 잘한 것, 더 잘할 수 있었던 것들을 적었다. 벤저민 프랭클린이 젊은 시절에 그랬듯이 내가 계발하고 싶고 실천하고 싶은 미덕들의 목록을 적었다. 인내, 친절, 너그러움, 공감, 사랑, 정의…. 내가 어떤 사람인지를 판단하는 잣대는 회사에서 다른 이들이 나에 대해 뭐라고 말하는지가 아니라 이런 미덕들이어야 했다. 나는 날마다 조금씩 덜 무력해지는 것 같았고 조금씩 덜 무서워지는 것 같았고 조금씩 더 자유로워지는 것 같았다.

유달리 고된 날이면 프레드 로저스의 글을 읽었다. 그의 글에 담긴 우아함과 다정함이 내 삶이 괜찮아질 것이라고 느끼게 해주는 유일한 요소인 날도 있었다. 나는 다음의 구절에서 특히 많은 용기를 얻었다. "선함이 매력적인 것이 되도록 최선을 다하라. 아마도 이것은 당신에게 부과된 가장 어려운 과제일 것이다." 아무리 우버에서 선이 악으로 여겨지고 공격성이 위대한 미덕으로 여겨지더라도 나만큼은 선함과 친절함과 우아함을 가꿀 것이고 날마다 이러한 미덕을 회사와 모든 회의와 내 삶의 모든 순간에 지니고 가겠노라고 다짐했다. 오래전 아빠가 말씀하셨듯이 나는 이 세상 안에서 살아갈 것이지만 이 세상의 일부가 되지는 않을 것이었다.

쉽지는 않았다. 모욕을 당을 때마다 평정을 유지하기 위해 엄청나게 애를 써야 했다. 숨을 깊이 들이쉬고 그들이 자신이 저지르는 일이 그릇된 줄 몰라서 저러는 거라고 속으로 되뇌었다. 하지만 내가 재발견한 스토아주의는 다른 쪽 뺨까지 내어주라는 가르침으로 그치는 것이 아니었다. 여기에는 옳고 그름을 아는 사람으로서 반드시 따라야 할 책임도 있었다. 즉 스토아주의는 '옳은 것이 무엇인지 알고 있는 사람'으로서 내가 언제나 옳은 일을 해야 한다는 의무를 지우는 것이기도 했다.

나는 성차별, 인종 차별, 괴롭힘이 발생하면 언제나 문제를 제기하기 시작했다. '바 레이저' 역할과도 비슷했다. 누군가가 다른 이를 괴롭히는 것을 목격하면 경영진에 알렸고 그런 행동을 멈추기 위한 조치를 요구했다. 어처구니없는 일이 일어날 때마다, 성차별적인 이메일이 올 때마다, 기록을 남겨두기 위해 인사 부서에 이메일로 짤막하게 내용을 보고했다. 차별 대우를 받은 동료들이 도움을 청해오면 기록을 남기는 법, 인사 부서로 보고하는 법, 경영진에게 알리는 법, 이도 저도 소용이 없을 경우 정부 기관이나 법적 절차로 사건을 가지고 가는 법(가령 연방평등고용기회위원회에 연락을 취해보는 식으로) 등 부당 대우에 대해 취할 수 있는 일들을 최선을 다해 조언했다.

두려움이 엄습하거나 동료들에 대해, 또 내 일자리나 건강에 대해 걱정이 심해지는 날에는 바트를 타고 집에 오는 길에 에픽테토스의 《편람》을 읽었다. "어떤 일을 꼭 해야 한다고 결정했을 때, 그리고 그 일을 할 때, 당신이 그 일을 하고 있다는 것을 남들이 보게 되는 것을 피하려 하지 말라. 사람들이 그에 대해 안 좋게 생각할 것이 분명하더라도 그래야 한다. 그 일을 하는 것이 옳지 않다면 하지 말아야 한다. 하지만 그것이 옳은 일이라면, 옳지 않다고 잘못 판단하고 있는 사람들을 왜 두려워해야 하는가?" 에픽테토스의 말은 우버 경영진과 매니저들이 일삼는 그릇된 관행에 맞설 용기를 주었다. 정말로 힘든 날에는 회의 하나를 끝내고 다음 회의로 가는 도중에 본사 복도를 걸어가면서도 에픽테토스를 읽었다(전화통화를 하면서 회사를 돌아다니고 있는 트래비스 칼라닉 옆을 지나가면서 그런 적도 있다).

나는 내 삶에 대해 더 많은 통제력을 가지고 있다고 느끼기 시작했다. 내가 누구인지를 매니저들이 규정하게 두지 않고 온전히 내가 주도권을 가지고 있는 내 성품으로 규정하려 노력하면서 서서히 자존감을 회복할 수 있었다. 나와 동료들이 받는 대우는 달라지지 않았지만, 괴롭힘에 더 잘 버틸 수 있게 되었고, 업무에 집중력을 잃지 않을 수 있게 되었으며, 우버 이후의 삶을 계획하고 꿈꿔볼 수 있게 되었다. 늘 그랬듯이 업무량은 산더미였다. 검토해야 할 아키텍처가 있었고, 고쳐야 할 마이크로 서비스가 있었고, 버그를 잡아야 할 코드가 있었고, 교육해야 할 신입 직원이 있었고, 도와주어야 할 동료들이 있었다. 퇴근 후에는 크리스마스로 예정된 출간일에 무사히 맞출 수 있기를 바라면서 마이크로 서비스에 대한 책을 썼다.

그해 여름에 우버는 SRE 부서의 모든 직원에게 가죽 재킷을 한 벌씩 제공하겠다고 발표했다. 구글 출신의 몇몇 디렉터가 가져온 전통이었다(그들이 가져온 또 다른 전통은 엄청나게 퍼마시는 술 문화였다. 엔지니어들은 수시로 그런 술자리에서 매니저, 디렉터와 위스키를 마셔야 했고 술자리에 가지 않으면 팀에 대한 헌신이 부족한 사람으로 간주되었다). 우리 모두 샘플이 있는 회의실에 가서 옷을 입어보고 치수를 확인한 후 재킷이 도착하기를 기다렸다.

9월이 끝나갈 무렵의 어느 날 이메일이 하나 날아왔다. 수신자는 여성 엔지니어 여덟 명이었는데 여섯 명은 인프라 엔지니어링 부서(SRE가 속한 곳이고 여기에 총 150명의 엔지니어가 있었다)에 있었고 두 명은 최근에 다른 부서로 전출 간 사람이었다. 그 이메일은 여성 엔지니어의 가죽 재킷은 구매하지 않는다는 공지 사항이었다. 여성 엔지니어 수가 너무 적어서 주문 넣는 것을 정당화하기 어렵다는 것이었다. 하지만 남성 엔지니어 전원에 대해서는 주문이 들어갔다. 나는 답신을 보내서 이것이 얼마나 어이없는 결정인지를 최선을 다해 설명했다. "SRE에 여성은 여덟 명입니다. SRE가 여덟 명의 여성에게 재킷을 사줄 예산을 분명히 찾을 수 있으리라고 생각합니다. 특히 남성 모두에게 재킷을 사줄 수 있다면 말입니다." 찰스는 남성 재킷은 대량 구매 할인을 받을 수 있지만, 여성 재킷은 동일한 할인율을 적용받을 수 없다며 여성 재킷 한 벌당 100달러를 더 쓰는 것은 남성에게 공정하지 않다고 설명했다. 따라서 남성 재킷과 동일한 가격대의 재킷을 찾을 수 없는 한 여성에게는 재킷을 제공하지 않을 것이라고 했다. 남성 재킷의 할인 폭이 상당히 컸으므로 여성 재킷 가격을 같은 수준으로 맞추는 것은 불가능했다. 나는 다시 답신을 보내서 이것이 불공정한 결정인 이유를 설명하려고 애썼다. "이 불평등을 바로잡는 데 들어갈 비용은 (1인당 100달러로) 그리 크지 않으며 남성 재킷에 대해 할인을 받아 아낀 돈이면 여성 재킷을 사는 데 들어가는 약간의 추가 비용을 커버하고도 남습니다. SRE가 모든 직원을 일원으로 포함하는 데 필요한 예산을 마련하기를, 그래서 저희가 우버 SRE 재킷을 자랑스럽게 입을 수 있기를 바랍니다."

하지만 찰스는 다음과 같은 답신을 보내왔다. "계속 이것이 불평등이라고 생각한다면 이메일은 좋은 매개가 아닌 것 같군요. 우려되는 점을 이야기하려면 나와 1대 1 면담을 잡으세요." 나는 주고받은 이메일 전체를 인사 부서에 포워드하고 노트북을 닫았다.

그리고 로라에게 메시지를 보내서 엔지니어링 사무실 건물의 조용한 층에서 만나자고 했다. 로라도 같은 이메일을 받은 터였다. 우리는 커다란 검정색 빈백 의자에 앉아서 웃음을 터뜨렸다. 정말 어이없는 상황이었고, 이는 우스꽝스럽도록 노골적이고 너무나 한심한 성차별주의의 소산이었다. 우리 둘 다 이게 정말로 일어난 일이라고 믿을 수 없을 정도였다. 우리는 폰으로 이메일을 다시 열어서 소리 내 읽어보고서 눈물이 날 때까지 웃었다. 하지만 각자 일하러 돌아가기 전에 무언가를 깨달았고 조용해졌다. 아마도 우리 둘 다 이것이 우버에서 보내는 시간의 '끝의 시작'임을 깨달았던 것 같다. 이 사건은 우버가 여성 엔지니어를 너무나 무시한 나머지 이제는 남성 엔지니어와 동등하게 대우하는 **시늉조차** 할 필요가 없다고 생각한다는 것을 보여주었다. 그리고 이런 문화는 우리가 얼마나 노력을 하든 결코 바뀌지 않을 게 명확했다. 처음으로, 우리는 내가 우버의 실상을 글로 써서 세상에 알리면 어떻게 될까를 이야기해보았다.

우버에서 겪은 일을 세상에 알리는 것은 위험하지만 불가피해 보였다. 내 인생은 내가 읽었던 책과 글로 구성되어 있었다. 다른 사람들의 글과 말이 나를 여기까지 데려다주었고 용기와 결기를 주었다. 그들의 글 덕분에 나는 가난에서 벗어날 수 있었고 내 운명을 개척할 수 있었다. 생각만으로도 끔찍하게 무섭긴 했지만 그래도 언젠가는 우버에서 일어난 일을 글로 쓰겠다는 생각은 늘 품고 있었다. 그리고 그날 처음으로 로라와 그 가능성에 대해 이야기하면서, 이렇게 이야기를 나누면 그 일이 조금 덜 무섭게 느껴진다는 것을 알게 되었다.

며칠 뒤에 또 다른 인사 부서 담당자를 만나 가죽 재킷 건과 그와 관련해 찰스와 주고받은 이메일들에 대해 이야기하게 되었다. 적어도 나는 그런 줄 알았다. 인사 부서에서 나온 사람은 잰이라는 이름의 여성이었다. 우리는 우버 본사의 꼭대기 층에서 만났다. 여기에 와보는 것은 처음이었다. 아름다운 창틀로 장식된 창문들이 있었고 샌프란시스코가 거의 360도 전경으로 보였으며 책상들 주위로 미니 골프 스테이션이 있었다.

잰을 보자마자 대번에 주눅이 들었다. 여성인데도 키가 정말 컸고 굽이 12센티미터나 되는 구두까지 신고 있어서 나보다 족히 30센티미터는 커 보였다. 하지만 잰이 자기소개를 했을 때 내가 주눅 든 것이 키 때문이 아니라 내가 말할 때 "아직도 할 말이 있어?"라고 묻는 듯한, 약간 찡그린 채 눈썹을 치켜뜨고 내려다보는 표정 때문이라는 것을 깨달았다.

회의실로 가면서 나는 용기를 그러모아 이 상황이 얼마나 우스꽝스러운지 설명할 준비를 했다. 하지만 잰이 이 자리에 나온 이유는 그게 아니었다.

잰은 짜증 섞인 미소를 지으며 영국 억양처럼 들리는 말투로 이렇게 물었다. "우버에서 **당신이** 문제일지 모른다는 생각은 안 해 보셨나요?"

나는 멈칫해서 더듬거리며 대답했다. "어…, 아니요. 찰스의 메일을 보시면 거기에서 제가 문제가 아니라는 게 분명할 텐데요…. 그리고…."

잰은 말을 자르더니 이렇게 말했다. "글쎄요, 내가 보기에는 당신이 인사 부서에 제기한 모든 불만 사항에 공통점이 있는데, 그것은 바로 **당신**이에요."

내가 대답할 틈도 없이 잰은 내 삶을 잘 생각해보고 우버에서 이러한 안 좋은 일들이 일어나는 데 내가 잘못한 것은 없는지 스스로에게 물어보라고 했다. 그러고는 의자 뒤로 몸을 기대고 고개를 한쪽으로 기울이고서 나를 내려다보았다.

나는 잰에게 나 스스로를 언제나 면밀히 잘 성찰하고 있으며 하지만 이것은 내가 어떻게 삶을 살아가고 있는지와는 전혀 관련 없는 문제라고 말했다. 이것은 나에 대한 문제가 아니라 우버에 대한 문제였다. 점점 더 막막함을 느끼면서 나는 이렇게 말했다. "제가 인사 부서에 보고한 모든 사건은 심각한 사건들이고 기록으로 잘 입증이 되는 사건들입니다. 그리고 상당수가 저와는 관련이 없는 사건입니다."

그러자 잰이 귀찮다는 듯한, 그리고 무슨 말인지 모르겠다는 표정으로 물었다. "어떤 사건들을 이야기하는 거지요? 나는 인사 부서에 제기된 모든 고충 신고에 접근할 권한이 있어요. 그런데 당신은 고충을 제기한 적이 없던데요?"

정신이 아득해졌다. 나는 방금 당신이 '내가 제기한 모든 불만 사항'의 공통점이 나라고 말하면서 내가 제기했던 예전의 고충 신고들을 언급했고 "우버에서 일어난 안 좋은 일들"이라고도 언급하지 않았냐고 되물었다. 하지만 잰은 고개를 저으면서 내가 무슨 말을 하는지 모르겠다고 했다.

나는 노트북을 열고 말했다. "여기 제가 인사 부서에 보낸 모든 이메일이 있어요. 그리고 저만 이런 일을 보고한 게 아니에요. 다른 여성 직원들도 보고를 했다고요."

이 말에 잰은 갑자기 관심을 보였다. "어떻게 아시죠?" 잰은 몸을 일으켜 내 쪽으로 기울이면서 물었다. "그러니까, 다른 여성들이 인사 부서에 보고한 것을 당신이 어떻게 아시죠?" 그리고 우버의 여성 직원들이 서로 어떻게 소통하는지, 어떤 채팅방에서 이야기하는지, 무엇을 이야기하는지, 성차별이나 성적 괴롭힘에 대해서도 이야기를 나누는지 등을 캐물었다. 나는 대답을 거부했다. 그리고 대화 주제를 다시 재킷으로 돌리려고 엔지니어링 부서에 남아 있는 여성이 얼마나 적은지에 대해 이야기했다. 그러자 잰은 한숨을 쉬면서 이렇게 말했다. "어떤 사람들은 성차별이나 인종주의가 전혀 없는 곳에서도 그런 것들이 있다고 하죠." 그리고 나에게 한 가지 이야기를 해주겠다고 했다.

잰은 몇 년 전에 회계법인에서 근무했는데 "그들은 회사에 다양성 문제가 있다고 생각했다"고 했다. 그리고 (아쉬운 일이었다는 듯이) 고개를 절레절레 흔들면서 "회계사 대부분이 아시아계 여성이었거든요"라고 말했다. 이어서 잰은 하지만 실제로는 회사에 다양성 문제가 전혀 없었는데 사람들이 그것을 이해하지 못하고 있었다고 설명했다. "아시아계 여성이 숫자에 강하고 회계 일이란 숫자에 강해야 하는 일이기 때문에" 그런 결과가 나왔을 뿐이지 성차별이나 인종 차별이 아니었다는 것이다. 잰은 엔지니어링 부서에 백인 남성이 많은 것도 마찬가지라고, 즉 그들이 엔지니어링에 더 강하기 때문일 뿐이라고 설명했다. 나는 우버 엔지니어 대다수는 백인이 아니라 아시아인이라고 짚어주고 싶었지만 (그리고 이 밖에도 지적하고 싶은 게 많았지만) 꾹 참았다.

면담이 끝날 무렵에 잰은 이런 사안에 대해 이메일을 보내는 것은 부적절하고 프로답지 않은 일이라며 가죽 재킷과 관련해 내가 이메일 보낸 것을 책망했다. 그리고 다시는 인사 부서에 이메일로 보고하지 말라고 했다. 우버의 14가지 가치 중 하나인 "원칙 있는 항의"에 위배된다는 것이었다. 잰은 누군가와 문제가 있으면 그 사람을 직접 만나서 풀어야 한다고 했다. 자리에서 일어서면서 나는 방금 잰이 한 말이 또 모순임을 지적하려고 했다. 불과 몇 분 전에 본인이 내가 인사 부서에 아무것도 보고하지 않았다고 말했기 때문이다. 그리고, 이메일로 보내지 않으면 어떻게 기록을 남긴단 말인가? 하지만 잰은 내 말은 들은 척도 않고 다시 연락하겠다며 자리를 마무리했다.

"원칙 있는 항의"를 또 다시 어기면서, 나는 잰과 나눈 대화를 요약해 인사 부서장에게 이메일로 보냈다. 그 이메일에서 나는 잰이 이야기한 인종주의적인 일화를 언급했고, (따지듯이는 아니고 가벼운 말투로) 메일을 이렇게 마무리했다. "인사 부서를 인사 부서에 신고하려면 어떻게 해야 하나요?"

거의 같은 시각에 잰은 나에게 추가적인 질문을 메일로 보내왔다. 여기에서 잰은 인사 부서에 신고를 했다는 다른 여성 직원들에 대해 물었다. 잰의 이메일 서명란에는 몽테뉴의 글귀가 쓰여 있었다. "우리 자신에 대해 솔직하게 판단해주는 이야기를 들으려면 정말 강인한 귀가 있어야 한다. 솔직한 비판을 상처 없이 들을 수 있는 사람은 별로 없기 때문이다. 우리에게 비판을 해주는 사람은 엄청난 우정을 베풀어 주는 것이다. 상대방을 위해서 상처를 주거나 공격을 가하는 것은 건전한 사랑의 행위이기 때문이다." 나는 잰이 본인과 우버가 직원들에게 하고 있는 짓이 "엄청난 우정을 베푸는" 일이라고 생각하는 건 아닌지, 조지프 토머스를 자살로 밀어넣은 부당한 대우가 그가 보기에는 "조지프를 위해서" 이뤄진 것이라고 생각하는 건 아닌지 궁금했다.

며칠 뒤에 케빈이 나더러 좀 보자고 했다. 우리는 작은 회의실 중 하나에서 만났고 나는 내가 진행 중인 아키텍처 프로젝트 이야기를 시작했지만, 그가 손을 내저으며 말을 끊었다.

"수전, 좀 어려운 대화를 해야 할 것 같아." 그의 얼굴이 빨개졌다. 우리는 잠시 서로를 바라보았다. 누구도 먼저 말을 꺼내고 싶지 않았다. 케빈은 얼굴에 줄줄 흐르는 땀을 소매로 닦고서 내가 인사 부서로 포워드한 찰스와의 이메일에 대해 할 말이 있다고 했다. "그걸 인사 부서에 보고하는 바람에 수전은 지금 살얼음 위에 있게 되었어." 그는 다시 땀을 닦았다. "캘리포니아는 해고 자유 원칙을 따르는 주야. 이런 일을 또 하면 우리는 너를 해고할 수 있다고." 나는 고개를 저으면서 내가 인사 부서에 보고했다고 회사가 해고한다면 불법이라고 말했다. 하지만 그는 내 말에 동의하지 않고 구글 이야기를 했다. "나는 **아주 오래** 매니저로 일했는데, 만약 그게 불법이었다면 당연히 내가 알았겠지."

며칠 뒤에 SRE 부서 여성들은 가죽 재킷이 도착했다는 이메일을 받았다. 나는 위층으로 올라가서 다른 엔지니어들과 함께 줄을 섰다. 줄을 따라 천천히 앞으로 가고 있는데 한 매니저가 자신의 재킷을 받아 들고 내 옆을 지나가면서 "이제 만족하시겠네요"라고 비웃듯이 말했다.

그날 퇴근 후 바트 역으로 가는 길에 우버 브랜드가 박힌 가죽 재킷을 쓰레기통에 버렸다. 나는 불같이 화가 났다. 이 일은 내가 재킷이 갖고 싶어서 불거진 게 아니었다. 이 일은 나와 동료들이 회사에서 끊임없이 당하고 있는 괴롭힘, 따돌림, 차별, 보복에 대한 문제였다. 이것은 재킷 문제가 아니라 경영진과 관리자들이 가하는 협박, 공포, 학대의 문제였다. 그 재킷을 계속 가지고 있는 것이 옳지 않게 느껴졌다. 그것을 계속 가지고 있는다면, 혹은 행여나 그것을 입는다면, 우버의 행동을 승인한다는 뜻이자 직원들이 당하는 일과 부당한 대우를 희석하려는 회사의 술수에 공모한다는 뜻일 것 같았고, 해서는 안 될 일 같았다. 이스트베이로 향하는 만원 바트에서 통조림에 든 정어리처럼 끼여서 집에 오면서, 우버를 계속 다니는 것 역시 우버 재킷을 입는 것과 마찬가지라는 생각이 들었다. 계속 이 회사를 참고 다니는 것은 결과적으로 회사가 나와 동료들을 대우하는 방식을 내가 승인하는 격이 아닌가? 나도 공모자가 되고 문제의 일부가 되는 것이 아닌가? 나는 회사가 한두 달 사이에 대대적으로 변화하는 모습을 보이지 않는다면 이곳에서 나가야겠다고 생각했다.

하지만 다음 단계를 생각할 겨를이 없었다. 나는 하루에 10~12시간씩 일하고 있었고 책 쓰는 일도 마무리하느라 애쓰는 중이었다. 또 엔쥬케이션에서 강의도 했고, 여러 컨퍼런스에서 마이크로 서비스 아키텍처에 대해, 또 소프트웨어 시스템을 더 잘 구축하는 방법에 대해 발표도 했다.

그리고 정말로 멋진 일이 일어났다. 채드에게 프러포즈를 받은 것이다.

10월의 어느 포근하고 맑은 날, 아름다운 오후였다. 나는 버클리의 주황색 집에서 마이크로 서비스 책 작업을 하면서 채드가 낡은 베이지색 BMW를 몰고 데리러 오기를 기다리고 있었다. 우리는 좋아하는 하이킹 코스인 틸든 공원에 갈 참이었다. 도착하기 얼마 전에 그가 문자를 보내서 하이킹에 가져갈 커피를 사갈지 물었다. 나는 피곤하기도 했고 전날도 늦게까지 글을 썼기 때문에 커피가 있으면 너무 좋을 것 같다고 답신을 보냈다. 곧 도착한 그와 함께 버클리를 가로질러 버클리 힐로 가는 동안 평소와 좀 다르다는 것을 느꼈다. 그는 딴 생각을 하고 있는 것 같았고, 할 말이 있는데 머뭇거리고 있는 것 같았다.

틸든에 도착해서 우리는 가장 좋아하는 길을 따라 걸었다. 시냇물을 지나 거대한 소나무와 유칼립투스 나무들 아래로 숲속 깊이 들어가는 길이었다. 나는 내 커피를 거의 다 마셨고 그가 커피를 한 모금도 마시지 않고 들고만 있었다는 것은 알아차리지 못했다. 우리는 이야기를 나누며 그 길의 끝까지 걸어가서 우리가 가장 좋아하는 장소인 커다란 오크 아래에 도착했다. 서쪽으로 버클리, 샌프란시스코만, 샌프란시스코 시내, 멀리 골든 게이트 다리 등이 내려다보이는 곳이었다. 잠시 쉬려고 거기에서 멈췄을 때 채드가 나를 돌아보며 말했다.

"나랑 결혼해 줄래?"

나는 그가 정말로 묻고 있는 것인지 알 수가 없었다. 나는 사랑스럽고 멋진 그의 얼굴을, 그리고 긴장이 서린 미소를 보았다. 그가 정말로 묻고 있는 것이면 좋겠다고 생각했다. "언제든 너랑 결혼할 거야." 나는 이렇게 말하고 그에게 키스했다.

"수전 조이, 나 진지하게 묻는 거야." 그는 이렇게 말하더니 커피 뚜껑을 열고 안에서 반지를 꺼냈다. 그리고 시원한 산들바람이 부는 오크 아래에서 한쪽 무릎을 꿇고 내게 물었다. "나랑 결혼해

줄래?”

나는 눈물을 터트리며 대답했다. “응!”

연애를 한 지 1년 정도 된 시점이었고 나는 완전히 사랑에 빠져 있었다. 그는 내가 늘 결혼하고 싶다고 꿈꿔온 남자에 딱 부합하는, 똑똑하고 기술 분야에 밝고 예술적이고 사랑스럽고 재미있는 사람이었고, 어찌어찌해서 그도 나와 사랑에 빠졌다. 내가 우버에서의 힘든 시기를 버티는 동안 그도 열심히 일했다. 그는 자신이 창업한 회사를 직원이 거의 60명이나 되는 규모로 성장시켰고, 수천만 달러 투자 유치도 달성했으며, 진짜로 작동하는 퀀텀 비트를 만들었다. 내가 테크놀로지 기업에서 일하느라 고전하고 있을 때 그는 테크놀로지 기업을 창업하고 운영하느라 고전하고 있었다. 우리는 서로에게 기댔고 틸든 공원을 오래도록 산책하면서 모든 이야기를 나누었다. 우리는 완벽한 커플이었고 이제 결혼을 해서 평생의 파트너가 될 참이었다.

우버에서 참을 만큼 참았고 이제 다른 곳으로 이동할 때가 되었다는 것을 깨달은 것도 채드와의 대화를 통해서였다. 나는 내 삶의 이야기에서 상황이 지나가기를 그저 기다리고만 있는 피해자 역할이 되는 것에 진력이 났다. 이번에도 내가 스스로를 주체가 아니라 객체가 되도록 방치하고 있다는 사실에 화가 났다. 나는 똑똑하고, 근면하고, 꿈의 남자와 약혼했고, 내 마음이 내키는 일은 무엇이라도 할 수 있는 사람이었다. 나는 우버보다 나은 데 있을 자격이 있었고, 실리콘 밸리에서 받은 대우보다 더 나은 대우를 받을 자격이 있었으며, 더 나은 무언가를 향해 갈 준비가 되어 있었다. 그런데 바로 그때, 할 만큼 했으니 이제 떠나야겠다고 생각한 바로 그 시점에, 상황이 좋아질지도 모른다는 한 줄기 희망이 나타났다.

10월 중순에 우버는 컴퓨팅 분야 여성 기술자 연례 모임인 "그레이스 호퍼 셀리브레이션"을 후원했다. 레이디 엔지니어 여성들도 상당수가 휴스턴에서 열린 행사에 가서 우버 부스에서 젊은 여성 소프트웨어 엔지니어를 채용하기 위해 노력했다. 우버의 CTO 투안 팸도 그곳에 있었다. 컨퍼런스 기간 중 저녁 식사 자리에서 한 여성 직원이 투안에게 우버에 심각한 문제가 있다고 말했다. 엔지니어링 부서 매니저들이 자신의 "다양성 점수"를 유지하기 위해 여성 직원들의 업무 평정을 낮게 매겼고, 심각한 경우에는 **사후적으로** 점수를 변경하기까지 했다고 말이다. 팸은 그 자리에 있던 여성 직원들에게 우버에 이런 문제가 있다는 것을 잘 알겠으며, 이러한 일을 겪은 사람을 알고 있다면 팸 본인이 조치를 취할 수 있도록 즉시 그에게 와서 말하라고 꼭 전해달라고 했다.

그 자리에 있었던 로라는 휴스턴에서 돌아와서 내게 팸이 한 이야기를 전하면서 팸을 만나보라고 했다. 나는 불과 한두 달 전에 애쉴리가 문제를 제기했을 때 팸이 어떻게 무시했는지 잘 알고 있었기 때문에 긴가민가했다. 하지만 로라는 진심으로 기대하고 있는 듯했다. 내가 팸에게 자초지종을 설명하면 그가 문제를 고치겠다고 약속했다는 것이었다. 로라와 이야기를 나눌수록 나도 점점 기대가 되었다. 어쩌면 우버에 아직은 희망이 있을지도 몰라. 상황이 반전되기 시작한 것인지도 몰라. 내가 회사에서 나가지 않아도 될지도 몰라. 나를 위해서도, 또 동료들을 위해서도, 적어도 시도는 해봐야 했다.

그래서 곧 나는 얼마 전 잰과 면담을 했던 본사 꼭대기 층에 다시 올라가게 되었다. 이번에도 회의실 근처의 소파에 앉아서 인조 잔디가 깔린 골프 스테이션을 보며, 또 임원들이 커피나 라크루아 탄산수 캔을 들고 도시가 훤히 보이는 창문 옆에 서서 이야기하는 모습을 보며 면담이 시작되기를 기다렸다. 예약한 회의실이 비자 그곳에서 우버의 유명한 CTO 투안 팸과 마주 앉게 되었다. 문이 닫힐 때 보니 잠기지 않도록 문 옆쪽 단면이 테이프로 막혀 있었다.

나는 맨 처음부터 이야기를 시작했다. 우버에 입사해서 정식 근무를 하게 된 첫날 제이크가 보낸 채팅 메시지를 보여주자 팸은 이 사건이 기억난다며 그런 일이 일어나서 유감이라고 말했다. 내가 전출을 신청했으나 가로막혔고, 업무 평정이 사후적으로 변경되었으며, 그 때문에 스탠퍼드 학위 과정을 지속할 수 없게 되었다고 했더니 그는 "정말 화나는 일"이라고 했다. 또 가죽 재킷 사건과 그에 대한 찰스의 답변, 잰과의 면담, 케빈의 해고 협박에 대해 이야기했더니 팸은 분노하는 것 같았다.

그는 내가 이야기한 어느 것에도 놀라지는 않았지만 분노한다고 했다. 그는 우버의 엔지니어링팀들에 시스템적으로 심각한 문제가 있다는 것과 남성 매니저들이 여성 엔지니어들의 전출을 막기 위해 업무 평정을 낮게 매겨 자신의 다양성 점수를 높이려 한다는 것을 자신이 알고 있다며, 사실 금융팀에서 여성 엔지니어에게 그런 행동을 한 매니저 한 명을 방금 해고했다고 했다. 팸은 자신이 이 일을 예의주시하겠으며 곧 인사 부서의 연락책을 통해 진행 상황을 알려주겠다고 약속했다.

　우버에 들어온 이후 전 기간을 통틀어서 그날 팸과 면담을 마치고 나온 순간만큼 희망이 있다고 느껴본 적이 없었다. 그때까지 매니저나 인사 부서와 면담을 하면 그들은 늘 나를 가스라이팅하면서 내가 문제는 나에게 있다고 여기도록 몰아갔다. 하지만 그날은 처음으로 우버에서 책임 있는 위치에 있는 누군가가 내 말에 동의하면서 우버가 직원들에게 해온 행위는 잘못이며 그것을 고치겠다고 약속했다. 나는 낙관적인 마음이 되었다. 하지만 머릿속 어딘가에서 조심하라는 목소리가 들렸다. 책임 있는 위치에 있는 누군가와 면담을 했던 지난 두 번의 경우에도 나는 낙관했지만 상황은 그렇게 흘러가지 않았다. 펜실베이니아 대학원장은 내게 모든 것을 고치겠다고 약속했지만 되레 내 석사 학위를 취소했다. 우버에 온 직후 제이크의 성추행을 보고했을 때 인사 부서의 캐런도 모든 것을 고치겠다고 약속했지만 나에게 보복 조치를 취했다. 투안 팸도 말로만 약속하고 뒤통수를 칠지 몰랐고 낙관하기는 일렀다.

면담 직후에 투안 팸은 며칠 전에 그가 엔지니어링 매니저들에게 보냈던 이메일 하나를 내게 포워드했다. 면담 때 이야기했던, 여성 엔지니어의 업무 평정을 부당하게 변경했다가 해고된 금융팀 매니저 관련 이메일이었다. 메일에서 투안 팸은 "오늘 우리는 매니저 한 명의 고용을 종료했습니다"라고 밝혔고, 해고 사유는 "팀원을 존중하지 않았고 자신의 팀이 일하기 좋은 환경이 되게 만들지 못했으며 회사가 정한 엔지니어링 부서원들의 자유로운 팀 이동 정책에 반하는 행동을 했기 때문"이라고 설명했다. 또한 메일에는 "이것은 회사의 일각에서 우리가 직원들을 제대로 대우하는 데 실패하고 있다는 의미"라며 "우리는 나쁜 매니저들에 대해 무관용 원칙을 적용하겠다고 여러 번 말해왔지만 여전히 나쁜 매니저들이 회사에 다니고 있다"고 쓰여 있었다.

그 이메일을 포워드 하면서 내게 보낸 메시지에서 투안 팸은 우버의 문제에 대해 이야기해주어서 고맙다며 자신과 인사 부서장이 "제기된 모든 우려 사항을 면밀하게 조사할 것"이라고 약속했다. 또한 팸 본인이 "인지하고 승인하지 않은 상태로" 내가 해고되는 일은 없을 것이라며, 우버에서 매니저들이 직원들에게 말하는 방식은 "전적으로 폭력적이고 위협적이며 두말할 것 없이 용납 불가한 행위"라고 언급했다. 마지막으로 그의 이메일은 엔지니어링 부서에 있는 내 친구들에게 "우버가 매니저들의 좋지 않은 행동을 용인하지 않을 것"이며 "그런 일이 발생하면 부디 용기를 내서 인사 부서에, 그리고 내게도 직접 알려 우리가 문제를 해결하는 것을 도와 달라"고, 그렇게 해도 "전적으로 안전할 것"이라고 전해달라는 말로 맺고 있었다.

나는 기대를 품고 초조하게 투안 팸이 말한 인사 부서 연락책의 연락을 기다렸다. 그동안 되도록 케빈과 마주치지 않으려고 조심했다. 그가 한 말을 CTO에게 말했다는 것을 알면 곧바로 나를 해고할까 봐 겁이 났기 때문이다. 나는 로리에게 투안 팸과 만났다고 이야기했고, 우리는 투안 팸이 어떤 조치를 취할까, 우버가 정말로 달라질까, 궁금해 하며 이야기를 나누었다. 그리고 기다렸다. 기다리는 동안, 찰스가 구글에 다시 스카우트되어 구글 엔지니어링 부서의 높은 직위로 간다는 이야기를 들었다.

얼마 후 투안 팸의 인사 부서 연락책에게서 면담을 잡자고 연락이 왔다. 그의 이름은 토비였고, 예전에 잰에 대해 인사 부서장에게 신고했을 때 동영상 컨퍼런스 콜을 통해 짧게 본 적이 있었다. 그때 토비는 우버가 잰에 대해 아무 조치도 취하지 않을 거라고 내게 통보하는 역할을 맡은 바 있었다. 내가 잰에 대해 신고한 내용은 모두 입증 가능한 사실이지만 잰이 새로 온 지 얼마 되지 않았고 이번이 처음 저지른 잘못이기 때문에 엄중한 경고 이상의 징계를 하기는 곤란하다고 말이다. 즉 그때 그는 내가 매번 들어온 인사 부서의 매뉴얼을 앵무새처럼 되풀이했던 사람이었다. 그래도 투안 팸과의 면담 이후 후속 진행 상황을 듣기 위해 토비와 만나기로 했을 때 나는 기대를 갖고 있었다. 지금 돌아보면 대체 왜 기대를 했는지 잘 모르겠지만, 아무튼 이번에야말로 정말 다를 거라고 믿었다.

그리하여 나는 회색 컨퍼런스 탁자를 사이에 두고 토비와 마주 앉았고 그는 내가 투안에게 보고한 내용에 대해 우버가 조사를 마쳤다고 했다. 그가 말하길, 케빈이 팀에 여성 직원을 유지하고 싶어서 내 전출을 막고 보복성 인사 고과를 매긴 것과 그의 성차별적 행위를 인사 부서에 신고하자 나를 해고하겠다고 협박한 것의 사실 관계가 모두 인정되고 이것이 위법한 행위라는 사실도 인정되지만, 케빈이 우수 직원이고 이번이 처음 저지른 잘못이므로 징계를 하기는 곤란하다고 말했다. 나는 눈물이 터졌다.

"그러면 이제 저는 어떻게 해야 하나요?" 눈물을 닦으며 내가 물었다.

그는 고개를 저으며 대답했다. "미안합니다."

"아무것도 하실 수 없고 하시지 않을 거란 말씀이세요? 제가 협박을 당하고 업무 평정이 낮게 수정되었는데도 인사 부서에서 아무것도 안 하신다고요? 그러면 저는 어떻게 해야 하나요?"

"모르겠습니다. 미안합니다." 그가 조용히 말했다.

"무슨 일이 또 일어나면, 더 안 좋은 일이 일어나면, 그때는 어떻게 해요?"

나는 거의 매달리듯 사정했다.

그는 무슨 일이 일어날 경우 인사 부서에 신고하면 진상 조사를 하고 조치를 취할 거라고 했다.

"아뇨, 아뇨. 됐어요." 이제 나는 점점 화가 났다. 나는 또 눈물을 닦고 고개를 들어 그를 바라보았고 그와 눈이 마주쳤다. 그의 눈이 충혈되어 있었고 그도 거의 울 것 같았다. 문득 이 사람도 나만큼이나 아무 권력이 없는 사람일지 모른다는 생각이 들었다. 그도 나만큼이나 우버라는 기계에 끼인 처지일지 모른다고 말이다. 그를 향한 분노는 누그러졌다.

그가 다시 말했다. "미안합니다." 그는 정말로 미안해 하는 것 같았다.

나는 고맙다고 말하고 자리에서 일어났다. 하지만 사무실로도 내 자리로도 돌아가지 않았다. 이메일도 체크하지 않았고 회사 채팅 앱에도 들어가지 않았다. 전화기도 보지 않았다. 대신, 나는 바로 집으로 가서 담배를 하나 들고 침대에 앉아 새 일자리를 알아보기 시작했다.

집으로 오는 길에, 나는 아무 권한도 가질 수 없는 낮은 직급 일자리는 갖지 않겠다고 결심했다. 이 말은 엔지니어링 분야 일자리는 잡을 수 없다는 뜻이었다. 소프트웨어 엔지니어링 분야에서 내 경력으로는 낮은 직급이나 중간 직급 일자리만 잡을 수 있을 텐데, 그러면 또 다시 내 직장 생활과 일상생활 모두를 너무나 많이 통제할 상사에게 내 모든 삶이 좌지우지될지 몰랐다. 나는 엔지니어링 일이 좋았지만 나 자신이 더 소중했다. 나는 테크놀로지 분야의 일이고 도전적인 일이면서도 내 운명을 스스로 결정할 수 있는 여지를 허용하는 일을 찾기로 결심했다.

일주일도 안 되어서 과금 소프트웨어 개발 스타트업 스트라이프가 새로 발간하려고 하는 엔지니어링 잡지의 창간 편집장 자리를 제안받았다. 스트라이프 CEO 패트릭 콜리슨은 내 인생을 바꾼 책에 대해 내가 블로그에 쓴 글을 우연히 보았다고 했다. 그는 그 글이 (그리고 그 밖의 내 블로그 글들이) 인상적이라고 생각했던 것 같았고 나를 스카우트하고 싶어 했다. 내게 더할 나위 없는 일자리여서 나는 그 자리를 수락했다.

패트릭이 그 일자리를 제안했을 때, 나는 드디어 어린 시절의 꿈, 작가이자 편집자가 되고 싶다는 꿈이 실현될 기회가 왔다는 것을 깨달았다. 마이크로 서비스에 관한 책을 써본 경험은 내가 글 쓰는 것을 정말로 좋아하는지, 책을 내는 모든 과정을 내가 해낼 수 있는지 알아보는 좋은 시험대가 되었다. 그때 책 쓰는 일을 해보니 기쁘고 놀랍게도 내가 책 쓰는 것을 정말 좋아한다는 것을 알 수 있었다. 노트북 앞에 자료들을 놓고 앉아 새벽까지 글을 쓰고 고치고 또 고치는 과정이 너무 좋았고 너무 하고 싶었다. 내 글을 좋아하고 전부터도 글 쓰는 직업 쪽으로 나가보라고 독려했던 채드도 소식을 듣고 나만큼 기뻐했다. 약혼하고 얼마 뒤에 나는 오렌지색 집을 나와서 버클리 바로 남쪽 에머리빌에 있는 채드의 작은 아파트로 이사했다. 큰 방이 하나 있고 위층 부엌 옆에 작은 다락방이 하나 더 있었다. 채드는 작은 방을 집에서 일할 때 쓰는 사무실로 사용하고 있었는데 내가 이사를 들어갔을 때 책상 등 자신의 짐을 다 빼서 거실에 내놓고 작은 방을 내가 작업실로 쓸 수 있게 해주었다. "자기가 글 쓰는 방으로 써."

　나는 우버에서 받은 부당한 대우와 내가 목격한 우버 기업 문화의 문제에 대해 아무런 설명 없이 우버를 떠나고 싶지는 않았고, 그 설명을 기록으로 제출하고 싶었다. 그래서 상세한 사직서를 작성했다. 나는 우버를 떠나게 되어 너무나 아쉬우며 우버에서 배운 모든 것과 우버에서 누린 놀라운 기회들과 우버에서 함께 일한 뛰어난 사람들에 대해 감사드린다고 적었다. 하지만 나와 몇몇 동료들이 받은 부적절하고 모멸적인 대우를 더 이상 참을 수 없게 되어 사직을 결정했다고 설명했다. 성차별, 폭력적인 언행, 보복 조치 등을 수차례 겪고 목격한 뒤, 계속해서 나 자신을 그렇게 대우받게 방치하면서 회사에 남을 수는 없다는 결론에 도달했다고 밝혔다. 또 더 이상 누군가가 우버에서 일하는 것이 어떠냐고 물을 때 긍정적인 이야기를 할 수 없고 양심의 거리낌 없이 외부의 여성 엔지니어에게 우버의 SRE팀에 들어와서 일하자고 말할 수 없게 되었다고 했다. 마지막으로, 내가 겪은 일이 더는 발생하지 않도록 우버가 유의미한 문화적 변화를 이루기를 바란다고 적었다.

　나는 직접 만나서 사직서를 제출하기 위해 케빈과 면담을 잡아보려고 했다. 하지만 케빈은 나를 피하면서 면담을 나중으로 미루려 했다. 연말이 다가오고 있었기 때문에 나는 이번에도 그가 "다양성 보너스"를 받으려고 수를 쓰는 게 아닌가 싶었다. 할 수 없이 대신 인사 부서장에게 메일을 보내서 인사 부서 사람을 만나고 싶다고 했다.

인사 부서 사람과의 만남은 뭐랄까, 다소 초현실적이었다. 내 사직서를 받으러 나온 사람은 잰이었다. 나는 우버에서 내가 일했던 시기를 되짚으면서 사직을 결심하게 만든 사건들과 우버 문화의 문제, 불법적인 행위들에 대해 이야기했고 잰은 중간중간 끼어들어서 내가 우버에서의 경험을 통해 "배운 것"이 있기를 바란다고 했다. 그리고 다음 직장에서는 내가 같은 실수를 되풀이하지 않기를 정말로 바란다고 했다. 나는 더 이상 반박할 기운도 없었고 할 말도 없었다.

우버에서의 마지막 날, 인사 부서는 내 퇴직 면담이 미리 예정되어 있었는데도 대신 나를 그 소위 "직장 내 괴롭힘 담당 TF"로 보냈다. 그러니까, 우리 몇 명이 공동으로 제이크에 대해 이의 제기를 했을 때 내게 다른 사람들은 제이크가 아니라 나에 대해 불만을 제기했다고 거짓말했던 제시카가 나의 퇴직 면담자였다. 우리가 마지막으로 마주 앉은 자리에서 제시카는 지난번에 했던 말을 반복했다. "인사 부서에서 일을 처리한 방식에 대해 만족하시는 줄 알았는데요." 나는 우버에서 1년간 있었던 일을 다시 말했지만, 소용이 없었다. 제시카는 우버가 무언가 나쁜 일을 했다는 사실 자체를 이해하지 못하는 듯했다.

면담이 끝난 뒤 직원 명부를 보면서 엔지니어링팀에 아직 남아 있는 여성이 몇 명인지 세어보았다. SRE 부서의 엔지니어 150명 중 여성은 3%뿐이었다. 나가는 길에 사원증과 노트북을 반납하고 사무실들을 돌면서 친했던 사람들에게 인사를 했다. 내가 일했던 책상, 회의실, 탁자, 라운지 등 그 모든 드라마가 펼쳐진 곳들을 지나 탕비실에서 로라를 만났다. 우리는 마지막으로 탕비실에 그렇게 함께 서서 앞으로 무엇을 할지에 대해 이야기를 나누었다. 로라가 미소를 띠고 물었다.

"이거 글로 쓸 거지?"

10

폭
로

크리스마스에 두어 주 정도 휴가를 보내고서(채드의 가족과 함께 스키와 스노보드를 타러 갔고 애리조나의 우리 집에도 갔다) 2017년 1월에 스트라이프에서 새 일을 시작했다. 맹렬하고 공격적이고 폭력적이던 우버에 있다가 스트라이프에 오니 문화 충격이 느껴졌다. 우버에서는 모든 회의가 짧고 고통스러운 기습 전투 같았고, 매니저와 직원들은 고깃덩이를 놓고 싸우는 굶주린 개와 같았다. 하지만 스트라이프는 매우 달라 보였다. 동료들은 친절하고 다정하고 협력적이었다. 상사들은 나를 존중했고 내게 충분한 권한을 주었다. 회의 때는 모두가 웃고 즐거워하면서 자신이 하는 일에 대해 열정적으로 이야기했다. 이런 모습은 내게 유쾌한 놀라움으로 다가왔다. 우버에서는 모든 대화와 모든 상호작용이 권력을 중심으로 돌아갔지만 스트라이프에서는 아무도 사내 권력에 신경을 쓰지 않는 것 같았다.

스트라이프의 CEO 패트릭 콜리슨과 회장 존 콜리슨 형제는 잡지(이름은 《인크리멘트》로 정했다)를 발간한다는 아이디어를 현실로 바꾸기 위해 필요한 것은 무엇이건 할 수 있도록 나와 우리 팀에 많은 재량권을 주었다. 우리는 테크놀로지 업계 사람들이 즐겨 읽을 수 있는 아름답고 훌륭한 잡지를 종이와 디지털 두 가지 모두로 내놓을 계획이었다. 쉬운 일이 아니리라는 점은 잘 알고 있었다. 무에서 출발해 온-오프 동시로 새 잡지를 내놓는다는 것, 그것도 매체 경험이 없는 사람이 이 일을 맡는다는 것은 정말이지 장난이 아니었다. 게다가 시간도 촉박했다. 나는 《인크리멘트》 첫 호를 두 달 만에 내놓아야 했다.

하지만 나는 그 도전이 감사했고, 맹렬히 집중할 일이 있어서 다행스러웠다. 그때는 전 세계적으로 암울한 시기였다. 바로 얼마 전에 도널드 트럼프가 미국 대통령이 되었고, 아무도 앞으로 무엇이 어떻게 될지 알지 못했다. 모두가 화가 나 있고 불안해하고 있는 것 같았고 두려움, 동요, 그리고 미해결과 불확실성의 느낌이 모든 곳에 팽배해 있었다. 러시아가 대선에 영향을 미쳤다는 루머가 돌았고 많은 이들이 트럼프 본인이 러시아와 연계되어 있다고 믿고 있었다. 나는 무슨 일이 일어날지 예상조차 해볼 수 없었다. 전쟁이 날지, 경제가 붕괴할지, 트럼프와 러시아의 연계설이 사실인지, 아무것도 알 수가 없었다.

그때까지는 개인적인 어려움을 다루는 데만 너무 몰두하느라 주변 세상에서 벌어지는 일에 신경을 못 쓰고 있었다. 내 삶은 대체로 정치와 관련이 없었고 나는 그것을 당연하게 여겼다. 제대로 기능하는 민주주의에는 시민의 참여가 꼭 필요하다는 것을 잊고 있었던 것이다. 정치적인 문제들이야 이렇게든 저렇게든 결국 해결될 것이라고 생각했고 극히 예외적인 경우가 아닌 한 나라를 운영하는 사람들이 어련히 알아서 잘 하겠거니 했다. 그런데 트럼프의 당선 이후 나라 전체가 나락으로 떨어지면서 내 안일했던 생각도 깨졌다. 나는 영혼이 긁히는 것처럼 괴로웠고 더 이상 세상이 다른 누군가의 문제가 아니라 내 문제이기도 하다는 생각이 강하게 들었다. 아마 다들 그랬을 것이다. "다른 누군가의 문제"라고 생각했던 것들이 우리가 책임져야 할 우리의 문제가 되어 있었고 모두가 이를 고통스럽게 자각하고 있었다. 점점 더 혼란스러워지고 극단화되고 분노가 높아져만 가는 세상에서, 세상을 조금 더 낫게, 그리고 조금 덜 분노를 일으키게 만들기 위해 무언가라도 해야겠다는 생각이 들었다.

트럼프 당선 직후의 몇 달간을 돌이켜보면 가장 많이 기억나는 것은 분노다. 분노가 진보와 보수 모두 공통적으로 가지고 있는 유일한 것인 듯 보일 때도 있었다. 모두가 화가 나 있었고, 모두가 누구라도 걸리기만 하면 시비를 걸고 고치려 들고 검열하고 파괴하고 몰아내려 드는 것 같았으며, 모두가 탓을 할 누군가를 찾고 있는 것 같았다.

나는 우버는 과거로 밀어 놓고 더 이상 생각하고 싶지 않았지만 그럴 수가 없었다. 사직서를 냈을 때는 내가 지고 있던 무겁고 우울한 짐이 그것으로 사라질 줄 알았는데 그렇지가 않았다. 마음이 가벼워지기를 바라고 기대했지만 마음은 점점 더 무거워졌다. "이제 언제부터든 괜찮아지기 시작할거야"라고, "오늘이 아니라면 내일은 괜찮아지겠지"라고 되뇌어 보았지만, 괜찮아지기는커녕 점점 더 괴로워졌다.

나는 우버에서 벗어날 수 없었다. 어디를 가든 우버가 따라다녔다. 가족과 가까운 친구들은 무슨 일이 있었는지 알고 있어서 내가 퇴사한 뒤에는 우버에 대해 더 이상 묻지 않았다. 유일하게 물은 것이 있었다면 왜 더 일찍 그만두지 않았느냐는 것이었다. 하지만 새 직장의 동료들, 먼 친척들, 사정을 알지 못하는 친구들은 세상에서 가장 성공적인 스타트업을 왜 박차고 나왔는지 궁금해했다. 몇몇 기자도 연락을 해와서는 그들이 모르는 무언가를 건질 수 있기를 바라면서 내게 왜 퇴사했냐고 물었다. 나는 어떻게 답해야 할지 알 수가 없었다. 어떻게 그 모든 일을 설명할 수 있다는 말인가? 어디에서 시작해야 한다는 말인가?

그러던 어느 날, 우버가 또 다시 신문 지면을 장식했다. 1월 말에 트럼프 대통령이 행정명령 13769호를 발동했다. '무슬림 여행 금지령'이라고 불리게 되는 이 조치는 주로 무슬림인 7개 국가 사람들의 미국 입국을 금지하게 되어 있었다. 곧바로 미국 전역의 공항에서 대혼란이 벌어졌다. 이들 나라에서 온 사람들, 심지어 미국 비자와 영주권이 있는 사람들까지 영문도 모르고 공항에서 갑자기 구금되었다. 이 조치에 반대하는 저항이 일어났고 시위대, 변호사, 정치인들이 구금된 사람들을 도우러 공항으로 달려갔다.

'뉴욕시 택시 노동자 연대'도 무슬림 여행 금지령에 저항하는 의미로 한 시간 동안 케네디 공항 쪽 택시 운행을 중단하는 단체행동에 나섰고, 연대하는 의미에서 리프트 운전사들도 동참했다. 하지만 우버는 동참하지 않았다. 이에 대해 대중의 비난이 쏟아졌고 트위터에서 '#DeleteUber' 운동이 벌어졌다. 며칠 사이에 20만 명의 사용자가 우버 앱을 삭제했고, 언론과 트위터에 우버가 트럼프 행정부와 연결되어 있다는 보도가 나오면서 우버 앱 삭제 운동에 동참하는 사람은 계속 늘어났다. 대선 직후에 일론 머스크 등 몇몇 CEO와 함께 트래비스 칼라닉이 트럼프의 경제자문위원회에 합류했는데, 무슬림 여행 금지령 이후 우버의 직원과 고객들이 칼라닉이 경제자문위원회에서 물러나기를 강하게 요구하고 있었다. 직원의 동요와 고객의 불만이 높아지면서 칼라닉은 경제자문위원회에서 사임했고 #DeleteUber 운동도 수그러들었다.

그 이후 몇 주간 이어진 우버의 인사 고과 시즌은 상황이 이전보다도 심각했다. 나는 우버의 몇몇 친구들과 여전히 연락을 하고 있었는데, 그들이 해주는 모든 이야기가 또 하나의 익숙한 악몽이었다. 몇몇 남성 직원은 눈물을 쏟을 때까지 매니저가 소리를 질러댔다고 했다. 또 다른 동료는 매니저들끼리 부하직원에 대해 이야기 하는 것을 우연히 듣고 너무 경악해 회의실 중 하나에 들어가 쓰레기통에 토했다고 말했다. 레이디 엔지니어의 여성들은 내가 겪은 것과 동일한 방식으로 전출이 가로막혔다. 투안 팸이 이 관행을 알고 있고 고치겠다고 약속까지 했는데도 말이다.

　나는 내 친구들이 당하고 당하다가 한계까지 몰리는 것을 보았다. 그들의 목소리에서 나는 불과 6개월 전에 나 역시 느꼈던 절망과 자기혐오의 목소리, 또 자살을 생각할 정도까지 몰린 동료들이 느꼈던 절망과 자기혐오의 목소리를 들었다. 그들은 체념과 분노 사이를 왔다 갔다 했다. 하루는 "싸울 거야. 우버가 계속 이렇게 사람들을 대우하게 둘 수는 없어"라고 말했다가 며칠 뒤에 회의에서 매니저에게 또 당하고 나서는 내게 다시 와서 "더 이상은 못 싸우겠어"라며 자포자기했다. "너무 지쳤고 더 이상은 못 하겠어. 포기하고 싶어. 포기해야 돼." 때로는 내게 언제 글을 쓸 거냐고 묻기도 했다. 이것은 내가 스스로에게는 할 수 없어서 늘 회피하고 있었던 질문이었다.

　이번에도 뭐라고 말해야 할지 알 수 없었다. 나는 나와 이야기를 나눈 적이 있는 기자 중 누군가가 우버의 실상을 기사로 써주기를 내심 바랐다. 하지만 기자들은 내 동료들도 보도를 전제로 이야기하지 않는 한 기사로 내려 하지 않을 (혹은 낼 수 없을) 터였고, 당시에는 누구도 보도를 전제로 기자와 이야기하고 싶어 하지 않았다. 언젠가는 내 경험을 글로 써야 하리라는 점은 확실했다. 확실하지 않은 것은, 그렇게 할 수 있을 만큼 두려움을 극복하는 데 시간이 얼마나 걸릴 것인가였다. 나는 내부 고발자들이 어떤 일을 겪게 되는지 잘 알고 있었다. 직장 내 괴롭힘을 외부에 알린 여성들에게 어떤 일이 벌어졌는지, 수십억 달러 규모의 회사에 맞선 낮은 직급의 직원들에게 어떤 일이 벌어졌는지, 회사의 문제를 외부에 알리려 한 우버의 전직 직원들에게 어떤 일이 벌어졌는지, 잘 알고 있었다. 내가 아무것도 하고 있지 않다는 생각 때문에 양심에 가책이 느껴질 때마다 이렇게 가책을 밀어냈다. "오늘은 아니야. 어쩌면 내일은 할 수 있겠지. 아무튼 오늘은 아니야."

나는 다른 쪽으로 정신을 돌리고자 일에 몰두했다. 뛰어난 그래픽 디자이너, 엔지니어, 매니저, 마케팅 담당자를 모아 내가 꾸릴 수 있는 최대한의 드림팀을 구성했고, 우리는 《인크리멘트》를 실물로 만들어내기 위해 밤낮없이 일했다. 시간이 별로 없었기 때문에 의사 결정을 빨리빨리 내려야 했다. 우리는 계간지로 내기로 했고, 온·오프라인에 동시에 발간하기로 했으며, 주제별로 구성하되 새 소식에만 치중하지 않고 지속적인 중요성을 갖는 사안들도 다루기로 했고, 사람들이 페이지를 넘겨보지 않을 수 없도록 아름답게 만들기로 했다. 나는 크고 작은 잡지 편집자들에게 연락을 취해서 성공담과 실수담을 열심히 듣고 공부했다. 테크놀로지 담당 저널리스트와 편집자들이 나와 길게 산책을 하면서 그들이 힘들여 획득한 소중한 교훈을 나눠 주었다.

바이오테크부터 딥 러닝까지, 투자 유치부터 소프트웨어 엔지니어 채용까지, 또 서버리스 아키텍처까지 다루고 싶은 주제가 너무 많아서 추리기가 쉽지 않았지만, 차차 주제를 좁혀 온콜 업무의 모범 사례들에 초점을 맞추기로 했다. 글을 쓸 수 있는 사람이 없는 최악의 경우에도 스트라이프의 엔지니어링팀과 내가 비교적 빠르게 내용을 작성할 수 있는 주제였기 때문이다. 매체 경험이 없는 편집장이 운영하고 실리콘 밸리의 테크놀로지 기업이 자금을 대는 신생 잡지가 경륜 있는 저널리스트에게 기고를 받기는 매우 어려웠다. 그들은 기고를 결정하기 전에 잡지를 먼저 보고 싶어했다. 뛰어난 인프라 엔지니어인 린 대니얼스, 그리고 오라일리의 책을 나와 공저한 또 다른 엔지니어가 온콜 업무 로테이션을 지속가능하게 운영하는 법에 대해 글을 써 주었지만 스트라이프 직원이 아닌 기고자는 이 두 명뿐이었다. 어쨌든 우리는 첫 호의 나머지 기사들을 어찌어찌 만들어내었다. 스트라이프의 엔지니어링 매니저인 윌 라슨(우버에서의 전 동료이기도 했다)이 온콜 업무의 규모를 키우는 법에 대해 글을 썼고, 나는 깃랩의 CEO 시드 시즈브라디즈를 전화로 인터뷰해서 최근의 시스템 교란 실태와 그것의 해결 과정에 대해 이야기를 들었다. 또 30여 회사의 엔지니어에게 온콜을 어떻게 처리하는지 물어보고 그 답변을 토대로 세 편의 기사를 작성했다.

이와 동시에 채드와 나는 결혼 준비를 시작했다. 작게 치를 생각이었고 가족과 친구들이 다 참석할 수 있게 일정을 잡으려고 엄청난 시간과 노력을 쏟았다. 하지만 모두에게 맞는 일정이 도무지

나오지 않아서 우리는 결혼식을 1년 미룰까 했다.

하지만 서로를 발견했고 영원히 함께하고 싶다는 것을 알았으니 더 기다리고 싶지 않았다. 결혼하고 아이를 갖고 남은 생을 함께 꾸려가는 것을 **지금** 시작하고 싶었다. 채드는 이렇게 말했다. "사람들이 다 오는 결혼식을 하지 못하는 것은 후회하지 않을 것 같은데 가족을 꾸리기 시작하는 것을 1년 더 기다리는 것은 후회할 것 같아. 3주년이 될 수도 있었을 날이 2주년이 된다면 후회될 것 같아." 나도 진심으로 동감이었다. 그래서 강행하기로 했다.

그다음은 일사천리였다. 우리는 마우이의 외지고 아름다운 곳에 있는 호텔을 골랐다. 완벽한 웨딩드레스도 찾았는데 사이즈가 조금 커서 며칠 저녁을 들여 정교한 레이스를 다시 달고 핀으로 고정하고 바느질을 해가며 딱 맞게 수선했다. 그리고 결혼반지 사이즈를 조정해야 해서 여행 일정에 늦지 않도록 반지 가게에 맡겼다. 그 다음에는 혼인 신고를 하고 결혼식장을 잡고 혼인 서약을 연습하고 하와이로 여행갈 짐을 꾸리는 등 실제로 결혼을 하는 것과 관련된 일들을 준비해야 했다.

일 외에 내가 생각하고 꿈꾸고 글을 쓸 수 있는 것은 결혼뿐이었다. 결혼식까지의 몇 주간 나는 정말 흥분 상태였다. "해냈어. 영혼의 짝을 만났어. 17일 뒤면 나는 그의 아내가 되는 거야." 일기에 이렇게 적었다. 행복과 기쁨으로 가슴이 벅찼다. 현실이라고 믿어지지 않았다. 어찌어찌해서 나는 지구상에서 가장 인간적인 생명체를 만났고, 그와 사랑에 빠졌으며, 그도 나와 사랑에 빠졌다. 우리의 관계는 '사랑'이라는 단어로 포괄되는 것을 훨씬 넘어서는 관계였다. 우리는 서로의 가장 친한 친구였고 내밀한 이야기를 털어놓을 수 있는 유일한 사람이었다. 우리는 모든 면에서 파트너였고, 각자의 재능과 강점과 약점이 서로를 보완하는 완벽한 한 쌍이었다. 우리가 가진 것은 내가 늘 꿈꾸었던 것, 불가능해 보일 때도 포기하지 않았던 것, 이런 것이 가능하다고 내가 사람들에게 늘 설파했던 것이었다.

우리의 결혼식은 꿈 같았다. 그날은 내 인생에서 가장 기쁘고 멋진 날이었다.

우리는 며칠만 쉬었고 제대로 된 신혼여행은 조금 덜 바쁜 연말에 가기로 했다. 집으로 돌아오자마자 우리는 곧바로 각자의 일에 다시 뛰어들었다. 일주일 동안 나는 바트를 타고 AT&T 파크 근처에 있는 스트라이프 사무실로 출근했다. 출근길에는 빅터 프랭클의 《죽음의 수용소에서》를 읽었다. 홀로코스트 수용소에서의 끔찍한 경험을 이야기하면서, 프랭클은 가장 어려운 환경에 처했을 때는 언제나 진정한 성품이 나타나게 된다고 언급했다. "자신의 운명, 그리고 그 운명에 따르는 모든 고통을 어떻게 받아들일 것인가, 그러니까 자신의 십자가를 어떻게 짊어질 것인가에 대한 것은 심지어 가장 어려운 상황에서도 자신의 삶에 한층 깊은 의미를 더할 수 있는 커다란 기회가 될 수 있다. (…) 여기에는 어려운 상황이 가능케 해준 기회들을 사용하거나 아니면 버릴 수 있는 선택이 놓여 있으며, 이 선택은 그가 그 고통을 받을 가치가 있는지 아닌지를 결정한다." 이러한 내용을 읽으면서, 나는 내가 느끼는 두려움, 그리고 그 때문에 아무런 행동도 하지 않고 있는 상태를 돌아보게 되었다. 사실 그때 내 진정한 성품을 알기 위해서는 최악의 상황까지 필요하지도 않았다. 그 순간에 내 성품은 명백했고 나는 그런 내 모습이 싫었다. 용기 없는 사람, 일어서서 옳은 일을 할 수 있는데도 겁을 먹어서 그렇게 못하고 있는 사람, 끔찍한 환경에서 도망쳐 나온 뒤 아직 그곳에 있는 사람들을 나 몰라라 하고 있는 사람…. 나는 만약에 우버에 아직 남아 있는 친구나 동료 중 또 한 명이 목숨을 버린다면, 그런데 그것을 막기 위해 내가 아무 일도 하지 않았다면 그것은 내 책임이기도 하다는 것을 깨달았다.

더 기다려서는 안 되었다. 이미 지체한 시간이 너무 길었다.

결혼하고 일주일밖에 안 된 어느 일요일 아침, 나는 좋아하는 담요를 두르고, 노트북을 앞에 두고, 생각이 오만 갈래로 날뛰는 상태로, 식탁에 앉아 있었다. 쓰고 있던 물리학 책의 원고를 퇴고해보려고 했지만 이내 포기했다. 우버에서 겪은 일, 아직도 그곳에서 친구들이 겪고 있을 일과 나의 비겁함이 계속 떠올랐다. 나는 채드가 운동을 좀 일찍 마쳐서 빨리 돌아온다고 메시지를 보내지는 않았는지, 여동생이 새 직장에 대해 메시지를 보내오지는 않았는지 괜히 전화를 확인했다. 하지만 아무 메시지도 없었다. 생각을 다른 쪽으로 돌리려고 〈사인필드〉도 한 회 보았지만 이마저도 소용이 없었다. 나는 내 이야기를 글로 써야 했고 그것도 **지금 당장**

써야 했다.

나는 블로그를 열고 빈 칸을 바라보았다.

하지만 다시 노트북을 덮었다.

글을 썼다가 일이 잘못될 수 있는 가능성을 생각해보았다. 천 가지의 끔찍한 시나리오가 떠올랐다. 내부 고발자들, 성적 괴롭힘과 부당한 대우를 외부에 알린 모든 여성들이 겪은 일을 나도 겪게 될 게 분명했다. 일자리를 잃고, 평판도 땅에 떨어지고, "성추행당한 여성"이라는 꼬리표가 영원히 따라다닐 것이었다. 친구도 잃게 될 것이고, 결혼한 지 일주일밖에 안 되었는데 남편과 남편의 회사가 타격을 입거나 위험에 처할 수도 있었다. 그리고 우버는 여느 대규모 회사가 아니었다. 우버는 실리콘 밸리 역사상 비상장 스타트업 중 가장 기업 가치가 높은 회사였다. 또한 이기기 위해서라면 더러운 플레이도 서슴지 않는 회사였다. 나는 우버가 저널리스트들과 다른 직원들에게 어떻게 했는지 알고 있었다. 기자 새러 레이시와 가족을 협박했고 모건 리처드슨의 집에 흥신소 사람을 보냈다. 내가 무언가를 폭로하는 글을 쓰면 우버가 내 뒤도 밟을 게 뻔했다.

내가 아는 모든 사실로 미루어보건대, 내가 겪은 일을 세상에 알리면 내 삶이 망가질 가능성이 컸다. 그렇게 부엌에 앉아 있으려니 온갖 노력을 다해서 이룬 성취를 한 방에 날린다면 큰 실수일 것 같다는 생각이 들었다. 하지만 다른 길이 없었다. 적어도 내가 생각해낼 수 있는 방법은 없었다. 기자들이 내 이야기를 기사로 써주지도 않을 것 같았고 입사할 때 강제 중재 조항에 동의했으므로 소송을 걸 수도 없었다. 판사가 강제 중재 조항이 불법이라고 판단해줄 가능성도 있긴 했지만 그렇더라도 소송은 합의로 종결될 가능성이 컸다. 설령 판결까지 이어지더라도 그때쯤이면 우버에 아직 남아 있는 사람들을 돕기에는 너무 늦어버리게 될 터였다. 변호사를 찾아가도 이런 문제들이 해결될 것 같지 않았다. 그리고 펜실베이니아에서 변호사들이 조언해주었던 것으로 미루어보건대, 제대로 된 변호사라면 나더러 글을 쓰지 말라고 할 게 틀림없었다.

어떻게 해야 할지 갈피를 잡을 수가 없었다. 마음 깊은 곳의 목소리는 내 경험을 세상에 알리는 것이 옳은 일이라고 말했다. 하지만 닥칠지도 모를 결과가 너무 무서워서 나는 그게 **정말로** 내가 꼭 해야만 하는 도덕적 의무라고 믿고 싶지 않았다. 그렇다고 아무것도 안 하고 가만히 있자니, 그것이 유발할 안 좋은 결과도 글을 썼을 때 못지 않게 커 보였다. 나는 우버가 또 다시 직원을 자살로 몰게 될까봐 무서웠다.

전에도 여러 차례 그랬던 것처럼, 그 순간 나는 어떤 행동을 해야 할 '도덕적인 의무'가 그 행동이 가져올 결과에 놓여 있는 것인지, 그 행동 자체에 놓여 있는 것인지, 그 행동을 하게 된 동기에 놓여 있는 것인지의 고민에 처해 있었다. 가장 좋은 결과를 가져올 일을 하는 것이 옳은 일인가? 아니면 정의, 정직, 용기와 같은 잘 알려진 미덕을 체현한 행동을 하는 것이 옳은 일인가? 아니면 무언가 다른 것이 옳은 일인가? 노트북 앞에 앉아서, 더 많이 생각하다 보면 옳은 답이 무엇인지가 더 분명해지리라 믿으면서 이 질문을 수없이 되풀이해 던져보았다. 나는 옳은 일을 하고 싶었고 나에게만 옳은 일이 아니라 **객관적으로도** 옳은 일을 하고 싶었다.

그러다 퍼뜩 이런 생각이 들었다. 내 행동으로 발생할 수 있는 결과가 **실제로** 무엇일지 알 수 있는 방법은 없다. 내가 글을 올린 다음에 실제로 무슨 일이 벌어질지를 미리 알 수는 없다. 추측만 가능할 뿐이다. 그런데 내 추측이 틀리면 어떻게 되는가? 내가 결과를 잘못 생각했으면 어떻게 되는가? 그러면 결과가 무엇일지를 예상하기에 충분한 정보가 없으므로 객관적으로 옳은 일이 무엇인지도 알 수 없다는 말이 된다. 나는 내가 해야만 한다고 생각되는 일에 대한 주관적인 판단만 할 수 있을 뿐이다. 내가 가진 극히 제한적인 정보에 의거해 무엇이 옳은지 판단할 수 있을 뿐이다. 그렇다면, 사전에 결과를 알 수 없는데 가장 좋은 결과를 가져올 행동이 무엇인가를 기준으로 도덕적인 의무가 결정된다는 것이 애초에 가능한가?

결과야 될 대로 되라지. 나는 앞일에 대한 걱정은 의사 결정에 고려하지 않기로 했다. 그래서 있을 법한 끔찍한 결과를 하나하나 떠올려보고 하나하나 제거했다. 내 경력이 망가지는 것, 아무도 나를 고용하려 하지 않는 것, 펜실베이니아 때처럼 골칫거리나 부담으로 여겨지는 것, 이제 막 새 직장을 잡았는데 아예 삶을 새로 시작해야 하는 것, 우버와의 법적 분쟁에 휘말리는 것…. 이런 것들을 고려사항에서 모두 제쳐놓고, 그게 무엇이 됐건 내가 겪어야 할 결과는 감당해야 할 때가 오면 감당하기로 했다.

그 순간에 나는 내가 무엇을 해야 하는지 알고 있었다. 나는 오늘을 위해, 이 결정을 위해, 내가 아주 오랫동안 준비되어왔음을 깨달았다. 나 자신과 내 삶에 대해 세세하게 일기를 쓰면서 내가 누구이고 어떻게 더 나아질 수 있을지 알고자 노력해온 오랜 세월, 책상에 앉아서 내 안에서 미덕을 계발하고 악덕을 없애기 위해 나를 돌아보고 성찰했던 수많은 시간이 단지 나를 더 나은 성품을 가진 사람으로만 만들어준 것이 아니라 바로 이 일을 위해 나를 준비시켰다는 생각이 들었다. 나는 무엇이 합당한 일인지, 무엇이 진실의 일인지, 무엇이 용기의 일인지, 무엇이 옳은 일인지 알고 있었다. 불의에 맞서 일어서는 것은 합당한 일이다. 두려움에 굴복하지 않기로 하는 것은 옳은 일이다. 진실을 말하는 것은 옳은 일이다. 이런 것들은 결과가 무엇이건 모든 상황에서 언제나 옳은 일이다.

나는 내가 무엇을 해야 하는지 알고 있었다. 내가 해야 할 일은 용기를 내서 이야기하는 것이었다.

글을 쓰기로 결심했으니 이제 글을 어떻게 구성할지 신중하게 고민해야 했다. 감정적으로 작성해서는 안 된다. 어조는 차분하고 균형 있고 객관적이어야 한다. 무엇을 포함하고 무엇을 포함하지 않을지도 신중하게 결정해야 한다. 비공식적인 직위 정도를 제외하면 누구도 실명으로는 거론하지 않아야 한다. 가장 중요하게, 글에 들어갈 모든 문장은 내가 확보하고 있는 문서화된 증거들로 뒷받침될 수 있어야 한다.

처음부터 끝까지 다 작성하는 데 한 시간도 걸리지 않았다. 모든 단어를 이유를 가지고 선택했고 모든 문장을 목적의식적으로 신중하게 작성했다. 그 글에서 나는 제이크의 채팅 메시지와 인사 부서의 대응에 대해, 업무 평정 점수가 변경되어 전출이 가로막힌 것에 대해, 가죽 재킷 사건과 그 이후에 있었던 CTO와의 면담에 대해 이야기했다. 글을 다 쓴 후에는 작업실로 올라가서 글에 포함된 모든 내용이 입증될 수 있도록 기록을 하나하나 확인했다. 제이크가 보낸 채팅 메시지, 출력해둔 업무 평가 점수, 잰과의 면담 내용을 인사 부서장에게 보고한 이메일 등 필요한 것들을 다 찾을 때까지 스크린 숏, 사진, 이메일, 일기, 일정표, 포스트잇 메모 등을 샅샅이 뒤졌다. 그다음에 다시 노트북 앞에 앉아서 마지막으로 한 번 더 읽어보았다.

그리고 '게시'를 눌렀다.

11

악몽의 시작

내 블로그 글은 30분도 안 되어서 거의 모든 주요 매체에 실렸다. 그 30분은 폭풍 전야였다. 나는 블로그에 글을 올리고 곧바로 링크를 내 트위터에 올렸다. 그것이 친구들에게, 그들의 친구들에게, 테크놀로지 업계의 경영자와 투자자들에게, 기자들에게, 유명 인사들에게 공유되고 리트윗되더니, 폭포처럼 연락이 쇄도하기 시작했다. 전화와 문자가 미친 듯이 쏟아졌다. 가족이나 친구에게 온 것도 있었고 모르는 번호도 있었다. 소셜 미디어에도 수없이 알림이 떴다. 가장 먼저 지메일과 트위터 앱이 용량을 초과해 먹통이 되었다. 이메일과 트윗이 너무 많이 쏟아져서 시스템이 따라가지 못한 것이다. 폰 화면이 번쩍번쩍하기 시작하더니, 쇄도하는 알림을 감당하지 못하고 멎기를 반복했다. 알림이 뜰 때마다 번쩍번쩍하다가, 먹통이 되었다가, 전원이 꺼졌다가, 다시 켜졌다가, 또다시 알림이 떠서 번쩍번쩍하는 것이 계속되었다. 나는 정신이 멍해졌다. 폰을 거의 사용할 수 없게 되어서 누구하고도 이야기를 할수가 없었다. 채드에게 미리 알려줄 수도 없었고, 엄마와 새아버지에게 어쩌면 곧 뉴스에서 나를 보게 될지도 모른다고 말해줄 수도 없었다.

나는 끝없이 번쩍이고 울리고 멎고 꺼지고 다시 켜지는 폰을 조심스럽게 들고 아래층 방으로 내려왔다. 침대 옆 바닥에 앉아 폰을 내려놓고서 계속해서 울리고 번쩍이고 꺼졌다가 또다시 이 모든 것이 되풀이되고 하는 것을 멍하니 바라보았다. 얼마나 그러고 있었는지는 모르겠다. 내가 대체 무슨 짓을 한 것인지 완전히 이해하지 못한 채 그렇게 멍하니 있는 동안 채드가 운동을 마치고 돌아왔다. 내가 바닥에 앉아 물끄러미 폰을 바라보고 있는 것을 발견한 채드는 걱정스럽게 무슨 일이냐고 물었다. 나는 이렇게 대답했다. "자기, 내가 뭔가 미친 짓을 한 거 같아."

그날의 나머지 시간에 채드와 나는 소파에 함께 앉아서 내 이야기가 뉴스로 나오는 것을 지켜보았다. 언론은 맹렬히 내게 연락을 시도하고 있었다. 내 메일함은 전 세계의 방송국, 잡지사, 신문사에서 보낸 이메일로 가득 찼다. 한두 시간 뒤에는 폰이 먹통이 되지 않도록 알림 기능을 껐고, 그러자 음성 메시지 함이 꽉 찼다. 겨우 나와 연락이 닿은 새아버지는 당황하고 걱정스러워하면서 NBC 뉴스 PD가 그에게 연락을 해와서는 내가 위급 상황에 처해 있어서 NBC 뉴스가 즉시 내게 연락을 취해야 한다고 말했다며, 내가 다쳤거나 무슨 큰 사건이 닥쳤거나 한 줄 알고 PD에게 내 전화번호를 알려주었다고 했다. 친구들도 다짜고짜 나와 내가 쓴 글에 대해 묻는 기자들의 연락에 놀라고 당황해서 나에게 메시지를 보냈다.

내가 한 일을 우버가 알게 되기까지는 오래 걸리지 않았다. 글을 올리고 몇 시간 뒤에 트래비스 칼라닉은 그의 트위터에 "여기에 묘사된 것은 혐오스럽고 우리가 믿는 모든 것에 배치되는 일입니다. 이렇게 행동한 사람이나 이래도 된다고 생각하는 사람은 누구든 해고될 것입니다"라는 메시지를 올렸다. 우버의 많은 동료와 친구들도 연락을 해왔다. 부당 대우를 겪은 사람들, 회사에서 무슨 일이 벌어지고 있는지 아는 사람들은 내가 쓴 글에 놀라지 않았고 말해주어서 고맙다고 했다. 한 친구는 "드디어!"라고 말했다. 내가 모르는 몇몇 우버 직원도 나에게 연락을 해서 회사에서 그런 일이 일어났다니 충격적이고 믿어지지 않는다고 했다. 일부는 우버에 대해 화를 냈지만 꽤 많은 사람이 나에 대해 화를 냈다.

새 직장에서 이 일을 알게 되는 데도 오래 걸리지 않았다. 스트라이프의 CEO와 내 직속 상사는 용기 있는 행동이었다고 격려해주었지만, 커뮤니케이션 부서장은 달가워하지 않는 것 같았다. 그날 오후의 전화 통화에서 커뮤니케이션 부서장은 그런 글을 올리기 전에 왜 자신의 승인을 받지 않았느냐며 앞으로는 무언가를 이야기할 때 반드시 승인을 받아야 한다고 했다. 나는 다른 것은 이야기할 계획이 없으며 언론에 인터뷰를 하거나 TV에 나갈 생각도 없다고 확실하게 말했다. 커뮤니케이션 부서장은 일단 안심하고서 그렇게 하는 게 나에게도 가장 좋을 거라고 했다. "당신 이름이 '성적 괴롭힘'과 늘 함께 연상되기를 원하지 않으시겠지요. 스트라이프도 그렇습니다." 그리고 기사들이 나를 찾으러 회사로 몰려들 테니 언론의 관심이 잦아들 때까지 재택근무를 하라고 했다.

나는 이런 상황에 완전히 압도되었다. 집에서 나와 어떻게든 기분 전환을 하고자 전화기를 두고 가장 가까운 서점인 반스 앤 노블에 갔다. 서점 안의 스타벅스에서 커피를 주문했다. 그리고 서가를 돌아다니며 어린 시절을 생각했다. 일요일 오후가 되면 우리 가족은 교회를 마치고 에어컨도 없는 파란색 낡은 미니밴을 타고 피닉스 시내로 가서 벨 로드에 있는 모든 서점에 들렀다. 처음에는 철학 코너가 좋은 보더스, 다음에는 소설 코너가 좋은 반스 앤 노블…. 우리는 흩어져서 각자 좋아하는 코너에 앉아 몇 시간이고 책을 읽었다. 나는 삶이 다시 예전처럼 단순해지기를 간절히 원했다. 에이브러햄 링컨의 전기를 집어들고 컴퓨터 공학 서가 옆의 조용한 자리를 찾아 바닥에 앉았는데, 몇 분 뒤에 서점 고객 두 명이 그 통로에서 나누는 이야기를 듣게 되었다. 그들은 내 블로그 글이 사실일지를 두고 언쟁을 벌이다가 우버는 앞으로 어떻게 될까에 대해 이야기를 나누고 있었다. 신경 쓰지 않으려고 했지만 그럴 수가 없었다. 그래서 에이브러햄 전기를 사서 집에 가려고 계산대로 갔다. 내 차례가 되자 점원이 물었다. "안녕하세요? 오늘 하루 어떻게 보내셨어요?"

그게…. 나는 그날 하루를 어떻게 보냈는지 믿어지지 않는 상태였다. 나는 블로그에 글을 올리는 것이 옳은 일이라는 것을 알고 있었고, **누군가는** 그것을 읽으리라는 것도 알고 있었고, 언론과 대중이 관심을 보이리라는 것도 알고 있었다. 하지만 얼마나 많은 사람이 그 글을 읽을지에 대해서는 전혀 알지 못했다. 집을 나서기 전에 나는 블로그 방문자 수를 확인해보았다. 몇 백 명 정도를 예상했고 어쩌면 몇 천 명 정도는 될 수도 있겠다고 생각했다. 내 블로그 글 중 가장 인기 있었던 글(물리학을 어떻게 공부했는지에 대한 글이었다)은 조회 수가 10만이었다. 그런데 방문자 수를 보고 내 눈을 믿을 수 없었다. 글을 올린 지 6시간 사이에 블로그에 방문한 사람이 수백만이었다. **수백만이라니!** 글을 올리기 전에도 글을 올리고 나면 어떤 결과가 닥칠지 두려웠지만 지금은 훨씬 더 끔찍하게 두려웠다.

걸어서 집으로 돌아오는 동안 스트라이프의 커뮤니케이션 부서장이 한 말이 생각났다. "당신의 이름이 '성적 괴롭힘'과 늘 함께 연상되기를 원하지 않으시겠지요." 그 말이 머릿속에서 반복 재생되었다. 앞으로 내 인생에서 사람들이 나에 대해 아는 것은 오직 이것뿐일 것이다. 언제나 나는 우버에서 성추행을 당한 여성일 것이다. 나는 살아오면서 성취한 모든 일을 생각했다. 내가 어떻게 싸웠고 무엇을 성취했는지 생각했다. 나는 가난을 스스로 벗어났고, 스스로 공부했고, 최고의 대학 중 하나에 들어갔고, 물리학을 공부했고, 소프트웨어 엔지니어링을 공부했고, 소프트웨어 아키텍처에 대한 책을 썼다. 당시에는 어마어마해 보이는 도전들이었지만, 되돌아보면 내 인생에서 가장 힘든 일은 아니었다. 정말로 극복이 불가능했던 것들은 다른 사람들이 내 앞에 던져 놓는 장애물들이었다. 나 자신의 이야기에서 다른 모든 이들이 나를 피해자로 만들려 할 때 어떻게 해야 나를 주인공으로 만들 수 있을지, 어떻게 해야 내 인생에서 내가 객체가 아니라 주체가 될 수 있을지, 도무지 알 수가 없었다. 이것은 이길 방법을 알아낼 수 없는 싸움 같았다. 애리조나 주립 대학교에서도, 펜실베이니아 대학교에서도, 교육 기회와 고용주로부터의 공정한 대우를 위해 싸웠지만 결국에는 내가 졌다. 그곳들이 나보다 훨씬 강력했고 언제나 그들은 내가 간절히 원하는 것을 가지고 있었다. 그들은 내가 간절히 원하는 것을 내 머리 위에서 흔들다가 휙 거둬가 버릴 수 있었다. 오늘까지는 그랬다.

나는 그 경험 하나하나가 지금 벌어지고 있는 일에 나를 준비시켰음을 깨달았다. 하지만 위안이 되는 생각은 아니었다. 할 수만 있었다면 나는 그 모든 고통스러웠던 순간들을 내 삶에서 지워버렸을 것이다. 할 수만 있었다면 나 자신이 될 수 있는 자유와 보복의 두려움 없이 내 꿈을 추구하고 성취할 자유를 누리는 삶을 위해 뭐라도 내놓았을 것이다. 하지만 적어도 그 모든 끔찍했던 상황 중 어느 것도 헛된 일이 되지는 않게 할 기회가 여기 있었다. 나는 그 경험들에서 무언가를 배웠고 어쩌면, 정말로 어쩌면, 드디어 나 자신의 이야기에서 주인공이 될 방법을 찾은 것인지도 몰랐다. 어쩌면 사람들이 나를 '우버에서 성추행당한 여성'이 아니라 '우버에서 성추행당한 것에 대해 용기를 내어 이야기한 여성'으로 기억할 수도 있지 않을까?

오전에 블로그 글이 일파만파 퍼지기 시작한 이후로 줄곧 나를 휘감고 있었던 충격과 마비의 상태로 밤에 집에 돌아오자 마음이 편해졌다. 그래, 아마 사람들은 앞으로 내내 나를 이 블로그 글로만 기억하겠지. 그래서, 그게 뭐 그렇게 끔찍한 일인가? 어쨌거나 내가 중요한 일을 했고 내가 용감하게 내 이야기를 알렸기 때문에 사람들이 나를 블로그 글로 기억하게 되는 것 아닌가? 그리고 어쩌면, 정말로 어쩌면, 내 이야기가 그것을 읽는 사람들에게 그렇게 할 수 있는 용기를 줄 수도 있지 않을까?

다음 날 일찍 일어났다. 어제가 지나가서 마음이 놓였고 아무 일도 없었던 것처럼 하루를 시작했다. 위층 부엌으로 가서 채드가 커피를 내리고 그가 가장 좋아하는 블루베리 바나나 코코넛 밀크 스무디 만드는 것을 보았다. 그에게 키스를 하고 프레첼 베이글을 토스터에 넣고 식탁에 앉아 노트북을 켰다. 바이럴되는 뉴스 대부분이 그렇듯 내 블로그 글도 그러다 곧 잊힐 거라고 생각했다. 하지만 이메일과 트위터 피드를 보니 어제보다 사람들의 관심이 더 많아진 것 같았다. 나는 내 개인 노트북을 덮고서 옆으로 치워놓았다. 그리고 회사 노트북을 펴고 다음 호《인크리멘트》에 온 관심을 집중하려고 노력했다.

블로그에 글을 올리고 나서 첫 며칠간의 일과는 대체로 동일했다. 매일 아침에 잠에서 깨면 채드가 일하러 가기 전에 그와 시간을 보내면서 아침을 먹는다. 그리고 샤워를 하고 옷을 입고 나간 준비를 한다. 그러다가 스트라이프 사무실에 기자들이 여전히 진을 치고 있을 것이므로 집에서 일해야 한다는 것이 생각난다. 가방에서 노트북을 다시 꺼내 작은 작업실로 올라가 날이 저물 때까지 일한다. 노트북 앞에 앉아서 나는 일에 집중하려고 노력했지만 생각이 늘 천 갈래 만 갈래로 흩어졌다. 새로운 이메일이 매 시각 쏟아졌고 전화와 문자는 매 분마다 나를 방해했다. 다른 데로 생각이 쏠리고 걱정이 커지는 것을 어쩔 수가 없었다.

설상가상으로 날마다 나와 우버에 대해 새로운 기사가 나왔다. 작은 기사들은 제쳐 놓을 수 있었지만 큰 기사들은 무시할 수 없었다. 내가 블로그에 글을 올린 다음 날 트래비스 칼라닉과 우버는 오바마 행정부의 법무장관 에릭 홀더와 로펌 '코빙턴 앤 벌링'의 파트너 태미 알바란에게 의뢰해 "구체적으로는 수전 파울러가 우버의 일터 환경에 대해 제기한 사안들에 대해, 더 일반적으로는 우버의 다양성 및 포용성 현황 전반에 대해 독립적인 조사와 평가를 수행하도록 할 것"이라고 발표했다. 이사회의 아리아나 허핑턴과 경영진의 라이안 혼시 인사 담당 임원이 이 조사를 주관할 예정이었다.

하지만 《뉴욕타임스》에 기다란 폭로 기사가 실리면서 칼라닉이 외부에 내보내고 싶어한 메시지, 즉 우버는 책임을 다하는 회사이며 이 문제를 매우 심각하게 생각하고 있다는 메시지에 찬물이 끼얹어졌다. 그 기사에서 마이크 아이작은 우버의 유독한 "홉스적" 문화를 지적했고 한 매니저가 부하 직원을 야구 방망이로 폭행하려 한 것부터 추행, 폭행, 탈취, 그리고 내 면접이 미뤄졌던 이유이기도 한 악명 높은 "베가스 출장"에서의 약물 사용 등을 폭로했다. 보도가 나오자 우버의 초창기 투자자에 속하는 미치 카포와 프리다 카포 클레인이 공식적으로 우버 이사회와 투자자에게 공개서한을 보냈고 이것도 여러 언론에 보도되었다. 서한에서 그들은 자신이 우버의 문화를 오래전부터 알고 있었고 내부에서 그것을 조용히 변화시키려 해보았다고 언급했다. 또 구글의 자회사로 자율 주행차를 개발하는 웨이모가 특허권 침해와 기업 기밀 탈취로 우버에 대해 소송을 제기했다. 이어서 트래비스 칼라닉이 우버 운전사에게 험한 말을 하는 동영상이 유출되었다.

우버의 문제에 대해 드디어 밖으로 나온 이 이야기들은 나와 동료들이 받았던 부당한 대우가 각각 별개의 사건이 아니었다는 것, 또 내가 너무 잘 알고 있었듯이 우버 직원들이 받고 있는 부당한 대우와 심각한 기업 행위는 성추행 문제만이 아니라는 것을 세상에 입증해주고 있었다. 하지만 입증이 되어서 안심이 되기보다는 좌절과 분노가 더 크게 느껴졌다. 투자자나 고위 임직원 등 사내의 그렇게 많은 강력한 사람들이 우버 문화의 심각한 문제를 알고 있었는데도 내가 밖으로 내 이야기를 알리기 전까지 아무도 그렇게 하지 않았다는 사실을 이해할 수가 없었다. 우버 외부 사람들이 우버를 비판하는 것(많은 사람들이 우버가 운전사들에게 지급하는 보수 문제나 우버가 규제를 회피하거나 무시하는 것 등에 대해 비판을 해왔다)과 우버 내부 사람들이 문제를 알고도 아무 말도 하지 않은 것은 전혀 다른 문제였다. 그들은 직원들이 당하는 감정직, 신체적 폭력을 알고 있었고 직원들이 극한까지 몰리고 있는 것을 알고 있었는데도 아무 말도 하지 않았다. 카포의 공개서한 등에 대한 기사를 읽으면서 나는 분노했다. 우버의 투자자들은 이 상황을 **내내** 알고 있었는데도 아무 일도 하지 않았다.

한편, 수많은 사람이 내가 한 일에 대해 이메일, 메시지, 댓글, 트윗으로 온갖 의견을 보내왔다. 전 세계의 사람들, 그리고 다양한 분야의 사람들이 내게 나서주어서 고맙다고 했다. 그레첸 칼슨처럼 괴롭힘이나 차별의 피해를 밝혀 대중에게 알려진 다른 여성들도 지지와 격려의 메시지를 보내주었다. 유명인과 정치인들도 친절한 메시지를 보내주었고 나를 지원하겠다고 공개적으로 밝히기까지 했다. 일례로 힐러리 클린턴은 선거 이후 첫 공식 연설에서 내 블로그 글을 언급하면서 공개적으로 나에 대한 지지를 밝혔다. 물론 혐오와 증오의 메시지도 있었다. 내 블로그에 달린 한 댓글은 "이게 정말 성차별인지 아니면 한 페미니스트의 망상인지 알아야 한다"고 언급했다. 또 다른 댓글은 "이것은 명예 훼손"이라고 했다. 또 다른 사람은 "리프트에서 받은 착수금이 없기를 바란다. 증거가 나오면 감옥행일 테니"라고 적었다. 끝없이 댓글이 올라왔다. "피해자 코스프레!", "우우, 개소리", "입 닥치고 네 인생이나 살아. 누가 너의 사이코 드라마에 관심이 있다고."

하지만 이메일과 메시지의 대다수는 괴롭힘, 차별, 보복을 당한 경험을 털어놓고 싶은 수천 명의 피해자에게서 온 것이었다. 어떤 사람은 학계에 종사하고 있었는데 차별이나 괴롭힘 때문에 종신직 트랙에서, 혹은 이미 받은 종신직 지위에서 밀려나야 했다. 어떤 사람은 차별과 보복에 대해 회사에서 함구령, 비밀 합의, 중재 등을 강요받았다. 이들이 받은 차별과 보복의 사례는 당신이 상상할 수 있는 모든 것을 포함하고도 남을 것이다. 이들이 견뎌야 했던 많은 사건이 내가 보고 겪은 것보다 훨씬 심각했다. 이들은 일터에서 폭행을 당하고, 동료나 상사에게 스토킹을 당하고, 임신을 했다고 해고당하고, 최악으로 모욕적인 언어폭력을 당했다. 많은 이들이 밖에 알리고 싶었지만 너무 겁이 났다고 했다. 어떤 이는 내 블로그 글이 세상을 바꾸었다고 했다. 처음으로, 여성이 부당 대우에 대해 세상에 이야기를 했는데 자신이 다치는 것이 아니라 세상이 그 여성의 말에 귀를 기울이고 있다고 말이다.

초창기 며칠 동안에는 정말로 내가 이제까지의 상황을 반전시킨 것처럼 보이기도 했다. 몇몇 혐오스러운 댓글이 달린 것과 재택근무를 할 수밖에 없게 된 것을 제외하면, 내부 고발자가 전형적으로 겪는 피해들을 겪지 않고 잘 넘어갈 수도 있을 것 같았다. 우버가 나를 뒤쫓지는 않을까, 사람들이 내 평판에 먹칠을 하려 하지 않을까, 내 경력과 미래가 망가지지 않을까 했던 두려움이 근거 없는 두려움이었던 것으로 판명날 것 같았다. 생각보다 너무 상황이 좋아서 사실 같지가 않았다.

물론 사실일 리 없었다. 곧 나는 백일몽에서 화들짝 깨어나 악몽으로 들어가게 된다.

12

계란으로 바위 치기

블로그에 글을 올리고 얼마 후부터 가족, 친구, 지인에게서 이상한 이야기가 들려오기 시작했다. 기자들이야 첫날부터도 내 지인들을 찾아가서 나에 대한 정보를 취재하려 했고, 이는 짜증은 나지만 예상 가능한 일이었다. 그런데 이제는 기자 같아 보이지 않는 사람들도 내 지인들을 찾아가 정보를 캐려 하고 있었다. 계속해서 나는 가족과 친구들에게 다음과 같은 유형의 이야기를 들었다. 누군가가 연락을 해와서 나에 대한 "개인적인" 정보를 알아내려 하면서 내 개인 생활이나 과거에 대해 그리 옳다고 여겨지지 않는 종류의 포괄적인 질문을 한다는 것이었다. 어떤 사람들은 발신자 번호가 뜨지 않는 전화를 받았고 상대가 댄 이름과 소속을 구글에서 검색해보니 가짜 같았다고 했다. 이런 이상한 접촉은 날마다 늘어나고 있었다.

어떤 친구들은 이상한 사람이 연락을 해와서 나에 대해 캐물었지만 아무 이야기도 하지 않았다고 나를 안심시켰다. 어떤 사람들은 그들에게 너무 많은 이야기를 한 것 같다고 걱정했다. 어떤 사람들은 그런 접촉이 있었다는 것을 내가 알고 있었는데도 내게 말해주지 않았고, 이 경우가 가장 부서웠다.

처음에는 주로 가족, 친지나 실리콘 밸리의 친구들이 정체불명의 사람들로부터 연락을 받았지만 점차로 몇 년이나 나와 연락을 주고받지 않은 사람들까지 접촉 대상이 되기 시작했다. 내 뒤를 캐는 사람이 누구인지는 모르겠지만, 하여튼 그들은 내 인생사의 아주 멀고 깊은 곳까지 파고 들어가 정작 나는 알고 있었는지조차 잊고 있었던 사람들에게까지 접촉을 시도하고 있었다. 도대체 이렇게까지 해서 나에 대한 정보를 캐려는 사람이 누구인지, 그들이 내 과거에 대해 이렇게 많은 것들을 어떻게 다 알아내었는지, 그들이 알아내려고 하는 정보가 정확히 무엇인지, 그들이 앞으로 무엇을 더 알게 될지, 어느 것도 알 수 없었다. 너무나 무서웠다.

그들이 찾아낸 내 지인 중 한 명은 2006년 이래로 연락을 해본 적이 없는 커뮤니티 칼리지 시절 동기였고, 또 다른 사람은 십 대 초반 이후에 만난 적이 없는 옛 이웃이었다. 그 이웃은 내게 이렇게 말했다. "누군가가 정말 깊이 너를 캐고 있는 것 같아, 수전. 그들이 얼마나 먼 과거까지 거슬러 갈 수 있는지 생각하니 정말 무섭구나." 또 그들은 내게 대입 추천서를 써주신 교수님 한 분에게도 연락을 했다. 교수님은 내 걱정에 두려워서 어쩔 줄을 모르셨다. 내가 제출한 대학 입학 서류를 보지 않고서야 교수님과 내가 아는 사이인 줄을 어떻게 알 수 있단 말인가? 나는 너무나 거대한 상황에 압도되고 두려워서 그 교수님도 포함해 내게 상황을 알려준 옛 지인들과 되도록 연락을 삼갔다. 한참 나중에 교수님께 연락을 드려볼 생각이 들었을 때는 돌아가신 뒤였다. 내가 대학에 들어가는 데 가장 큰 도움을 주신 분, 내가 더 나은 삶을 살아갈 수 있도록 돕기 위해 최선을 다해 내게 멘토 역할을 해주셨던 분이 이제 세상에 계시지 않고, 그분과 나눈 마지막 대화가 내 정보를 캐고 다니는 흥신소 사람에 대한 것이었다니, 너무 참담했다.

점차로 그들은 나에게도 직접 연락을 해오기 시작했다. 실로 초현실적인 경험이었다. 나는 이미 수백 명의 기자에게 연락을 받고 있었는데, 대부분의 기자들은 늘 자신의 신원을 분명히 밝혔고 내가 보도를 전제로 이야기하도록 설득하려 했다(나는 응하지 않았다). 그들의 신원을 확인하는 것은 대체로 어렵지 않았다. 해당 언론사의 데스크에 전화해서 그 기자의 연락처가 맞는지 알아보거나 그 기자의 SNS 프로필을 보면 금방 확인할 수 있었고 그들이 전에 쓴 기사들도 볼 수 있었다. 그런데 이와 달리 자신이 밝힌 신원과 내가 확인해본 바가 일치하지 않는 사람들이 있었다. 그들이 말한 신원 정보를 확인할 수 없거나, 그들이 일한다는 언론사를 검색해보면 그런 이름이나 직위가 없는 경우 등이었다. 몇몇 친구들로부터 누군가가 번호가 뜨지 않는 폰으로 연락을 해와서 가짜 이름을 대면서 기자라면 질문하지 않을 법한 것들을 캐물었다는 이야기를 들었던 것과 으스스하도록 패턴이 비슷했다. 나는 아는 번호이거나 전화 올 일이 있어서 정확히 그 시간에 전화벨이 울린 경우가 아니면 거의 전화를 받지 않았다.

한번은 가구를 주문하고 도착을 기다리고 있는데 모르는 번호로 전화가 왔다. 가구 회사인 줄 알고 받았는데 전화를 건 여성은 자신의 이름을 말한 뒤 자신이 사설 조사 회사에서 일하고 있으며 우버에 **맞서서** 이 사건을 조사하고 있다며 도와달라고 했다. 나는 웃으면서 거절했다. 그리고 나도 탐정 기질을 발동해 그 여성이 말한 사설 조사 회사에 대해 조사를 좀 해보았다. 알고 보니 그곳은 거의 전적으로 성추행과 성폭행 피해자들의 신뢰와 평판에 먹칠을 하려는 회사들의 의뢰를 받고 일해온 곳이었다.

그 사이 누군가가 내 SNS 계정에 침입을 시도했다. 내 이메일 계정, 페이스북 계정, 트위터 계정에 이중 인증 메시지가 오면 내 폰에 알림이 울리게 되어 있었다. 이게 울린다는 것은 누군가가 내 계정에 해킹을 시도하고 있다는 뜻이었다. 나는 비밀번호를 바꾸었다. 비밀번호를 자주 바꾸고 이중 인증을 위해 세컨 폰까지 장만했지만, 이것으로도 충분하지 않았다. 페이스북 계정이 몇 차례나 해킹을 당했고 몇 년이나 사용하지 않던 옛 이메일 계정들도 해킹을 당했다. 비슷한 시기에 내 동생은 흔히 사용되는 피싱 기법으로 페이스북 계정을 해킹 당했다. 동생이 자신의 계정에 누군가가 침입했다는 이야기를 내게 한 순간, 나는 로그인을 해서 최근에 동생에게 보낸 메시지들을 보았다. 메시지들이 '읽지 않음'에서 '읽음'으로 바뀌고 있었다.

　나의 가장 안 좋은 부분들이 대중 앞에 까발려지게 될 상황에 대해 마음의 준비를 하는 동안 깊고 고통스러운 공포가 나를 엄습했다. 그와 함께 나는 점점 더 고립되고 있었다. 회사 일은 아직 재택근무로 하고 있었고, 벌어지고 있는 일에 대해 이야기할 사람이 거의 없었다. 친구에게 이야기를 했다가 며칠 뒤에 그 이야기가 고스란히 기자에게 들어가 있는 것을 알게 되는 경우도 여러 번 있었다. 날마다 복통에 시달렸고 잠을 잘 수 없었다. 남편이 깨지 않게 조심하면서 뜬눈으로 밤을 보냈고, 내가 이제까지 했던 모든 못된 말과 모든 실수와 모든 잘못에 대해, 그리고 저지른 적이 있었을지도 모르는 모든 거짓말과 상처를 주었을지도 모르는 모든 사람에 대해 머리를 쥐어뜯으며 생각했다. 예전에 했던 모든 못된 문자 메시지, 모든 싸움, 모든 말, 모든 이별이 유령처럼 끊임없이 나를 따라다녔다. 내가 했던 말 중에 오해를 일으킬 소지가 있는 것이 있었는지, 나를 안 좋은 사람으로 보이게 만들 만한 말이 있었는지, 내가 한 농담 중에 누군가를 불쾌하게 할 만한 것은 없었는지, 내가 믿었거나 어쩌면 반복하기도 했던 멍청한 일과 잘못된 일은 무엇이었는지 등을 끊임없이 되짚어보았다. 또 나와 관련된 사실 중 왜곡되어서 나를 공격하는 데 쓰일 만한 것이 무엇일지도 생각해보았다. 가령 아버지가 돌아가신 뒤에 정신 치료 시설에 들어갔었다는 사실을 이용해 우버가 내 평판을 훼손하는 것은 식은 죽 먹기일 거라는 생각이 들었다. 다른 모든 이들처럼 나도 살면서 수많은 실수를 했고 쉽게 대중 앞에서 못 박힐 만한 수백 가지 일을 저질렀다. 나를 뒤쫓는 자가 누구이든 간에, 그들이 내 신뢰도에 흠집을 내고 나를 망가뜨리는 데 쓸 만한 정보를 찾는 데는 오래 걸리지 않을 게 틀림없었다.

도대체 내가 누구를 상대로, 무엇을 상대로 싸우고 있는지 종잡을 수가 없었다. 우버라고는 확신했지만, 구체적인 증거가 없었다. 몇몇 보안 연구자들이 살펴봐 주겠다고 제안했고 과거에 우버가 사용한 적이 있었던 몇몇 사설 조사 업체들의 목록을 알려주었다. 여기에는 작년에 모건 리처드슨의 집에 침입했던 곳도 있었다. 보안 연구자들이 말하길, 우버가 가장 최근에 쓴 사설 조사 업체는 전직 CIA 요원이 운영하는데 상대방 흠집내기 공작 전문이라고 했다. 나는 한층 더 공포에 휩싸였다.

나는 우버에 제발 그만두어 달라고 애걸했다. 우버 경영진과 이사회에 메일을 보내서 별도의 사설 조사 업체가 활동하지 않게 해달라고, 만약 사설 조사 업체를 쓰는 쪽이 우버가 아니라면 공개적으로 그렇다고 밝히고 내 뒤를 캐는 사람을 비난해달라고 했다. 홀더의 진상 조사를 주관하는 이사회 담당자 아리아나 허핑턴은 내게 보낸 답장에서 본인 생각으로는 우버의 사주를 받은 것이 아닌 것 같다고 했다. 경영진에게 물어보았더니 자신들이 지시한 일이 아니라고 했다는 것이다. 하지만 경영진이 공개적으로 우버의 사주가 아니라고 밝히거나 그들을 비난하지는 않을 것 같다고 했다. 허핑턴은 우버 내부 사람들에게 자신이 나와 자주 이야기를 한다고 말했고 언론에서도 나와 "자주 이메일을 주고받는다"고 말했지만, 사실 그때가 내가 허핑턴과 주고받은 처음이자 유일한 대화였다.

절박해진 나는 조직적인 평판 훼손 공작의 타깃이 된 것 같다고 트위터에 올렸다. 그랬더니 마침내 우버가 관심을 보였고, 자신의 사주가 아니라고 펄쩍 뛰었다. 우버는 나에 대해 별도의 조사를 진행하고 있지 않으며 회사 측에서 조사를 의뢰한 변호사는 에릭 홀더와 태미 알바란뿐이라고 공식적으로 밝혔다.

나는 마음이 놓였고 아주 오랜만에 처음으로 다시 숨을 쉴 수 있을 것 같았다. 하지만 오래 가지는 않았다. 우버가 거짓말을 했다는 사실을 알게 되었기 때문이다. 어느 날 밤에 우버의 의뢰를 받은 또 다른 변호사가 내게 전화로 연락을 해왔고 나에 대해 별도의 조사를 하고 있다고 인정했다.

그들이 알아낸 내 과거의 잘못이 만천하에 까발려질 것을 기다리며 두려움에 떨고 있던 동안, 나와 내가 글을 올린 동기에 대해 벌써부터 루머가 나돌기 시작했다. 나는 루머의 진원이 우버라는 의심이 강하게 들었다. 처음 들었던 루머는 2월 말에 전화를 해온 한 기자가 어느 취재원에게 들은 이야기의 사실 여부를 확인해달라고 해서 알게 되었는데, 내가 우버의 평판을 훼손하려는 경쟁사 리프트로부터 돈을 받고 글을 썼다는 것이었다. 물론 거짓이었고 기자에게도 거짓이라고 말했다. 며칠 뒤에 동일한 루머를 다른 기자들, 테크놀로지 업계 사람들, 우버 직원들로부터도 들었다.

그 루머가 잦아들자마자 또 다른 루머가 수면 위로 올라왔다. 그 글을 쓰고 퍼트린 것은 실리콘 밸리의 강력한 벤처 캐피탈리스트들이라는 루머였다. 이 루머의 몇몇 버전에서는 그 강력한 벤처 캐피탈리스트들이 리프트, 구글, 혹은 채드의 회사에 투자한 곳이라고 되어 있었다. '비즈니스 인사이더'의 한 기자는 내게 보낸 이메일에서 "당신 남편의 회사와 관련 있는 사람이 당신이 그 글을 쓰도록 부추겼고, 그다음에 널리 바이럴되게 도왔다는 음모론"에 대해 기사를 쓰고 있다고 했다(나는 답장하지 않았다).

이 루머가 오래 먹히지 않자 또 다른 루머들이 나왔다. 어떤 루머는 내 성격을 공격했고, 어떤 루머는 내가 유명해지려고 그랬다는 둥, 자기선전 활동이라는 둥, 내가 우버에 대해 책을 쓰고 있는데 미리 관심을 끌려고 그랬다는 둥(우버에 대한 책을 쓰기로 계약을 하게 되는 것은 한참 더 나중의 일이다) 하며 내 동기를 의심했다. 어처구니없는 것들도 있었는데, 남편과 내가 만났을 때 남편이 우버의 '비밀' 매니저였는데 우리 관계를 숨기기 위해 내가 제이크에게 성추행을 당했다고 거짓말을 했다는 둥, 우버 경영진이 주기적으로 방탕한 파티를 하는데 나를 포함한 젊은 여성 엔지니어들도 늘 참석을 했다는 둥, 내 글솜씨가 너무 형편없어서 그 블로그 글은 사실 남편이 썼을 거라는 둥 별의별 이야기가 나돌았다.

나는 루머의 상당수가 우버에서 나왔다고 확신했다. 아직 우버에 남아 있는 친구들이 사내에서 그런 루머들이 돌고 있다고 알려주었기 때문이다. 한 친구는 여자 화장실에서 한 여성 매니저가 두 명의 여성 직원에게 내가 블로그에 쓴 글을 믿어서는 안 된다며 내가 경쟁사에서 돈을 받고 거짓말을 퍼뜨리고 있는 것이라고 말하는 것을 들었다고 했다. 또 다른 친구는 한 매니저가 내가 리프트 투자자들에게 협박을 받아서 글을 쓴 것이라고 말하는 것을 들었다고 했다. 또 사실 확인차 나에게 연락을 해온 기자들이나 그밖의 우버 외부 사람들은 그 루머를 "우버와 가까운 누군가"로부터, 혹은 "이사회와 가까운 누군가"로부터, 혹은 **우버에 있는 누군가**로부터 들었다고 했다.

나는 연락해오는 모든 기자에게 기사로 보도해도 된다고 하고 흥신소 사람들이 따라붙는 것부터 계정을 해킹당한 것까지 지금 일어나고 있는 일들을 이야기하고 싶었다. 하지만 최대한 주목을 끌지 않기 위해 이야기를 삼갔고, 너무 심한 경우에만 비보도를 전제로 간단히 확인 또는 부인만 했다. 나는 조용히 있어야 한다는 것을 잘 알고 있었다. 전투에서는 이겼는지 몰라도 전쟁에서는 아직 이기지 못한 상태였다. 현재로서 내가 쓴 글은 그저 '주장'일 뿐이었다. 우버에 치명적인 주장이긴 했지만, 여전히 아직은 공식적으로 입증되지 않은 상태였다. 내가 글을 올리고 나서 몇몇 기사가 우버의 회사 문화에 대한 내 주장을 일부 뒷받침해주었지만, 그것으로는 충분하지 않았다. 내 폭로가 호응을 얻는다고 해도 대중의 반응에서 나올 수 있는 정의는 '군중의 정의'였고, 그것은 내게도, 이 문제에 대해 진정으로 관심을 갖고 있는 다른 사람들에게도 충분하지 않았다. 우리는 영구적이고 진정한 변화를 원했다. 소송이 막혀 있었기 때문에 유일한 기대는 독립적인 진상 조사가 이뤄져서 내 주장을 공식적으로 뒷받침해주는 것뿐이었다. 에릭 홀더의 진상 조사는 아직 한참 더 진행되어야 했고 그가 보고서를 낼 때까지는 조용히 기다리고 있어야 했다.

내가 가십과 루머에 대해 무언가를 이야기하거나 해명할 수 있는 유일한 통로는 트위터였다. 트위터를 너무 자주 사용하지는 않으려 했지만, 꼭 바로잡아야만 할 내용이 있을 때는 트위터를 활용했다. 그렇게 하기에 트위터는 가장 쉽고 편리한 매체였다. 내가 우버에 대해 트위터에 무언가를 올리면 곧바로 기자들의 눈에 띄어 그날 뉴스로 보도되었다. 당연히 우버는 내가 트위터에 무언가를 올리는 것을 몹시 싫어했고 매번 분노를 표했다. 한번은 에릭 홀더 본인이 연락해서 조사가 다 끝날 때까지는 아무 이야기도 하지 않는 것이 좋겠다며 트위터를 중단하라고 말했다. 스트라이프도 내 블로그 글에 언론의 관심이 쏟아지는 것을 달가워하지 않았다. 스트라이프의 커뮤니케이션 부서장은 내가 회사의 승인 없이는 어떤 이야기도 공개적으로 하지 않는다는 동의서에 서명하기를 원했다. 나 때문에 스트라이프에 너무 많은 관심이 쏟아지고 있고 기자들이 스트라이프의 회사 문화에 대해서도 질문을 퍼붓고 있다고 했다. 나는 동의서에 서명하는 것은 거부했지만 회사에 부정적인 관심이 쏠리게 할 만한 말은 하지 않겠다고 약속했다. 에릭 홀더를 화나게 해서 진상 조사를 망칠까 봐, 또 무언가를 더 말하면 스트라이프에서 일자리를 잃을까 봐 나는 입을 다물었다.

사설 조사 업체가 뒤를 캐는 것도 무섭고 루머도 무서웠지만 미행만큼 무서운 것이 없었다. 미행은 블로그에 글을 올리고 얼마 되지 않아 곧 시작되었다.

스트라이프의 요청대로 나는 2월의 나머지 기간과 3월의 첫 몇 주 동안 재택근무를 하다가 3월이 한참 지나고서야 사무실로 출근하기 시작했다. 그런데 집 밖에 어떤 차 한 대가 서 있는 것을 알아차렸다. 집에서 나와 바트 역으로 걸어갈 때면 그 차가 종종 나를 지나쳐 가곤 했다(어? 아까 그 차 아닌가? 이렇게 긴가민가 자문하곤 했다). 또 일과를 마치고 회사 건물에서 나올 때면 누군가가 나를 따라오고 있다는 느낌을 떨칠 수 없었다. 나는 현실이 아니라 상상일 거라고 계속 되뇌었다.

그러던 3월 초의 어느 날, 평소보다 일찍 퇴근을 하게 되었고 사무실 뒤쪽 계단으로 나와 큰길 쪽으로 가려고 골목을 도는데 한 남성이 화들짝 놀란 듯하더니 내 뒤에서 걷기 시작했다. 나는 방향을 바꾸어 평소에는 가지 않는 옆길로 갔다. 뒤를 돌아볼 때마다 그가 근거리에서 따라오고 있는 것이 보였다. 나는 4번가와 해리슨가 사이에 있는 홀푸즈 매장으로 들어갔고 그는 지나쳐갔다. 나는 안도의 한숨을 쉬면서 아무도 나를 따라오지 않는데 내가 과도

한 망상에 시달린 것이라고 생각했다. 그래서 거리로 다시 나왔는데 그가 몇 발짝 앞의 나무에 기댄 채 인도 쪽을 보면서 서 있었다. 나는 빠르게 그를 지나쳐갔고 그는 계속 내 뒤를 따라왔다. 나는 어느 큰 건물의 계단으로 올라갔다가 그가 가까이 왔을 때 다시 뒤를 돌아길 쪽으로 계단을 내려갔다. 그는 나를 지나쳐가다가 멈추고 방향을 돌려 나를 똑바로 쳐다보았다. 목구멍에서 공포가 치솟아 올라왔고 심장이 너무 뛰어서 거리의 시끄러운 소음보다 심장 뛰는 소리가 더 크게 들릴 정도였다. 나는 누구라도 도와줄 사람이 있기를 바라며 필사적으로 주위에 경찰이 있는지 둘러보았다. 소리를 지르고 싶었지만 여기는 사람들이 북적대는 도시 한복판이었다. 내가 미행당하고 있다고 소리를 지르면 다들 내가 미쳤다고 생각할 것 같았다. 무엇을 어째야 할지 모르는 채로, 최대한 빠르게 거리를 내려가 바트 역으로 들어갔고 열차에 올랐다.

이때가 내가 미행을 당하고 있다는 것을 확실히 알게 된 첫 번째 경우였다. 그리고 마지막은 아니었다. 이 책을 쓰고 있는 지금까지도 사설 조사 업체 사람들에게 미행을 당하고 있다.

이 모든 일을 겪는 심정을 설명하기는 쉽지 않다. 친구들이 흥신소 사람들에게 너무 많은 이야기를 한 것 같다고 걱정하며 내게 연락했을 때, 기자들이 나와 남편에 대해 사실이 아닌 비방을 듣고서 사실 여부를 묻기 위해 보낸 이메일을 받았는데 진상 조사를 망치거나 해고를 당할까 봐 아무 말도 할 수 없었을 때, 가는 곳마다 누군가가 나를 따라다니는 것을 알게 되었을 때 어떤 심정인지, 지속적으로 공포를 느끼며 살아가는 것이 어떤 심정인지 말로 표현하기는 정말 어렵다. 그것은 지옥이었다. 마치 내가 죽어서 내세에 왔는데 살면서 내가 잘못한 모든 일과 어리석었던 모든 일, 나에 대한 모든 소문은 다 알고 있지만 진실이 무엇인지나 내가 가진 좋은 점이 무엇인지는 전혀 고려하지 않으려 하는 심판관의 판단을 기다리고 있는 것 같았다. 그리고 나는 나를 망치려 하는 그 심판관을 볼 수 없었고 그가 나를 찍어 누르기 위해 사용하려는 것이 무엇인지도 알 수 없었다. 나는 눈가리개가 씌워지고 손발이 결박되어 있었고 나 자신에 대해 설명을 할 수조차 없었으며 그 심판관이 나에 대해 안 좋게 사용하는 이야기는 모두 근거 없는 소문이거나 거짓이었다. 어떤 날에는 걱정, 불안, 공포가 너무 심해져서 바닥에 몸을 웅크리고서 무감각해질 때까지 울었다. 가장 견딜 수 없는 날에는 샤워 부스에 들어가 물을 틀고 입을 막고서 목이 갈라질 때까지 소리를 질렀다. 두려움의 커다란 이유 하나는 이 모든 일이 너무 마구잡이로 일어나서 대체 무엇을 예상해야 할지조차 종잡을 수 없다는 점이었다.

그런데 그해 늦은 봄에 몇 년 전 우버로부터 평판 훼손 공작의 대상이 되었던 저널리스트 새러 레이시그를 만나게 되었다. 우리는 샌프란시스코 미션 지구에 있는 작고 조용한 바에서 만났다. 새러는 우버 경영진이 어떻게 공개적으로 자신과 가족을 협박했는지, 사설 업체를 써서 캐낸 정보를 어떻게 그에게 불리하게 사용하려 했는지 등 우버가 한 일을 이야기해주었다. 나도 내가 겪은 이상하고 갑갑하고 무서운 일들을 이야기했다. 마치 텔레파시처럼, 내가 어떤 이야기를 시작하면, 가령 이상한 자동차가 나를 따라오는 것 같다고 이야기하면, 그 이야기의 나머지를 새러가 정확히 받아서 이야기할 수 있었다. 새러도 정확히 똑같은 일을 겪었기 때문이었다. 심지어 새러는 나를 따라온 자동차가 어떻게 생겼는지까지 정확하게 묘사할 수 있었다.

나는 이런 이야기를 하면 내가 정신 나간 사람처럼 느껴지기 때문에 다른 사람들에게 이것을 말하기가 너무 어렵다고 털어놓았다. 이것은 현실에서가 아니라 영화에서나 보는 일이 아닌가? 그리고 나 같은 사람에게는 일어날 가능성이 없는 일이 아닌가?

"그런데 그런 일이 나한테 일어나고 있어요. 미칠 것 같아요."

그러자 새러가 내 손을 잡았다. "당신은 미치지 않았어요. 수전, 당신은 미치지 않았어요." 내 눈을 보면서 새러가 말했다. 그리고 몇몇 회사들이 자사 이미지를 훼손한 사람에게 사용하는 '물타기 공작' 전술들에 대해 말해주었다. 첫째, 물타기 전문가들과 사설 업체를 써서 과거를 캔다. 당신이 몇 년이나 연락하지 않고 지낸 사람들에게까지 전화해서 당신에게 불리하게 쓸 수 있는 것이면 무엇이라도 찾아내려 한다. 둘째, 미행을 한다. 당신을 따라다니다가 당신이 경쟁사와 이야기를 나눈다든지 기자에게 이야기를 한다든지 그밖에 안 좋게 보일 수 있을 법한 무언가라도 하면 그 순간을 포착한다. 셋째, 대중에게 의심의 씨앗을 뿌린다. SNS에서, 물론 가짜 계정으로, 아무 의도도 없어 보이는 댓글로 먼저 시작한다. 하지만 당신이 말한 것 중 별 뜻 없는 말을 무언가 끔찍한 말처럼 들리게 왜곡한다. 그다음에는 당신에 대해 더 노골적으로 평판을 떨어뜨리는 말을 하고 다른 사람들이 당신의 말을 의심하도록 유도한다. 나는 입이 떡 벌어졌다. 블로그에 글을 쓰고 나서 벌어졌던 이상한 일들이 이제 이해되었다.

그렇더라도 밤에 잠을 못 자는 것은 여전했다. 우리가 집에 있을 때건 없을 때건 우버가 흥신소 사람을 보내 집에 침입할 것 같아서 무서웠다. 모건 리처드슨에게 그랬다면 나에게 그러지 말라는 법이 없지 않은가? 혹시 이미 침입했는데 내가 모르고 있는 것이면 어떻게 하지? 채드와 나는 보안 회사를 고용해 우리가 잘 때 아파트를 지켜보게 했다.

몇몇 친구들은 아직 우버가 내 의료 기록을 입수하지 못했다 해도 입수하는 것은 시간문제일 것이고 그것을 내 신뢰도에 먹칠을 하기 위해 사용할 것이라고 걱정했다. 이미 겪은 적이 있었기 때문에 내게 이것은 매우 실질적인 공포였다. 펜실베이니아 대학교에서의 마지막 해에 학교 당국이 조사의 일환으로 내 의료 기록을 입수한 적이 있었던 것이다. 우버가 내 의료 기록을 입수했는지 아닌지는 알아내지 못했지만, 몇 달 뒤에 우버가 사내 강간 피해자인 여성 직원의 의료 기록을 불법적으로 입수해 그의 신뢰도에 먹칠을 하기 위해 사용하려 했다는 기사가 나왔다.

내 생명이 위험할지 모른다고 우려하는 사람들도 있었다. 테크놀로지 업계의 한 유명인사는 내게 이렇게 말했다. "그들이 당신을 죽게 한대도 이상하지 않을 것 같습니다." 수백억 달러가 걸려 있었으니 말이다. 나는 겁을 잘 집어먹는 사람이 아니지만 정말로 겁이 났다. 내 목숨에 대해, 남편에 대해, 가족에 대해, 친구들에 대해, 아직 우버에 있는 동료들에 대해 너무나 겁이 났다. 아이러니하게도 다소 병적인 생각 하나가 약간 위안이 되었다. 누군가가 내 뒤를 따라올 때면, 혹은 생명의 위협에 대한 이야기를 들을 때면 나는 이렇게 되뇌었다. 내가 다치거나 죽는다면, 적어도 누가 그랬는지는 다들 알겠군.

지옥을 겪고 있는 사람은 나만이 아니었다. 몇몇 우버 직원들도 비슷한 일을 겪고 있었다. 즉 이상한 사람이 접촉해오고, 흥신소 사람이 미행을 하고, 가짜 SNS 계정에서 친구 신청이 오고, 우버에 의해 가스라이팅을 당하고 있었다.

우버의 기업 문화에 대한 조사는 실제로 진행되고 있었고 빠르게 진척되고 있었지만, 우버가 고객과 언론에 이야기한 바와 달리 진행 중인 조사는 하나가 아니라 세 건이었다. 에릭 홀더가 진행하는 공식 조사 외에 법무법인 '퍼킨스 코이'가 진행하는 것이 있었고 우버의 사내 변호사들이 진행하는 것도 있었다.

우버에 남아 있는 친구들은 세 조사팀이 누가 먼저 모든 사람을 만나 이야기를 듣고 자료를 샅샅이 찾을 것인가를 두고 경쟁하고 있는 것 같다고 했다. 우버의 한 친구는 인터뷰에 의무적으로 응해야 한다고 해서 인터뷰를 했는데, 그를 인터뷰한 변호사가 세

팀 중 어느 팀 소속인지 알려주기를 거부했다고 했다. 나에 대해, 내 성격에 대해, 내가 블로그에 올린 것 외에 더 알고 있는 것이 무엇인지에 대해 꼬치꼬치 묻고 나서 마지막에야 자신이 홀더의 조사팀이 아니라 '퍼킨스 코이'의 조사팀이라고 밝혔다는 것이다. 또 다른 친구는 우버의 사내 변호사들이 만나자고 하길래 자신의 변호사를 대동하겠다고 했더니 거부당했다고 했다. 또 다른 친구는 변호사가 인터뷰 말미에 수전 파울러가 다음 단계로 계획하고 있는 것이 정확히 무엇이냐고 물었다고 했다.

조사관이나 변호사와 만나기를 거부하면 우버 직원들은 엄중하게 질책을 받았다. 레이디 엔지니어 모임의 한 여성이 우버 법무팀이 보낸 이메일을 내게 보여주었는데, 우버의 조사관들과 만나기를 거부하면 해고될 것이라고 쓰여 있었다. 또한 조사관들을 만나는 자리에 개인 변호사를 대동할 수 없다고도 되어 있었다. 우버 법무팀에 따르면 "경찰 조사가 아니기 때문에" 직원들이 개인 변호사를 대동할 권리가 없다는 것이었다.

혼란은 점점 더 심해졌다. 우버의 사내 변호사들이 무언가를 먼저 확보하거나 누군가를 먼저 인터뷰하고 나면 그들은 이어서 증거를 없애고 직원들을 위협하려고 하는 것 같았다. 내가 우버에 있었을 때 차별이나 괴롭힘에 대해 신고를 한 적이 있는 몇몇 여성은 홀더의 조사팀에 넘기기 위해 근거 자료들을 모으기 시작했지만 그들의 이메일, 스크린 숏, 괴롭힘과 차별 신고 내용 등이 그들의 이메일 계정에서 삭제되어 있었다고 했다. 한 친구는 조사관과 만나고 나와 보니 책상에 두었던 개인 폰과 컴퓨터가 사라지고 없었다고 했다. 그래서 보안팀에 도난 신고를 했더니 평소 같으면 그 여성 직원의 책상 방향을 보고 있어야 할 카메라들이 그때 하필 꺼져 있어서 보안팀으로서도 도울 수가 없다는 말을 들었다. 며칠 뒤에 또 다른 남성 직원도 정확히 같은 방식으로 책상에 두었던 개인 폰을 잃어버렸다.

스트라이프 사무실로 출퇴근을 하기 시작한 다음 날 밤, 로라와 시내에서 만나 저녁을 먹었다. 우리는 몇 달 동안이나 만나지 못하고 있었다. 식당으로 로라가 들어오고 우리의 눈이 마주쳤을 때 나는 울음을 터뜨릴 뻔했다. 로라는 우버에서 나의 가장 친한 친구였고 나는 로라가 정말 보고 싶었다. 우리는 우버에서 너무나 많은 끔찍한 경험을 함께 겪었고 지금도 끝이 어디인지 보이지 않는 채로 최악의 상황을 지나가고 있었다.

우리는 피자와 와인을 먹으며 이야기를 나눴다. 나는 미행당한 이야기, 우버가 아주 옛날까지 내 과거를 캐고 다닌 이야기, 내가 아는 모든 사람에게 접촉한 이야기를 했고 얼마나 무서운지, 얼마나 외로운지 이야기했다. 로라도 자신의 근황을 이야기했다. 내가 우버를 나온 이후 상황은 더 나빠지기만 했다고 했다. 로라는 훌륭한 업무 평정을 받았는데도 충분히 기술적이지 않다는 이야기를 들었고 전출 신청을 하자 내가 겪은 것과 같은 방식으로 전출이 가로막혔다. 명백히 투안 팸은 이러한 관행을 끝내겠다는 약속을 지키지 않았다.

직원들이 겪는 부당 대우도 더 심해졌다. 조사가 시작되었을 때 회사는 직원들에게 부당한 대우를 받았을 경우 새로 온 인사 부서장 라이안 혼시(내가 그만둔 직후에 우버에 들어왔다)에게 이야기를 하라고 독려했다고 한다. 그래서 로라는 그 말대로 다시 문제 해결을 시도해 보려고 혼시에게, 아리아나 허핑턴에게 그리고 회사의 다른 임원들에게 가서 이야기를 했다. 하지만 이번에도 그들은 아무 것도 하지 않았다. 나중에 혼시는 로라에게 로라가 제기한 부당 행위에 대해 아무 증거도 찾을 수 없었다고 말했다고 한다. 전 세계가 예의 주시하고 있는 상황에서도 우버는 여전히 망가진 상태였고 옳은 일을 할 역량이 없었다.

13

나는 아직 살아 있다

우버가 기록들을 없애고 있다는 이야기를 듣고서 나는 에릭 홀더에게 우버가 그러지 못하게 조치를 취해달라고 부탁했다. 내가 알기로 그는 기록이나 문서의 확보를 청구한 적이 없다. 하지만 그는 만나자고 했고 우리는 일정을 잡았다.

면담 날까지 나는 안절부절못했다. 홀더의 의도가 무엇인지 알 수 없었기 때문이다. 그도 우버의 의뢰를 받은 사람이 아닌가? 게다가 자신이 조사해야 할 문서가 파기된 것에 대해 별로 신경 쓰지 않는 것처럼 보였기 때문에 그를 믿어도 되는지 아닌지 판단하기가 어려웠다. 그리고 이 면담에는 걸려 있는 것이 너무 많았다. 내가 말이나 행동을 실수하면, 내가 한 말들이 상충하거나 내가 정직하지 못하다고 여겨지면, 모두에게 중요한 이 상황을 망치게 될지도 몰라 겁이 났다. 나는 로라와 로라가 겪어야 했던 모든 일을 생각했다. 애쉴리, 록산나, 이몬, 릭을 생각했다. 조지프 토머스, 모건 리처드슨, 새러 레이시를 생각했다. 자살했거나 자살을 기도한 사람들, 상사에게 괴롭힘을 당했거나 인사 부서에서 거짓말을 들은 사람들을 생각했다. 홀더의 진상 조사 결과가 내가 블로그에 쓴 내용을 뒷받침해주지 못한다면 내 평판만 떨어지는 것이 아니었다. 그것은 우버에서의 상황이 앞으로도 전혀 달라지지 않으리라는 것을 의미했다. 달라져야 할 압력이 없을 테니 말이다.

나는 용기를 내어 나섰는데도 여전히 우버에 있는 동료들의 상황이 더 나아지지 못하고 있는 것에 좌절하고 분노했다. 아니, 상황은 나아지기는커녕 더 나빠지기만 했다. 블로그 글을 올린 이후로도 우버에서 직원들이 겪는 부당한 대우는 계속 증가했고 심지어 더 어이없고 더 끔찍해졌다. 회사가 스스로 변하지 않으리라는 것은 명백했다. 유일한 희망은 홀더의 진상 조사가 내 블로그 글을 공식적으로 뒷받침해주어서 우버가 사내 문화의 개혁에 진지하게 나설 수밖에 없도록 압력을 받는 것뿐이었다. 마음 깊은 곳에서는 두려움을 극복하고 홀더를 만나야 한다는 것을 알고 있었다. 나는 홀더에게 내가 블로그에 쓴 것이 모두 사실임을 입증해야 했고 블로그에 쓰지 않은 것까지 포함해서 일어났던 모든 일을 알려야 했다.

그래서 내 스물여섯 번째 생일을 며칠 앞둔 4월의 어느 날, 에릭 홀더, 태미 알바란과 마주 앉게 되었다.

텔레비전에서 많이 본 사람과 마주 앉아 있는 상황이 믿어지지 않았다. 전에 만난 모든 사람과 달리 그는 변호사라기보다 정치인 같았다. 마치 친한 친구인 것처럼 느껴지게 말하는 데 뛰어났다. 목소리는 따뜻하고 친절했고, 느긋하게 농담도 해가며 좌중의 긴장을 풀어주었다.

우리 사이에 있는 탁자에는 바인더들이 쌓여 있었다. 출력해서 세세하게 메모를 달아 놓은 이메일들, 법률 문서들, 우버의 내부 차트, 사진, 손으로 쓴 노트 등 그 안에는 증거들이 빼곡히 들어 있었다. 물론 내 블로그 글을 출력한 것도 있었다. 대부분의 바인더는 홀더와 알바란의 것이었지만 하나는 내 것이었다. 그 안에 제이크가 보낸 성희롱 문자, 내 업무 평정, 가죽 재킷에 대한 이메일, 내 사직서, 투안 팸이 매니저들이 여성 직원들의 전출을 막는 관행을 알고 있다고 인정한 이메일이 등 모든 것이 담겨 있었다. 내가 내부 고발을 했을 때 사용한 기록들이었고 블로그에 쓴 모든 말을 뒷받침할 자료들이었으며 나와 동료들을 자유롭게 해줄 가능성을 담고 있는 문서들이었다.

우리는 그렇게 앉아서 몇 시간 동안 질의응답을 했다. 홀더가 내 블로그 글과 우버에서 겪은 일들에 대해 질문을 하고 내가 대답을 하면 알바란이 다시 내 대답 각각에 대해 세부 사항을 까다롭게 재확인했다. 홀더가 무장해제시키는 듯한 친절하고 따뜻한 방식으로 접근하면서 내 입장에서 이야기를 하도록 독려하고 내가 이야기를 할 때 끄덕이고 미소를 지으면서 대화를 이끌었다면, 그다음에 알바란은 날짜, 시간, 이름, 선후관계 등의 세부 사항을 깐깐하게 물었다. 때로는 몇몇 구체적인 내용에 대해 진위 여부를 묻기도 했는데 대부분은 사실이 아닌 것들이었다. 알바란이 부정확한 세부 사항에 대해 맞느냐고 물었을 때 내가 실수를 해서 다시 정신을 가다듬고 정확한 정보를 이야기해야 하는 경우도 몇 차례 있었다. 처음에는 알바란이 의도적으로 이러한 방식을 취하는 것인지 아닌지 알 수 없었지만, 패턴이 계속되었기 때문에 면담이 끝날 무렵에는 의도적으로 그러는 것이라고 꽤 확신하게 되었다.

강도 높은 질의응답 사이에 가끔 가벼운 대화가 오가기도 했다. 홀더와 알바란 뒤쪽의 커다란 창문으로 샌프란시스코만과 알카타라즈섬이 보였다. 나는 중간 중간 창밖의 만과 그 이상한 작은 섬을 바라보았다. 하지만 이러한 순간들은 아주 짧았다. 긴장이 누그러지는가 싶으면 곧바로 다시 바인더를 펼쳐가며 질문이 시작되었다. 한번은 회의 중에 스트레스가 너무 심하게 느껴졌다. 나 같은 사람이 전 미국 법무장관에게 맞서서 성공할 수 있는 길은 없었다. 그래서 홀더가 나의 신뢰도를 훼손하려고 나온 것이면 어떡하나 겁이 났다. 그렇다면 내가 할 수 있는 일은 없을 터였다. 나는 여기에 준비되어 있지 않다고, 아니, 준비될 수 있는 방법이 없었다고 생각했다. 나는 잠시 밖에 나가 마켓 스트리트를 돌아다니며 마음을 진정시켜야 했다. 그리고 두 손을 꼭 마주잡고 다시 회의실로 올라왔다.

몇 시간이 지난 뒤, 마침내 우리는 우버에서의 내 첫 출근날부터 현재 벌어지고 있는 우버의 문서 파기까지 모든 부분을 이야기했다.

"저에게 물어보실 것이 있으십니까?" 다들 자리를 정리하고 바인더를 챙기고 있을 때 홀더가 물었다. 물어보고 싶고 알고 싶은 게 천 개는 있었지만, 무언가라도 물었다가 자칫 그에게, 그의 조사에, 편견을 줄 수 있다는 것을 알고 있었기 때문에 입을 다물었다. 여기에 걸려 있는 것이 너무 많았고 여기에 걸려 있는 위험도 너무 컸다. 나는 고개를 저으며 대답했다.

"아니요, 없습니다."

홀더, 알바란과 면담을 하고 나서 우버에 있는 오랜 친구 몇몇이 갑자기 한 명씩 한 명씩 나에게 연락을 하지 않기 시작했다. 나중에 알고 보니, 나와 연락을 주고받고 있었다는 것을 우버가 알아냈기 때문이었다. 우리는 종단간 암호화와 자동 삭제되는 메시지를 사용했는데도 우버에 들켰고, 우버에 있는 친구들은 보복을 우려해 당분간 연락을 끊은 것이었다. 우버 외부의 친구들과 소통하는 것도 쉽지 않았다. 샬런은 내가 무슨 일이 벌어지고 있는지 설명했을 때, 가령 SNS 해킹을 당하고 미행을 당하고 있다고 말했을 때 미친 사람 보듯 하지 않고 내 이야기를 들어주는 몇 안 되는 친구였다.

외로운 시기였지만, 이때 테크놀로지 세상의 좋은 쪽 사람들도 많이 알게 되었다. 나는 격려와 조언을 해주고 심지어는 법적 비용에 쓰도록 후원금을 주겠다고 하는 벤처 캐피탈리스트, 테크놀로지 기업 경영자, 업계 지도자들을 만났다(친절함과 너그러움은 감사했지만, 정중히 거절했다). 또 나와 비슷한 경험을 한 여성들, 차별과 괴롭힘의 피해를 본 여성들, 그것을 외부에 달린 여성들을 알게 되었다. 그들이 자신의 경험을 털어놓으면서 먼저 이야기를 해주어서 고맙다고 말했을 때 조금 덜 외로울 수 있었다.

채드는 모든 시간 동안 나의 단단한 토대였다. 늘 나를 지지해주었고 최악의 상황을 지날 때도 변함없이 나를 사랑해주었다. 내가 블로그에 글을 올리는 바람에 우리는 다들 최고의 시기라고 하는 신혼 시기를 제대로 누리지 못했다. 그래도 정신없이 불안하고 두려운 두 달 동안 몇몇 평화롭고 기쁜 순간들을 가질 수 있었다. 밤에 소파에 앉아 〈왕좌의 게임〉과 2차 세계 대전 영화들을 보았고, 나란히 누워 무언가를 함께 읽다 잠이 들었으며, 틸든 공원의 유칼립투스 나무 아래에서 나머지 세상은 잊고서 긴 산책도 했다. 은신처에 있는 듯한 이러한 순간에 우리는 우버이든 다른 누구이든 우리가 함께 만들어가고 있는 사랑과 기쁨을 앗아가게 두지 않겠다고 결심했다. 우리는 우리의 삶에서 펼쳐지고 있는 공적인 드라마가 우리가 늘 꿈꾸었던 가정을 꾸려가는 것을 방해하게 두지 않을 작정이었다.

우리는 매우 달라진 새로운 삶의 리듬을 만들어가기 시작했다. 나는 날마다 나에 대한 관심이 끝나고 삶이 정상으로 돌아가기를 바랐다. 흥신소 사람들이 따라오지 않는 채로, 또 바트에서 모르는 사람이 나를 알아보지 않는 채로 출퇴근을 하고 싶었다. 트위터와 페이스북 피드에서 스크롤을 내릴 때 낯선 사람이나 기자가 내 이름을 언급한 것을 보지 않고 싶었다. 우버, 에릭 홀더, 스트라이프가 바로 연락을 해오는 일 없이, 기사화되는 일 없이 SNS에 글을 올리고 싶었다. 하지만 크게 보면 내가 겪는 문제들은 사소했다. 나는 아직 살아 있었다. 나는 사랑하는 사람과 결혼했디. 나는 아직 일자리가 있었고 내가 좋아하는 일을 하고 있었다. 사실 《인크리멘트》 첫 호가 막 발간된 상태였고 반응도 좋았다. 저명한 기술 분야 저널리스트인 카라 스위셔는 《인크리멘트》를 "긱들을 위한 뉴요커"라고 평했다. 그리고 우버의 갖은 노력에도 불구하고 나는 언론에서 십자가에 못 박히지 않았다.

불안, 두려움 그리고 배경 소음처럼 늘 존재하는 공포는 줄지 않았지만, 그것에 익숙해질 만큼 나도 성장했다. 나는 내 삶의 갈래들이 드디어 내가 늘 원했던 쪽으로 수렴하고 있다는 것을 깨닫고 기뻤다. 나는 작가이자 편집자로 일하고 있었다. 이것은 간절하긴 했으되 달성되리라고는 감히 생각해보지 못한 꿈이었다. 또한 나는 뛰어나고 멋있고 나를 사랑해주는 남자와 결혼했다. 그리고 5월에 임신 사실을 알게 되었다.

한 달 뒤에 뱃속의 아이가 딸이라는 것을 알게 되자 이 세상이 더 나은 곳이 되어야 한다는 데 대해 전에 없던 절박함이 느껴졌다. 내 딸이 일터에서 성적 괴롭힘, 차별, 보복이 다반사인 세상에 살게 하고 싶지 않았다. 내 딸은 충분히 꿈을 크게 꾸고 있는가와 꿈을 이루기 위해 노력을 충분히 하고 있는가 외에 다른 것은 걱정해야 할 필요가 없는 세상에 살게 하고 싶었다.

홀더 보고서가 나오기를 기다리는 동안에도 나는 날마다 일을 했다. 대중과 언론과 우버의 관심이 계속되는 와중에도 스트라이프 사무실에 출근해 팀 사람들과 잡지를 구상하고, 다음 호 기사들의 꼭지를 잡고, 필자를 정하고, 주필을 채용하고, 교정 교열을 하고, 편집 작업을 했다. 퇴근을 하고 나면 아파트 위층의 작은 작업실에서 최선을 다해 세상으로부터 나를 격리시켰다. 나는 노트북에서 인터넷을 끄고 전화도 끄고 과학 소설을 쓰는 데 집중했다. 또 바이올린으로 조용한 음악을 켜면서 뱃속의 딸에게 노래를 불러주었다. 채드가 집에 오면 그를 꼭 끌어안았다. 내게는 이러한 평화로운 순간들이 너무 소중했다. 내가 단지 나일 수 있는 순간, 나의 일, 나의 아기, 나의 남편이 있는 순간. 하지만 전화를 켜면 혼란이 다시 시작되었고 메일함은 다시 넘쳐났으며 트위터에는 또 다른 욕설과 협박이 있었다. 또 전 세계에서 수많은 사람들이 왜 아직도 가해자들에게 아무런 응분의 조치가 없는지, 진정으로 변화가 일어날 희망은 없는 것인지 물어왔다. 나는 무엇이라고 대답해야 할지 알 수 없었다. 나도 여기에 답을 알고 있지 못했다.

홀더의 조사가 마무리되기를 기다리던 불확실한 나날 동안, 내가 할 만큼 한 것인지, 더 많이, 더 크게, 더 용감하게, 더 세게 목소리를 내야 했던 것은 아닌지 걱정이 되었다.

한편, 세상은 우버의 드라마를 예의 주시하고 있었다. 모든 사람이 홀더 보고서가 내 블로그 글을 입증해주기를, 그리고 그것이 우버를 위해서만이 아니라 테크놀로지 분야의 여성과 나아가 모든 직장 여성을 위해서도 터닝 포인트가 되어 주기를 바라는 것 같았다. 내 블로그 글이 이미 세상에서 변화를 만들기 시작했다는 사실이 위안이 되었다. 내 글이 올라온 이후에 실리콘 밸리의 다른 여성들도 용기를 내어 자신이 당한 부당 대우에 대해 목소리를 내고 언론에도 이야기했다. 다섯 명의 다른 여성과 함께 벤처 캐피탈리스트 저스틴 칼드벡에게 성추행을 당한 일을 공개한 레이티 슈는 "수전으로부터 영감을 얻었다"고 말했다. 이들의 이야기를 읽고 언론의 반응을 면밀히 살피면서, 나는 과거에 자신의 이야기를 밝힌 여성들이 받았던 반응과 이번의 반응이 매우 다르다는 것을 알 수 있었다. 이들의 목소리가 진지하게 받아들여지고 있었고, 더 놀랍게도 기자들이 그들의 경험을 기사로 게재하려 하고 있었다. 세상이 달라지기 시작하고 있었다.

6월 13일, 에릭 홀더가 코빙턴 앤 벌링이 수행한 진상 조사 보고서를 이사회에 제출했고 이사회는 요약본을 대중에 공개했다. 뜻밖에도 전체 보고서는 이제까지 한 번도 언론이나 대중에 유출되지 않았다. 홀더 보고서는 내가 블로그 글에서 주장한 바를 확인해준 것을 훨씬 넘어서서 우버의 어두운 면을 낱낱이 묘사하고 있었다. 보고서에 따르면, 우버는 너무나 역기능적이고 망가져 있어서 조직 문화를 완전히 뜯어고쳐야 하는 상태였다. 홀더 보고서가 제안한 개혁 조치에는 직원들의 고충 신고에 대해 진행 상황을 지속적으로 관리할 수 있도록 "고충 처리 추적 소프트웨어를 비롯해 적절한 도구"를 갖출 것, 인사 부서가 직원들의 고충을 효과적으로 다룰 수 있도록 교육할 것, 사내에서 매니저와 부하 직원과의 연애를 금지하는 정책을 마련할 것 등이 포함되어 있었다. 또한 홀더 보고서는 "소위 우버의 문화적 가치라고 선포된 것을 수정해야 한다"며 특히 14가지 가치 중 '성과를 내는 사람이 일하게 하기', '언제나 들이대기', '능력주의와 맹렬한 경쟁', '원칙 있는 항의'와 같이 안 좋은 행위를 정당화할 가능성이 있는 것들을 고쳐야 한다고 제안했다. 무엇보다, 우버의 역기능적인 기업 문화의 책임이 누구에게 있느냐와 관련된 가장 중요한 제안이 가장 먼저 언급되어 있었다. "트래비스 칼라닉의 권한 범위를 평가하고 조정해야 한다." 홀더 보고서가 공개된 직후 칼라닉은 무기한 휴직에 들어갔고 6월 21일에 주요 투자자들의 압력을 이기지 못하고 사임했다.

트래비스 칼라닉이 사임했다는 소식을 들었을 때, 그리고 에릭 홀더의 보고서를 읽었을 때 드디어 어깨를 짓누르던 무거운 짐을 벗었다는 홀가분함을 느꼈다. 나는 십 대 시절의 고투를 생각했다. 미래를 바꾸기 위해 얼마나 노력해야 했는지, 내 삶을 스스로 바꾸겠노라고 얼마나 수도 없이 되뇌었는지, 가난에서 탈출해 무언가 위대한 일을 하고 위대한 사람이 되겠다고 얼마나 다짐했는지 생각했다. 또 에이미 거트만에게 이메일을 보낸 것부터 대학원장과의 초현실적인 면담까지 펜실베이니아에서 겪은 모든 일을 생각했다. 가죽 재킷 사건, 인사 부서와의 불합리한 면담, 나와 동료들이 자살을 생각할 정도로 당해야 했던 끔찍한 일들 등 우버에서의 시간도 떠올렸다. 또 블로그에 글을 올린 후에 우버가 보인 반응 때문에 얼마나 두려웠는지 생각했다. 흥신소 사람들이 내 뒤를 밟은 것, 나에 대해 돌던 루머, 신변의 불안, 에릭 홀더와의 면담 등 모든 것을 떠올렸다. 살면서 나는 내 경험이 무언가 중요한 일에 쓰임이 있기를 늘 바랐고 내 이야기에서 내가 피해자가 아니라 영웅일 수 있기를 간절히 바랐다.

홀더 보고서를 읽으면서, 또 지난 몇 달 동안 어떤 일이 벌어졌는지를 생각해보면서, 나는 내가 겪고 견딘 모든 일이 중요했다는 사실을 깨달았다. 희한한 방식으로이긴 하지만 내 인생 전체가 이 순간을 위한 준비였다는 생각이 들었다. 나는 내가 겪은 모든 일에서 교훈을 얻었다. 어린 시절에서, 애리조나 주립 대학에서, 펜실베이니아 대학교에서, 플래이드에서, 펍넙에서, 또 우버에서도 그랬다. 그리고 시간이 왔을 때, 불의에 맞서 일어설 기회가 생겼을 때, 나는 내부 고발자가 될 준비가 되어 있었고 소리 내어 말할 준비가 되어 있었다. 나는 내게 일어났던 모든 안 좋은 일을 무언가 좋은 일에 쓰이는 재료로 바꾸어내었다. 긴 시간을 지나 처음으로, 그리고 진정으로 내가 내 삶의 객체가 아니라 주체라고 느꼈고, 자유를 느꼈다.

트래비스 칼라닉의 사임 보도가 나온 다음 날, 나는 시내에서 리프트 차량을 탔다. 샌프란시스코만을 건너 다리를 가로질러 트레저 아일랜드 쪽 진출로를 지나가는데 라디오에서 칼라닉의 사임 이야기가 나왔다. 여성 운전사는 라디오를 열심히 들으면서 아나운서가 무슨 일이 벌어졌는지 설명할 때 고개를 끄덕였다. 광고가 나오자 운전사는 볼륨을 줄이고 백미러로 나를 보더니 눈을 휘둥그레 뜨고 이렇게 말했다.

"믿어지세요? 성추행, 강간. 이번엔 또 뭔가요. 그래서 내가 우버 운전은 안 해요. 그 근사한 '진짜 직원'들도 제대로 대우하지 않는데 운전사를 잘 대우할 리가 있겠냐고요." 운전사는 고개를 절레절레 흔들며 말했다. "믿어지세요?"

나는 웃으며 대답했다. "그러게요. 어이가 없네요."

에필로그

이 책이 출간될 무렵이면 우버에서의 경험을 블로그에 올린 지 3년이 된다는 사실이 믿기지 않는다. 그동안 아주 많은 일이 있었고, 이제 우리는 매우 다른 세상에 살고 있다. 우버에서 겪은 성추행에 대한 내 이야기는 이후 몇 달 동안 일련의 운동이 촉발되는 데 일조하게 되었다. 용기 있는 여성과 남성들이 그들이 당한 차별, 성희롱, 성폭행을 세상에 알렸고 그들의 이야기는 결국 세상을 바꾸었다.

홀더 보고서 이후 언론과 대중의 압력으로 마침내 우버는 변화하지 않을 수 없게 되었다. 록산나 델 토로를 비롯한 전, 현직 직원들이 직장에서의 차별로 우버에 대해 집단 소송을 제기했고 이 사건은 1000만 달러의 합의로 종결되었다. 2018년 봄에는 노동자들의 소요와 내가 《뉴욕타임스》에 쓴 칼럼(강제 중재 조항을 없애는 것이 일터에서의 차별, 성적 괴롭힘, 보복을 막는 데 무엇보다 중요하다고 주장하는 칼럼이었다)에 대한 반응으로 우버는 드디어 성적 괴롭힘에 대해 강제 중재 조항을 없앴다. 우버의 새 CEO 다라 코스로샤히에게 아직도 흥신소를 써서 내 뒤를 밟느냐고 물었더니 "그런 쓰레기 같은 짓거리는 모두 못하게 했다"고 말했다. 그는 우버가 사설 조사 업체를 고용한 것이 "미친 짓"이었고 "그때 벌어진 일은 있을 수 없는 일이었다"고 말했다.

홀더 보고서 이후 내 삶도 많이 바뀌었다. 몇 달 동안 나는 강제 중재 조항을 없애는 데 도움이 되기를 바라며 정책 분야에서 약간의 활동을 했다. 강제 중재 조항을 없애는 법안을 만들려는 연방 의원, 주 의원들과 함께 일했고, 내 변호사 크리스 베이커의 도움을 받아 연방 대법원이 '에픽 시스템즈 코퍼레이션 대 루이스Epic Systems Corp. v. Lewis' 사건에서 집단 소송과 중재 조항과 관련한 판결을 내릴 때 내가 우버에서 겪은 경험을 고려해 달라는 취지의 법정 조언자 서면도 작성해 제출했다.

이후 몇 년 동안 나는 뉴스에서 멀어지려고 노력했다. 블로그에 글을 쓴 이후, 공개적으로 나서기에는 내가 너무 수줍고 내성적이라는 것을 깨달았기 때문이다. 모든 언론에서 관심이 쏟아지는 것이 내게는 너무 큰 부담이었다. 블로그에 글을 쓰고 나서 내가 제대로 응한 인터뷰는 2017년 10월에 《뉴욕타임스》의 모린 다우드와 한 인터뷰와 12월에 《파이낸셜 타임스》의 '올해의 인물'에, 그리고 《타임》의 '올해의 인물' 특집호 중 "침묵을 깬 사람"에 포함되고서 진행했던 인터뷰가 전부였다. 《타임》의 커버에 실리다니 너무나 영광이었다. 커버 사진을 찍을 때 다른 여성들을 보며 느꼈던 숙연함을 잊지 못할 것이다. 당시 나는 임신 8개월이었고, 용감하게 부당 대우를 밝힌 훌륭하고 강인한 여성들 사이에 있으려니 내게는 너무 과분한 자리로 여겨졌다.

나는 스트라이프에서 2018년 8월 말까지 일했다. 그곳에서 《인크리멘트》 발간을 담당하면서 작가와 편집자로서 다음 경력을 준비했다. 그 일이 좋았지만 실리콘 밸리를 넘어선 세상에 영향을 미치는 일을 하고 싶었다. 나는 내가 쓴 블로그 글이 세상에 영향을 미치는 것을 보았다. 나는 다른 이들이 자신의 이야기, 관점, 꿈을 세상에 알리는 것은 돕고 싶었다. 절묘한 우연의 일치로, 마침 내가 새 일자리를 찾기 시작했을 때 나와 인터뷰를 했던 모린 다우드가 《뉴욕타임스》에서 오피니언 지면의 테크놀로지 섹션을 담당할 에디터를 뽑고 있다고 알려주었고 한두 달 뒤에 나는 《뉴욕타임스》에 합류하게 되었다.

나는 어린 시절의 꿈이 이뤄지는 믿을 수 없는 행운을 얻었다. 현재 나는 작가이자 편집자로 살고 있다. 《뉴욕타임스》 오피니언란에 들어온 글을 편집하고, 내 책을 쓰고, 외국어와 철학과 수학과 경제학을 공부하고, 바이올린을 켜고, 지금 얼른 컴퓨터를 덮고 자기가 제일 좋아하는 책(《가자, 멍멍아, 가자!》)을 읽어주기를 기다리고 있는 딸을 돌보고, 남편, 가족, 친구들과 시간을 보낸다. 세상을 다 준다 해도 지금의 삶과 바꾸지 않을 것이다.

나는 인생의 멋진 새 장을 살고 있으며 다음 장에 어떤 일이 있을지 고대하고 있다.

감사의 글

내 말을 믿어준 버브의 모든 분들, 특히 빌 와인스틴, 새라 네스토에게 감사를 전한다. 내 에이전시의 리즈 파커는 내가 작가로서의 꿈을 이루려 하면서 고전했던 모든 과정에서 지원과 격려와 용기를 주었다. 이 책을 내준 바이킹의 린지 슈워리, 린제이 프레벳, 레베카 마시, 린다 프리드너, 뛰어난 홍보 담당자 레베카 테일러, 우버에서의 내 친구이자 동료였던 분들, 특히 록산나 델 토로, 이몬 비손 도너휴, 릭 분에게 고마움을 전한다. 《뉴욕타임스》의 모든 동료, 특히 모린 다우드, 제임스 베넷, 짐 다오, 케이티 킹스버리, 클레이 리센, 나를 믿어주고 격려해주고 희망을 준 새러 레이시, 폴 카르, 그레그 베신저, 크리스 베이커, 데보라 슈워츠, 크리스틴 버르, 마르기트 벤마허스, 클레어 슈미트, 찰스 야오, 그레첸 칼슨, 애쉴리 주드, 긴 시간 동안 그치지 않고 나를 사랑하고 지지해준 친구들과 나의 가족 마르타, 새러, 피터, 처음 만났을 때부터 가장 친절하고 훌륭하고 가까운 친구였던 샬런 반 티네, 나의 아름다운 딸, 그리고 내 인생을 함께 하고 싶은 유일한 사람인 남편 채드에게 감사를 전한다. 이 책이 나온 것은 여러분 모두의 덕분이었다.

부
록
A

일터에서 부당한 대우를 받고 있다면 다음과 같은 기관을 통해 상담 및 도움을 받을 수 있다.

대한법률구조공단(https://www.klac.or.kr, 132)

- 법률 지식이 부족하면서도 경제적 어려움으로 법의 보호를 충분히 받지 못하는 사람들에게 법률 상담, 변호사에 의한 소송 대리, 형사 변호 등 법률적 지원을 위해 설립된 공공 기관.
- 공단 홈페이지나 전화를 통해 예약 후 공단에 방문하면 상담을 받을 수 있다.

국가인권위원회(https://case.humanrights.go.kr, 1331)

- 모든 개인이 가지는 인권의 보호와 그 수준의 향상으로 존엄과 가치를 구현하고 민주적 기본 질서 확립을 위해 설립된 인권 전담 독립 국가 기관.
- 위원회 홈페이지나 전화를 통해 상담, 진정, 정보 공개 신청 등을 할 수 있다.
- 영어, 중국어, 베트남어 등 다국어 지원.

여성가족부(http://www.mogef.go.kr/msv/metooReport.do, 02-735-7544)

- 여성과 가족 및 청소년 관련 정책을 관장하는 중앙 행정 기관.
- 여성가족부 신고 센터 홈페이지나 전화를 통해 신고 절차, 지원 등 신고 전에 익명으로 상담을 받을 수 있다.

대한변협법률구조재단(http://www.legalaid.or.kr, 02-3476-6515)

- 사회적 약자의 법률 지원을 목적으로 대한변호사협회의 출연으로 설립된 공익 기관.
- 재단 홈페이지에 안내된 법률 구조 신청서와 사건 관련 자료 준비 후 우편, 팩스로 접수하거나 방문해 접수하면 심사 후 법률 구조 여부가 결정된다.

직장 갑질 119(http://gabjil119.co.kr, gabjil119@gmail.com)

- 직장 내에서 부당 대우, 불공정 관행을 당한 직장인 지원을 위해 설립된 공익 기관.
- 카카오톡 오픈채팅방이나 이메일을 통해 상담 또는 법률 지원을 받을 수 있다.

부 록

B

우버에서의 매우, 매우 기묘했던 1년을 돌아보며[*]

Reflecting on One Very, Very Strange Year at Uber

2017년 2월 19일

여러분 대부분이 아시다시피, 저는 12월에 우버에서 퇴사했고 1월에 스트라이프에 입사했습니다. 지난 한두 달 동안 왜 퇴사했는지, 우버에서의 생활이 어땠는지에 대해 많은 질문을 받았습니다. 아직 기억에 생생하게 남아 있을 때 이야기해 두어야 할, 기

---

[*] 수전 파울러가 블로그에 게재했던 글. −옮긴이

묘하고 흥미진진하면서 좀 무섭기도 한 이야기를 이제 시작해볼까 합니다.

저는 2015년 11월에 우버에 사이트 신뢰성 엔지니어 SRE로 입사했고, 엔지니어로서 우버에 합류하기에 정말 좋은 타이밍이었습니다. 우버는 자사 API에서 마이크로 서비스들을 운영하느라 여전히 고전하고 있었고 꽤 혼란스러운 상황이었기 때문에 사이트 신뢰성 엔지니어가 해야 할 도전적이고 흥미로운 일들이 많이 있었습니다. 제가 합류했을 때 SRE 부서는 아직 꽤 신생 부서였고 저는 일하고 싶은 팀을 선택할 수 있는 매우 드문 기회를 가질 수 있었습니다.

저는 몇 주간 교육을 마치고 나서 저에게 전문성이 있는 분야의 팀을 선택했습니다. 그런데 상황이 이상해지기 시작했습니다. 정식으로 팀 배치를 받고 일하게 된 첫날, 새 상사인 매니저가 회사 채팅창으로 줄줄이 메시지를 보내왔습니다. 자신이 "개방적인 연애"를 하고 있는데 여친은 새 파트너를 잘만 만나지만 자신은 그렇지 못하다고 했습니다. 자신이 회사에서는 사고를 안 치려고 하지만 섹스 상대를 찾고 있기 때문에 그러기가 어렵다고도 했습니다. 나에게 섹스를 하자고 말하고 있는 게 명백했고 너무나 부적절한 메시지여서 저는 즉시 그것을 스크린 숏으로 저장해 인사 부서에 신고했습니다.

당시에 우버는 이미 꽤 규모가 있는 회사였으므로 이런 문제를 회사가 어떻게 다룰지에 대해 저는 꽤 표준적인 기대를 가지고 있었습니다. 즉 인사 부서에 보고하면 그곳에서 합당하게 문제를 처리해 줄 것이고 나는 내 할 일을 계속하면 될 것이라고 생각했습니다. 불행히도 일은 그와 상당히 다르게 흘러갔습니다. 제가 그 상황을 보고했더니 인사 부서에서도, 엔지니어링 부서 윗선의 관리자들도 그의 메시지가 명백히 섹스를 요구하고 있으며 성추행이 맞지만 이번이 그의 첫 실수이므로 엄중한 경고 이외에 추가적인 징계를 하기는 불편하다고 했습니다. 엔지니어링 부서 윗선의 관리자는 내게 성추행 메시지를 보낸 매니저가 "성과가 좋은 직원"이어서(그의 상사로부터 아주 좋은 업무 평정을 받았다는 의미입니다) 어쩌다 한 번 한 실수일 수도 있는 것을 가지고 징계까지 하는 것은 곤란하다고 했습니다.

그러더니 나에게 (1) 그와 다시는 접촉하지 않아도 되도록 다른 팀으로 옮기거나 (2) 그 팀에 머물라고 했습니다. 하지만 내가 그 팀에 계속 머문다면 그 매니저가 업무 평정을 낮게 줄 수 있으며 그에 대해서는 회사가 할 수 있는 일이 없다는 것을 인지해야 한다고 했습니다. 나는 이것이 "선택지"인 것 같지 않다고 항변했고 그 팀이 하는 일이 내가 전문성이 있는 일이므로 팀에 남고 싶다고 했습니다(내가 그 팀에 남는 것이 회사로서도 가장 좋은 일이었을 것입니다). 하지만 그들은 동일한 답변만 반복했습니다. 한 인사 담당자는 내가 그 팀에 남았다가 안 좋은 업무 평정을 받더라도 그것이 보복성 조치에 해당하지 않는다고 명시적으로 말하기까지 했습니다. 내게 "선택지가 주어졌었기" 때문이라는 것이었습니다. 나는 이 상황을 더 위로 알려보았지만 인사 부서에서도, 내 보고 라인의 더 고위직에서도 아무 조치를 취하지 않았습니다(관리자들은 그에게 엄중한 경고를 했으며 "첫 실수"를 가지고 그의 경력을 망치고 싶지 않다고 계속해서 말했습니다).

그래서 그 팀을 나와야 했고, 어딘가로 가기 전에 다른 팀들에 대해 알아보는 데 몇 주가 걸렸습니다(인사 부서와 또 이야기해야할 일은 절대로 없었으면 했습니다). 저는 새로 생긴 SRE팀 중 한 곳에 배치되었습니다. 이곳에서 꽤 자율성을 누릴 수 있었고, 중요한 업무를 하면서 만족스럽게 지낼 방법도 찾아냈습니다. 이 팀에서 한 일이 바로 저의 베스트셀러(!!!) 《마이크로 서비스 구축과 운영》 출간으로 이어진, 프로덕션 레디 시스템 관련 일이었어요.

이후 몇 달 동안 저는 회사 내의 여성 엔지니어들을 더 많이 만나기 시작했습니다. 그들을 알게 되고 그들의 이야기를 듣게 되면서 몇 명이 나와 동일한 일을 겪었다는 사실을 알게 되었습니다. 나를 성추행한 매니저에게 비슷한 일을 겪어서 인사 부서에 신고한 사람들도 있었습니다. 알고 보니 내가 입사하기 전부터도 그는 부적절한 행동을 했고 이에 대해 인사 부서에 신고된 적도 있었습니다. 제가 신고했을 때가 그의 첫 실수였다는 인사 부서와 관리자들의 말은 거짓말이었다는 것이 명백해진 것입니다. 그리고 그의 마지막도 아니었습니다. 몇 달 뒤에 그는 또 다시 부적절한 행위로 신고되었는데 이번에 그를 신고한 사람도 이번이 그의 "첫 실수"라는 말을 들었다고 했습니다. 우리는 최대한 위에까지 상황을 알려보았지만 아무 조치도 취해지지 않았습니다.

나를 포함해 그를 신고했던 몇몇 여성 직원은 인사 부서와 면담을 잡고 조치를 요구하기로 했습니다. 그런데 나와의 면담에서 인사 부서는 그에 대해 신고가 제기된 적이 없으며 그의 잘못이 문제가 된 적은 나에게 부적절한 채팅 메시지를 보냈을 때 딱 한 번뿐이라고 했습니다. 그리고 다른 여성들은 그에 대해 나쁜 이야기를 하지 않았으며 따라서 추가적인 조치는 취해질 수 없다고 했습니다. 이것은 너무나 뻔뻔한 거짓말이었고 나는 할 수 있는 일이 아무것도 없었습니다. 우리 중 누구도 할 수 있는 일이 없었습니다. 그 후에 우리는 우버의 인사 부서와 관리자들이 조치를 취하리라는 기대를 접었습니다. 나중에 그 문제의 매니저는 결국 회사를 "나가게" 되었는데, 회사가 마침내 그를 해고해야겠다고 확신하게 만든 일이 무엇이었는지는 모르겠습니다.

이 모든 일의 배경에는 인프라 엔지니어링 부서에서 고위직 관리자 자리를 놓고 벌어지고 있던 〈왕좌의 게임〉 뺨치는 정치 투쟁이 있었습니다. 모든 관리자가 같은 직급의 다른 관리자들과 전쟁을 벌이고 상사 자리를 차지하기 위해 상사의 뒤통수를 치려 하는 것 같았습니다. 그들은 이러한 권력 게임을 숨기려고 하지도 않았습니다. 오히려 회의 때 자랑스럽게 떠벌렸고 직속 부하 직원들에게도 이야기했습니다. 저의 상사들이, 또 상사의 상사들이 윗선에서 자신에게 언질을 주었다며 한두 분기 뒤에는 바로 위의 상사가 날아가고 자신이 그 자리를 차지하게 될 거라고 말하던 회의 자리가 무수히 기억이 납니다. 한번은 디렉터 중 한 명이 우리 팀 회의에 들어와서 자신이 윗선에서 들은 매우 중요한 사업상의 정보를 어떤 임원에게 말하지 않고 비밀로 했고, 그래서 다른 임원이 자신을 잘 보게 되었다고 뻐긴 적도 있었습니다(그는 만면에 웃음을 띠고 "그게 효과가 있었어"라고 말했습니다).

이러한 권력 게임은 심각한 결과를 초래했습니다. 프로젝트들이 여기저기서 엎어지는가 하면, 성과 지표가 한 분기에만도 몇 차례나 바뀌어 아무도 회사의 우선순위가 무엇인지 알지 못했고, 제대로 되는 일이 거의 없었습니다. 모두가 또 다시 조직 개편이 생겨서 자기 팀이 해체되면 어떡하나, 그래서 불가능한 마감 시한에 맞춰 또 다시 새 프로젝트를 처음부터 시작해야 하면 어떡하나 하는 두려움 속에 살았습니다. 우버는 완전하고 가차 없는 혼돈 상태였습니다.

그 와중에서도 저는 베이 에어리어의 뛰어난 엔지니어들과 함께 일하는 행운을 얻을 수 있었습니다. 우리는 묵묵히 열심히 일했고 때로는 매우 훌륭하게 일했습니다. 우리는 우리의 일을 사랑했고, 우리가 해결해가는 도전적인 엔지니어링 과제들을 사랑했고, 거대하고 복잡한 우버 기계를 작동시키는 것을 사랑했고, 무산되는 프로젝트와 불가능한 데드라인과 팀이 수시로 해체되고 변경되는 혼란 속에서도 함께 문제들을 해결해가며 방법을 찾아나갔습니다. 우리는 서로서로 제정신을 유지하게 도와주었고, 거대한 우버의 생태계가 멎지 않고 계속 돌아가게 했으며, 상황이 더 나아질 것이라고 스스로에게 되뇌었습니다.

하지만 상황은 나아지지 않았고 엔지니어들은 덜 혼란스러운, 다른 엔지니어링팀으로 이동하기 시작했습니다. 저도 제 프로젝트들을 마무리하고서, 그리고 상황이 나아지지 않으리라는 것을 깨닫고서, 전출을 신청했습니다. 전출에 필요한 모든 자격을 갖추고 있었기 때문에(저를 원하는 팀이 있었고 업무 평정도 좋았습니다) 아무 문제도 없으리라고 생각했습니다. 그런데 덜컥 전출이 가로막혔습니다.

나의 매니저와 그의 매니저와 그 위의 디렉터에 따르면, 내가 기록에는 올라가지 않은 성과 문제가 있어서 전출이 막혔다는 것이었습니다. 나는 완벽한 업무 평정을 받았고 내가 수행한 업무에 대해 어떤 불만 제기도 나오지 않았다고 항변했습니다. 저는 모든 핵심 목표와 성과 지표를 제때 완수했고 미친 듯이 돌아가는 일정에서도 데드라인을 넘겨본 적이 없었습니다. 그리고 저쪽 팀에서도 저를 원하고 있었습니다. 그래서 내 성과에 어떤 문제가 있느냐고 물어보았지만, 그들은 답하지 않았습니다. 처음에는 내가 "충분히 기술적이지 않다"고 하길래 나에게 그 업무를 준 사람이 당신들 아니냐, 내가 더 기술적인 일을 하기를 원했으면 업무를 그렇게 할당했어야 하지 않느냐고 항변했습니다. 그랬더니 더 이상 이렇게는 설명하지 않았습니다. 제가 계속 물어보았더니 결국 이런 대답이 돌아왔습니다. "성과 문제가 꼭 업무하고만 관련된 건 아니야. 때로는 업무 외적인 문제나 개인적인 생활에 대한 것이기도 하다고!" 무슨 말인지 알아들을 수 없었습니다. 그래서 포기하고 다음 인사 고과 시즌까지 기다리기로 했습니다.

그렇게 다음 인사 고과 시즌이 왔고 저는 제 업무에 대해 아무 이의 제기 없이 매우 좋은 평가를 받았습니다. 저는 한두 달 기다렸다가 다시 전출을 시도했습니다. 그런데 제 업무 평정이 공식적인 인사 고과 기간이 지난 후에 변경되었다는 이야기를 들었습니다. 그리고 낮아진 새 점수로는 전출을 신청할 자격이 되지 않는다고 했습니다. 매니저에게 왜 내 업무 평정이 사후에 변경되었는지(그리고 왜 내게 알려주지 않았는지) 물었더니 내가 경력상의 고공 경로를 가고 있다는 것을 보여주지 못했기 때문이라고 했습니다. 저는 오라일리 출판사와 책을 내기로 했고 테크놀로지 분야의 주요 컨퍼런스에서 발표를 하고 있으며 그 외에도 "경력상의 고공 경로"를 달리고 있다고 볼 수 있을 법한 모든 일을 하고 있다고 말했지만, 그런 것들은 중요치 않고 내가 엔지니어로서 나를 증명해야 한다고 했습니다. 그래서 결국 그 팀을 벗어나지 못했습니다.

나는 업무 평정을 원래대로 되돌려달라고 요구했습니다. 그러자 매니저는 수정된 낮은 점수도 실질적인 피해를 미치지는 않을 테니 걱정할 것 없다고 했습니다. 하지만 그날 퇴근 후에 저는 엉엉 울었습니다. 임금이나 보너스 문제를 차치한다 해도 실질적인 피해가 없는 것이 아니었습니다. 아니, 중대한 피해가 있었고 매니저들도 그것을 잘 알고 있었습니다. 나는 스탠퍼드 대학의 컴퓨터 공학 학위 과정에 다니고 있었습니다. 우버가 후원하는 과정이었는데, 우버는 성과가 높은 직원들에게만 이 기회를 줍니다. 저는 두 차례의 인사 고과 모두에서 업무 평정이 좋아서 이 프로그램에 등록할 수 있었지만 교활한 방식으로 평가 점수가 낮게 변경되면서 더 이상 자격이 없어져 버렸습니다.

알고 보니 매니저가 팀에서 저를 내보내지 않은 이유는 자신의 평가를 높게 유지하기 위해서였습니다. 나중에 저는 그가 다른 팀들은 여성 엔지니어를 사방에서 잃고 있는데 자신의 팀은 여전히 여성 직원들을 유지하고 있다고 자랑하는 것을 들었습니다.

입사 당시 제가 속한 부서에는 여성 직원의 비율이 25% 이상이었는데 전출을 시도했을 무렵에는 6% 이하로 떨어져 있었습니다. 여성 엔지니어들은 다른 부서로 빠져나가고 있었고 그게 가로막히면 그만두거나 그만둘 준비를 하고 있었습니다. 이유는 크게 두 가지였습니다. 하나는 조직의 혼란스러운 상태, 다른 하나는 만연한 성차별이었습니다. 우리 부서 전체 회의에서 제가 디렉터에게 다른 부서에 비해 여성 직원이 급격히 줄어드는 것에 대해 어떻게 할 것인지 물었더니 그는 우버에서 여성은 더 열심히 일해야 하고 더 나은 엔지니어가 되어야 한다는 식으로 대답을 했습니다.

심지어 상황은 더 불합리해져만 갔습니다. 어이없는 일이 일어날 때마다, 성차별적인 이메일이 발송될 때마다 저는 기록으로 남기기 위해 인사 부서에 짧게 이메일로 보고를 했습니다. 특히 황당했던 일은 SRE 부서원 전체에게 가죽 재킷을 제공하려던 계획과 관련해 디렉터와 주고받은 일련의 이메일이었습니다. 그해 초에 SRE 부서는 모든 부서원에게 가죽 재킷을 지급한다고 발표했고 우리 모두 샘플을 입어보고 치수를 확인했습니다. 그런데 여성 엔지니어가 주문을 정당화할 수 있을 만큼 많지 않아서(그때 부서에 남아 있었던 여성이 여섯 명인가 그랬습니다) 여성 엔지니어들은 재킷을 받을 수 없다는 이메일을 받았습니다. 저는 답신을 보내서 우버의 SRE 부서가 120명의 남성에게 가죽 재킷을 사줄 예산이 있다면 6명의 여성에게 가죽 재킷을 사줄 예산도 확보할 수 있을 것으로 믿는다고 말했습니다. 그런데 이에 대한 답신에서 디렉터는 여성들이 정말로 평등을 원한다면 가죽 재킷을 받지 않음으로써 평등을 획득했다는 사실을 알아야 한다고 했습니다. 남성 재킷은 대량 구매 할인을 받을 수 있지만 여성 재킷은 그렇지 못해 더 비싸진다며, 그렇게 재킷을 구매한다면 공정하거나 평등한 것이 아니라는 것이었습니다. 여성들도 가죽 재킷을 받기 원한다면 할인된 남성 재킷 가격과 동일한 가격에 구할 수 있는 곳을 찾아와야 한다고 했습니다.

나는 이 어이없는 일련의 메일을 인사 부서에 포워드하자 인사 부서에서 면담을 하자고 연락이 왔습니다. 전에 인사 부서와 만났던 모든 경우를 생각해보면 그때 대체 내가 무엇을 기대했는지 모르겠지만, 이번 면담은 상상했던 어떤 것보다도 어처구니가 없었습니다. 인사 부서 담당자는 내가 신고한 모든 문제의 공통점이 **나**라는 사실을 알고 있냐는 질문으로 면담을 시작했습니다. 나는 신고한 모든 사안은 상세한 근거 기록이 있으며 대다수는 내가 일으킨 문제가 아니라고 (심지어는 내가 관여된 문제도 아니라고) 말했습니다. 그러자 인사 부서 담당자는 인사 부서에는 내가 신고했다고 주장하는 사건들의 기록이 없다고 말했습니다(물론 이것은 거짓말이었고, 그렇지 않음을 입증할 이메일과 채팅 기록이 있다고 말했습니다). 그러더니 그는 우버의 여성 엔지니어들이 서로 친한지, 많이 이야기를 나누는지 물었고 이어서 우리가 얼마나 자주 이야기를 나누는지, 무엇에 대해 이야기를 나누는지, 소통할 때 어떤 이메일 계정과 채팅방을 이용하는지 등을 캐물었습니다. 너무 황당하고 모욕적인 요구라 나는 대답을 거부했습니다. 내가 SRE 부서에 여성 엔지니어가 얼마나 적어졌는지를 이야기하자 인사 부서 담당자는 때로는 어떤 성별과 어떤 인종의 사람들이 다른 사람들보다 특정한 일에 더 잘 맞는다며 엔지니어링 부서의 성비에 대해 놀라지 말아야 한다고 했습니다. 그리고 내가 기록을 남기기 위해 이메일로 보고했던 것에 대해 인사 부서에 이메일로 보고하는 것은 프로답지 않다고 나를 질책했고, 이것으로 면담이 마무리되었습니다.

이 불합리한 면담이 있은 지 일주일도 채 지나지 않아 바로 위 상사인 매니저가 1대 1 면담을 하자고 했고 좀 어려운 대화를 해야 할 것 같다고 말했습니다. 그는 내가 그의 상사를 인사 부서에 신고하는 바람에 살얼음 위에 있게 되었다며 캘리포니아주는 해고 자유 원칙을 따르고 있기 때문에 이런 일이 반복되면 해고될 수 있다고 했습니다. 그것은 불법이라고 항의하자 자신은 오랫동안 매니저로 일해왔기 때문에 무엇이 불법인지 잘 안다며 인사 부서에 문제를 보고했다고 해서 해고 협박을 하는 것은 불법이 아니라고 했습니다. 나는 그의 해고 협박을 곧바로 인사 부서와 CTO에게 보고했습니다. 둘 다 그것이 불법이라고 인정했지만, 아무 조치도 취하지 않았습니다(한참 뒤에 나는 나를 협박한 매니저가 "성과가 좋은 직원"이기 때문에 회사가 아무 조치도 취하지 않았다는 이야기를 들었습니다).

그로부터 일주일이 지나지 않아 저는 새 일자리를 잡았습니다.

우버에서의 마지막 날, 남아 있는 여성 엔지니어 수를 세어 보았더니 SRE 부서 엔지니어 150여 명 중 3%만 여성이었습니다.

우버에서 지낸 시간을 되돌아보면 최고의 엔지니어들과 일할 기회를 가질 수 있었던 것이 너무나 감사합니다. 또 제가 한 일과 회사 전체에 만들어낼 수 있었던 영향이, 그리고 내가 한 일이 세계의 다른 테크놀로지 회사들에도 도입되어서 그것으로 책을 쓰게 된 것이 자랑스럽습니다. 여기에 쓴 내용들을 생각해보니 굉장히 슬프지만, 또 모든 일이 너무나 어처구니가 없어서 웃음을 터트리지 않을 수 없네요. 정말 기묘한 경험이었고, 정말 기묘한 한 해였습니다.

WHISTLE
BLOWER

휘슬블로어

2021년 10월 27일 1쇄 발행

지은이 수전 파울러 **옮긴이** 김승진
펴낸이 김상현, 최세현 **경영고문** 박시형

책임편집 김선도 **디자인** 박선향
마케팅 권금숙, 양근모, 양봉호, 임지윤, 이주형, 신하은, 유미정
디지털콘텐츠 김명래 **경영지원** 김현우, 문경국
해외기획 우정민, 배혜림
펴낸곳 (주)쌤앤파커스 **출판신고** 2006년 9월 25일 제406-2006-000210호
주소 서울시 마포구 월드컵북로 396 누리꿈스퀘어 비즈니스타워 18층
전화 02-6712-9800 **팩스** 02-6712-9810 **이메일** info@smpk.kr

ⓒ 수전 파울러 (저작권자와 맺은 특약에 따라 검인을 생략합니다)
ISBN 979-11-6534-405-4 (03330)

쌤앤파커스(Sam&Parkers)는 독자 여러분의 책에 관한 아이디어와 원고 투고를 설레는 마음으로 기다리고 있습니다.
책으로 엮기를 원하는 아이디어가 있으신 분은 이메일 book@smpk.kr로 간단한 개요와 취지, 연락처 등을 보내주세요.
머뭇거리지 말고 문을 두드리세요. 길이 열립니다.